# Orlando Syrg Taschenbuch 92018

OR
SY
TA

AF284167

RAT ACBO

# Reihe

## *Alte Tradition*

## *Azurcelesteblueoscuro*

herausgegeben

von

Joerg K. Sommermeyer & Orlando Syrg

# Exemplarische Werke der Weltliteratur

herausgegeben von

## Joerg K. Sommermeyer

# Über dieses Buch

*»Rilke hat gleichsam zum ersten Mal die Welt betreten; er hat keine übernommen ... Alles lässt er an sich herankommen, aber nur Erwähltes in sich dringen. Was er aufnimmt, verwandelt er.«* (Max Rychner) *»Dieser große Lyriker hat nichts getan, als dass er das deutsche Gedicht zum ersten Mal vollkommen gemacht hat.«* (Robert Musil) Skeptisch gegenüber allen einseitig rationalen, psychologisch-soziologischen Welterklärungen entwirft er mit poetischen Mitteln, aufgrund einer Welterfahrung, die in Amouren und der Beziehung zu europäischen Zeitgenossen, Freunden, Bewunderern und Mäzenen wurzelt, sein Weisheitsbild. Liebe, Hinfälligkeit, Tod, das menschliche Verhältnis und Empfinden, Heilssuche und Daseinsdeutung, Wahrheitsgehalt von Dichtung, Leben und Fiktion kleidet er ins Gewand seiner bilderreichen, musikalischen Sprachmagie. (siehe auch das Nachwort von JS, unten S. 322 ff.)

## Der Autor

Rainer Maria Rilke (René Karl Wilhelm Johann Josef Maria Rilke), * 4. Dezember 1875, Prag / Österreich-Ungarn. Problembeladene Kindheit und Jugend (die Mutter steckt ihn in Mädchentracht, der Vater sieht ihn als Krieger). Frühes Schreiben. Häufige Wohnungswechsel; unentwegtes Reisen (Frankreich, Italien, Spanien, Schweiz, Russland, Ägypten, etc.). Liebesabenteuer (Valerie von David-Rhonfeld, Lou Andreas-Salomé; Clara Westhoff, die er heiratet, aber bald wieder verlässt; Mimi Romanelli, Lulu Albert-Lazard, Claire Studer, etc.). Zwölf Jahre währende Schaffenskrise. Gedichte, Dichtungen in Prosa, Dramen, Roman *»Die Aufzeichnungen des Malte Laurids Brigge«*, Erzählungen und Skizzen, Theoretische Schriften, Aufsätze und Rezensionen, Briefe, Übersetzungen. Im Sanatorium Valmont sur Territet bei Montreux stirbt Rainer Maria Rilke am 29. Dezember 1926 an Leukämie. (siehe den detaillierten Lebenslauf im Nachwort des Herausgebers Joerg K. Sommermeyer, S. 322 ff.)

## Der Herausgeber

Joerg K. Sommermeyer (JS), * 14.10.1947 in Brackenheim, Sohn des Physikers Kurt Hans Sommermeyer (* 23. März 1906, Schleusingen/Thüringen - † 13. Februar 1969, Freiburg i. Brsg./Bd.-Wrtt.; Physikalische Grundlagen der Medizin, Biophysik, Radiologie, Quantenbiologie, Korpuskularstrahlung). Kindheit in Freiburg. Studierte Jura, Philosophie, Germanistik, Geschichte und Musikwissenschaft. Klassische Gitarre bei Viktor v. Hasselmann und Anton Stingl. Unterrichtete in den späten Sechzigern Gitarre am Kindergärtnerinnen-/Jugendleiterinnenseminar und in den Achtzigern Rechtsanwaltsgehilfinnen an der Max-Weber-Schule in Freiburg. 1976 bis 2004 Rechtsanwalt in Freiburg. Setzte sich für eine Stärkung des Rechtsschutzes bei Grundrechtseingriffen ein (Unterbringungsrecht, Untersuchungshaft, Durchsuchungsrecht, strafprozessuale Überholung). Zahlreiche Veröffentlichungen in juristischen Fachzeitschriften sowie Artikel in Musikblättern. Gründer und Vorsitzender der Internationalen Gitarristischen Vereinigung, Organisator und Künstlerischer Leiter der Freiburger Gitarren- und Lautentage, Herausgeber und Redakteur der Zeitschrift *Nova Giulianiad: Saitenblätter für die Gitarre und Laute.* Juror beim Schlesischen Gitarrenherbst in Tychy und Internationalen Gitarrenkongress Freiburg/Basel/Straßburg. Komponierte Songs, schrieb Liedtexte, Arrangements, Instrumentalmusik. 7 CDs, u. a.: *Total Overdrive, Those Rocks & Lieders, Nel Cuore Romanzo Rock, Ergo, 7 Celebrities.* Prosa: *Anton Unbekannt, Pathoaphysischer Antiroman, Tragigroteskenfragment,* 2008/2009; *Vernimm mein Schreien,* 2017 /2018. *Lieblingsmärchen,* 2017/2018. Edition von Werken Josefa Gerhäusers, Franz Trellers, Oskar Panizzas, Fritz von Ostinis, Hugo Balls, Carl Einsteins, Ludwig Rubiners, Franz Kafkas, Heinrich von Kleists, Christian Morgensterns, Robert Müllers, Joseph von Eichendorffs, Adelbert von Chamissos, Georg Büchners, Denis Diderots, Wilhelm Heinrich Wackenroders und E. T. A. Hoffmanns.

*Orlando Syrg, Berlin, 17. Juni 2018*

# Joerg K. Sommermeyer (Hg.)

# Rainer Maria Rilkes

# Gedichte

Das Stunden-Buch, Das Buch der Bilder, Neue Gedichte,
Der neuen Gedichte anderer Teil, Requiem, Das Marien-
Leben, Duineser Elegien, Die Sonette an Orpheus

Durchgesehen, revidiert und mit einem Nachwort herausgegeben

von

Joerg K. Sommermeyer

**Orlando Syrg**

MMXVIII

1. Auflage 2018

**Orlando Syrg, Berlin** (vormals Freiburg i. Brsg.)

Orlando Syrg Taschenbuch

ORSYTA 92018

*Reihe Alte Tradition Azurcelesteblueoscuro*

RAT ACBO 7

Revision, Herausgabe und Nachwort: Joerg K. Sommermeyer

Umschlaggestaltung (unter Verwendung eines Aquarells von Liliane Doms, *ohne Titel*, 2008, auf der Vorderseite): JS

Lektorat, Satz und Layout: Gero Ludwig, Karin Nowgo, JS, Waltraut Schmidt, Hans Ohnson, Kurt Marie, Martina Pfennig, Lars Penath

Herstellung, Verlag BoD - Books on Demand, Norderstedt

Made in Germany

ISBN 9783752804126

# Inhalt

# Das Stunden-Buch

Enthaltend die drei Bücher:
Vom mönchischen Leben
Von der Pilgerschaft
Von der Armut und vom Tode

Gelegt in die Hände von Lou

Erstdruck beim Insel-Verlag, Leipzig 1905.

Erstes Buch / Das Buch vom mönchischen Leben, entstanden 1899, durchgesehen 1905.

Zweites Buch/Das Buch von der Pilgerschaft, entstanden 1901, durchgesehen 1903 und 1905.

Drittes Buch/Das Buch von der Armut und vom Tode, entstanden 1903, durchgesehen 1905.

# Erstes Buch – Das Buch vom mönchischen Leben

Da neigt sich die Stunde und rührt mich an
mit klarem, metallenem Schlag:
mir zittern die Sinne. Ich fühle: ich kann –
und ich fasse den plastischen Tag.

Nichts war noch vollendet, eh ich es erschaut,
ein jedes Werden stand still.
Meine Blicke sind reif, und wie eine Braut
kommt jedem das Ding, das er will.

Nichts ist mir zu klein und ich lieb es trotzdem
und mal es auf Goldgrund und groß,
und halte es hoch, und ich weiß nicht wem
löst es die Seele los ...

Ich lebe mein Leben in wachsenden Ringen,
die sich über die Dinge ziehn.
Ich werde den letzten vielleicht nicht vollbringen,
aber versuchen will ich ihn.

Ich kreise um Gott, um den uralten Turm,
und ich kreise jahrtausendelang;
und ich weiß noch nicht: bin ich ein Falke, ein Sturm
oder ein großer Gesang.

Ich habe viele Brüder in Sutanen
im Süden, wo in Klöstern Lorbeer steht.
Ich weiß, wie menschlich sie Madonnen planen,
und träume oft von jungen Tizianen,
durch die der Gott in Gluten geht.

Doch wie ich mich auch in mich selber neige:
*Mein* Gott ist dunkel und wie ein Gewebe
von hundert Wurzeln, welche schweigsam trinken.
Nur, dass ich mich aus *seiner* Wärme hebe,
mehr weiß ich nicht, weil alle meine Zweige
tief unten ruhn und nur im Winde winken.

Wir dürfen dich nicht eigenmächtig malen,
du Dämmernde, aus der der Morgen stieg.
Wir holen aus den alten Farbenschalen
die gleichen Striche und die gleichen Strahlen,
mit denen dich der Heilige verschwieg.

Wir bauen Bilder vor dir auf wie Wände;
so dass schon tausend Mauern um dich stehn.
Denn dich verhüllen unsre frommen Hände,
sooft dich unsre Herzen offen sehn.

Ich liebe meines Wesens Dunkelstunden,
in welchen meine Sinne sich vertiefen;
in ihnen hab ich, wie in alten Briefen,
mein täglich Leben schon gelebt gefunden
und wie Legende weit und überwunden.

Aus ihnen kommt mir Wissen, dass ich Raum
zu einem zweiten zeitlos breiten Leben habe.

Und manchmal bin ich wie der Baum,
der, reif und rauschend, über einem Grabe
*den* Traum erfüllt, den der vergangne Knabe
(um den sich seine warmen Wurzeln drängen)
verlor in Traurigkeiten und Gesängen.

Du, Nachbar Gott, wenn ich dich manches Mal
in langer Nacht mit hartem Klopfen störe, –
so ist's, weil ich dich selten atmen höre
und weiß: Du bist allein im Saal.
Und wenn du etwas brauchst, ist keiner da,
um deinem Tasten einen Trank zu reichen:
Ich horche immer. Gib ein kleines Zeichen.
Ich bin ganz nah.

Nur eine schmale Wand ist zwischen uns,
durch Zufall; denn es könnte sein:
ein Rufen deines oder meines Munds –
und sie bricht ein
ganz ohne Lärm und Laut.

Aus deinen Bildern ist sie aufgebaut.

Und deine Bilder stehn vor dir wie Namen.
Und wenn einmal das Licht in mir entbrennt,
mit welchem meine Tiefe dich erkennt,
vergeudet sich's als Glanz auf ihren Rahmen.

Und meine Sinne, welche schnell erlahmen,
sind ohne Heimat und von dir getrennt.

Wenn es nur einmal so ganz stille wäre.
Wenn das Zufällige und Ungefähre

verstummte und das nachbarliche Lachen,
wenn das Geräusch, das meine Sinne machen,
mich nicht so sehr verhinderte am Wachen –:

Dann könnte ich in einem tausendfachen
Gedanken bis an deinen Rand dich denken
und dich besitzen (nur ein Lächeln lang),
um dich an alles Leben zu verschenken
wie einen Dank.

Ich lebe grad, da das Jahrhundert geht.
Man fühlt den Wind von einem großen Blatt,
das Gott und du und ich beschrieben hat
und das sich hoch in fremden Händen dreht.

Man fühlt den Glanz von einer neuen Seite,
auf der noch Alles werden kann.

Die stillen Kräfte prüfen ihre Breite
und sehn einander dunkel an.

Ich lese es heraus aus deinem Wort,
aus der Geschichte der Gebärden,
mit welchen deine Hände um das Werden
sich ründeten, begrenzend, warm und weise.
Du sagtest leben laut und sterben leise
und wiederholtest immer wieder: Sein.
Doch vor dem ersten Tode kam der Mord.
Da ging ein Riss durch deine reifen Kreise
und ging ein Schrein
und riss die Stimmen fort,
die eben erst sich sammelten
um dich zu sagen,
um dich zu tragen
alles Abgrunds Brücke –

Und was sie seither stammelten,
sind Stücke
deines alten Namens.

*Der blasse Abelknabe spricht:*

Ich bin nicht. Der Bruder hat mir was getan,
was meine Augen nicht sahn.
Er hat mir das Licht verhängt.
Er hat mein Gesicht verdrängt

mit seinem Gesicht.
Er ist jetzt allein.
Ich denke, er muss noch sein.
Denn ihm tut niemand, wie er mir getan.
Es gingen alle meine Bahn,
kommen alle vor seinen Zorn,
gehen alle an ihm verloren.

Ich glaube, mein großer Bruder wacht
wie ein Gericht.
An mich hat die Nacht gedacht;
an ihn nicht.


Du Dunkelheit, aus der ich stamme,
ich liebe dich mehr als die Flamme,
welche die Welt begrenzt,
indem sie glänzt
für irgend einen Kreis,
aus dem heraus kein Wesen von ihr weiß.

Aber die Dunkelheit hält alles an sich:
Gestalten und Flammen, Tiere und mich,
wie sie's errafft,
Menschen und Mächte –

Und es kann sein: eine große Kraft
rührt sich in meiner Nachbarschaft.

Ich glaube an Nächte.

Ich glaube an Alles noch nie Gesagte.
Ich will meine frömmsten Gefühle befrein.
Was noch keiner zu wollen wagte,
wird mir einmal unwillkürlich sein.

Ist das vermessen, mein Gott, vergib.
Aber ich will dir damit nur sagen:
Meine beste Kraft soll sein wie ein Trieb,
so ohne Zürnen und ohne Zagen;
so haben dich ja die Kinder lieb.

Mit diesem Hinfluten, mit diesem Münden
in breiten Armen ins offene Meer,
mit dieser wachsenden Wiederkehr
will ich dich bekennen, will ich dich verkünden
wie keiner vorher.

Und ist das Hoffart, so lass mich hoffärtig sein
für mein Gebet,
das so ernst und allein
vor deiner wolkigen Stirne steht.

Ich bin auf der Welt zu allein und doch nicht allein genug,
um jede Stunde zu weihn.
Ich bin auf der Welt zu gering und doch nicht klein genug,
um vor dir zu sein wie ein Ding,
dunkel und klug.
Ich will meinen Willen und will meinen Willen begleiten
die Wege zur Tat;
und will in stillen, irgendwie zögernden Zeiten,
wenn etwas naht,
unter den Wissenden sein
oder allein.
Ich will dich immer spiegeln in ganzer Gestalt,
und will niemals blind sein oder zu alt
um dein schweres schwankendes Bild zu halten.
Ich will mich entfalten.
Nirgends will ich gebogen bleiben,
denn dort bin ich gelogen, wo ich gebogen bin.
Und ich will meinen Sinn
wahr vor dir. Ich will mich beschreiben
wie ein Bild das ich sah,
lange und nah,
wie ein Wort, das ich begriff,
wie meinen täglichen Krug,
wie meiner Mutter Gesicht,
wie ein Schiff,
das mich trug
durch den tödlichsten Sturm.

Du siehst, ich will viel.
Vielleicht will ich Alles:
das Dunkel jedes unendlichen Falles
und jedes Steigens lichtzitterndes Spiel.

Es leben so viele und wollen nichts,
und sind durch ihres leichten Gerichts
glatte Gefühle gefürstet.

Aber du freust dich jedes Gesichts,
das dient und dürstet.

Du freust dich Aller, die dich gebrauchen
wie ein Gerät.
Noch bist du nicht kalt, und es ist nicht zu spät,
in deine werdenden Tiefen zu tauchen,
wo sich das Leben ruhig verrät.

Wir bauen an dir mit zitternden Händen
und wir türmen Atom auf Atom.
Aber wer kann dich vollenden,
du Dom.

Was ist Rom?
Es zerfällt.
Was ist die Welt?
Sie wird zerschlagen
eh deine Türme Kuppeln tragen,
eh aus Meilen von Mosaik
deine strahlende Stirne stieg.

Aber manchmal im Traum
kann ich deinen Raum
überschaun,
tief vom Beginne
bis zu des Daches goldenem Grate.

Und ich seh: meine Sinne
bilden und baun
die letzten Zierrate.

Daraus, dass Einer dich einmal gewollt hat,
weiß ich, dass wir dich wollen dürfen.
Wenn wir auch alle Tiefen verwürfen:
wenn ein Gebirge Gold hat
und keiner mehr es ergraben mag,
trägt es einmal der Fluss zutag,
der in die Stille der Steine greift,
der vollen.

Auch wenn wir nicht wollen:
*Gott reift.*

Wer seines Lebens viele Widersinne
versöhnt und dankbar in ein Sinnbild fasst,
der drängt
die Lärmenden aus dem Palast,
wird *anders* festlich, und du bist der Gast,

den er an sanften Abenden empfängt.

Du bist der Zweite seiner Einsamkeit,
die ruhige Mitte seinen Monologen;
und jeder Kreis, um dich gezogen,
spannt ihm den Zirkel aus der Zeit.

Was irren meine Hände in den Pinseln?
Wenn ich dich *male*, Gott, du merkst es kaum.

Ich *fühle* dich. An meiner Sinne Saum
beginnst du zögernd, wie mit vielen Inseln,
und deinen Augen, welche niemals blinzeln,
bin ich der Raum.

Du bist nicht mehr inmitten deines Glanzes,
wo alle Linien des Engeltanzes
die Fernen dir verbrauchen wie Musik, –
du wohnst in deinem allerletzten Haus.
Dein ganzer Himmel horcht in mich hinaus,
weil ich mich sinnend dir verschwieg.

Ich bin, du Ängstlicher. Hörst du mich nicht
mit allen meinen Sinnen an dir branden?
Meine Gefühle, welche Flügel fanden,
umkreisen weiß dein Angesicht.
Siehst du nicht meine Seele, wie sie dicht
vor dir in einem Kleid aus Stille steht?
Reift nicht mein mailiches Gebet
an deinem Blicke wie an einem Baum?

Wenn du der Träumer bist, bin ich dein Traum.
Doch wenn du wachen willst, bin ich dein Wille
und werde mächtig aller Herrlichkeit
und ründe mich wie eine Sternenstille
über der wunderlichen Stadt der Zeit.

Mein Leben ist nicht diese steile Stunde,
darin du mich so eilen siehst.
Ich bin ein Baum vor meinem Hintergrunde,
ich bin nur einer meiner vielen Munde
und jener, welcher sich am frühsten schließt.

Ich bin die Ruhe zwischen zweien Tönen,
die sich nur schlecht aneinander gewöhnen:
denn der Ton Tod will sich erhöhn –

Aber im dunklen Intervall versöhnen
sich beide zitternd.
Und das Lied bleibt schön.

Wenn ich gewachsen wäre irgendwo,
wo leichtere Tage sind und schlanke Stunden,
ich hätte dir ein großes Fest erfunden,
und meine Hände hielten dich nicht so,
wie sie dich manchmal halten, bang und hart.

Dort hätte ich gewagt, dich zu vergeuden,
du grenzenlose Gegenwart.
Wie einen Ball
hätt ich dich in alle wogenden Freuden
hineingeschleudert, dass einer dich finge
und deinem Fall
mit hohen Händen entgegenspringe,
du Ding der Dinge.

Ich hätte dich wie eine Klinge
blitzen lassen.
Vom goldensten Ringe
ließ ich dein Feuer umfassen,
und er müsste mir's halten
über die weißeste Hand.

Gemalt hätt ich dich: nicht an die Wand,
an den Himmel selber von Rand zu Rand,
und hätt dich gebildet, wie ein Gigant
dich bilden würde: als Berg, als Brand,
als Samum, wachsend aus Wüstensand –
oder
es kann auch sein: ich fand
dich einmal ...
Meine Freunde sind weit,
ich höre kaum noch ihr Lachen schallen;
und du: du bist aus dem Nest gefallen,
bist ein junger Vogel mit gelben Krallen
und großen Augen und tust mir leid.
(Meine Hand ist dir viel zu breit.)
Und ich heb mit dem Finger vom Quell einen Tropfen
und lausche, ob du ihn lechzend langst,
und ich fühle dein Herz und meines klopfen
und beide aus Angst.

Ich finde dich in allen diesen Dingen,
denen ich gut und wie ein Bruder bin;
als Samen sonnst du dich in den geringen
und in den großen gibst du groß dich hin.
Das ist das wundersame Spiel der Kräfte,
dass sie so dienend durch die Dinge gehn:
in Wurzeln wachsend, schwindend in die Schäfte
und in den Wipfeln wie ein Auferstehn.

*Stimme eines jungen Bruders*:

Ich verrinne, ich verrinne
wie Sand, der durch Finger rinnt.
Ich habe auf einmal so viele Sinne,
die alle anders durstig sind.
Ich fühle mich an hundert Stellen
schwellen und schmerzen.
Aber am meisten mitten im Herzen.

Ich möchte sterben. Lass mich allein.
Ich glaube, es wird mir gelingen,
so bange zu sein,
dass mir die Pulse zerspringen.

Sieh, Gott, es kommt ein Neuer an dir bauen,
der gestern noch ein Knabe war; von Frauen
sind seine Hände noch zusammgefügt
zu einem Falten, welches halb schon lügt.
Denn seine Rechte will schon von der Linken,
um sich zu wehren oder um zu winken
und um am Arm allein zu sein.

Noch gestern war die Stirne wie ein Stein
im Bach, geründet von den Tagen,
die nichts bedeuten als ein Wellenschlagen
und nichts verlangen, als ein Bild zu tragen
von Himmeln, die der Zufall drüber hängt;
heut drängt
auf ihr sich eine Weltgeschichte
vor einem unerbittlichen Gerichte,
und sie versinkt in seinem Urteilsspruch.

Raum wird auf einem neuen Angesichte.
Es war kein Licht vor diesem Lichte,
und, wie noch nie, beginnt dein Buch.

Ich liebe dich, du sanftestes Gesetz,
an dem wir reiften, da wir mit ihm rangen;
du großes Heimweh, das wir nicht bezwangen,
du Wald, aus dem wir nie hinausgegangen,
du Lied, das wir mit jedem Schweigen sangen,
du dunkles Netz,
darin sich flüchtend die Gefühle fangen.

Du hast dich so unendlich groß begonnen
an jenem Tage, da du uns begannst, –
und wir sind so gereift in deinen Sonnen,
so breit geworden und so tief gepflanzt,
dass du in Menschen, Engeln und Madonnen
dich ruhend jetzt vollenden kannst.

Lass deine Hand am Hang der Himmel ruhn
und dulde stumm, was wir dir dunkel tun.

Werkleute sind wir: Knappen, Jünger, Meister,
und bauen dich, du hohes Mittelschiff.
Und manchmal kommt ein ernster Hergereister,
geht wie ein Glanz durch unsre hundert Geister
und zeigt uns zitternd einen neuen Griff.

Wir steigen in die wiegenden Gerüste,
in unsern Händen hängt der Hammer schwer,
bis eine Stunde uns die Stirnen küsste,
die strahlend und als ob sie Alles wüsste
von dir kommt, wie der Wind vom Meer.

Dann ist ein Hallen von dem vielen Hämmern
und durch die Berge geht es Stoß um Stoß.
Erst wenn es dunkelt lassen wir dich los:
Und deine kommenden Konturen dämmern.

Gott, du bist groß.

Du bist so groß, dass ich schon nicht mehr bin,
wenn ich mich nur in deine Nähe stelle.
Du bist so dunkel; meine kleine Helle
an deinem Saum hat keinen Sinn.
Dein Wille geht wie eine Welle
und jeder Tag ertrinkt darin.

Nur meine Sehnsucht ragt dir bis ans Kinn
und steht vor dir wie aller Engel größter:
ein fremder, bleicher und noch unerlöster,

und hält dir seine Flügel hin.

Er will nicht mehr den uferlosen Flug,
an dem die Monde blass vorüberschwammen,
und von den Welten weiß er längst genug.
Mit seinen Flügeln will er wie mit Flammen
vor deinem schattigen Gesichte stehn
und will bei ihrem weißen Scheine sehn,
ob deine grauen Brauen ihn verdammen.

So viele Engel suchen dich im Lichte
und stoßen mit den Stirnen nach den Sternen
und wollen dich aus jedem Glanze lernen.
Mir aber ist, sooft ich von dir dichte,
dass sie mit abgewendetem Gesichte
von deines Mantels Falten sich entfernen.

Denn du warst selber nur ein Gast des Golds.
Nur einer Zeit zuliebe, die dich flehte
in ihre klaren marmornen Gebete,
erschienst du wie der König der Komete,
auf deiner Stirne Strahlenströme stolz.

Du kehrtest heim, da jene Zeit zerschmolz.

Ganz dunkel ist dein Mund, von dem ich wehte,
und deine Hände sind von Ebenholz.

Das waren Tage Michelangelos,
von denen ich in fremden Büchern las.
Das war der Mann, der über einem Maß,
gigantengroß,
die Unermesslichkeit vergaß.

Das war der Mann, der immer wiederkehrt,
wenn eine Zeit noch einmal ihren Wert,
da sie sich enden will, zusammenfasst.
Da hebt noch einer ihre ganze Last
und wirft sie in den Abgrund seiner Brust.
Die vor ihm hatten Leid und Lust;
er aber fühlt nur noch des Lebens Masse
und dass er Alles wie ein Ding umfasse, –
nur Gott bleibt über seinem Willen weit:
da liebt er ihn mit seinem hohen Hasse
für diese Unerreichbarkeit.

Der Ast vom Baume Gott, der über Italien reicht,
hat schon geblüht.
Er hätte vielleicht
sich schon gerne, mit Früchten gefüllt, verfrüht,
doch er wurde mitten im Blühen müd,
und er wird keine Früchte haben.

Nur der Frühling Gottes war dort,
nur sein Sohn, das Wort,
vollendete sich.
Es wendete sich
alle Kraft zu dem strahlenden Knaben.
Alle kamen mit Gaben
zu ihm;
alle sangen wie Cherubim
seinen Preis.

Und er duftete leis
als Rose der Rosen.
Er war ein Kreis
um die Heimatlosen.
Er ging in Mänteln und Metamorphosen
durch alle steigenden Stimmen der Zeit.

Da ward auch die zur Frucht Erweckte,
die schüchterne und schönerschreckte,
die heimgesuchte Magd geliebt.
Die Blühende, die Unentdeckte,
in der es hundert Wege gibt.

Da ließen sie sie gehn und schweben
und treiben mit dem jungen Jahr;
ihr dienendes Marien-Leben
ward königlich und wunderbar.
Wie feiertägliches Geläute
ging es durch alle Häuser groß;
und die einst mädchenhaft Zerstreute
war so versenkt in ihren Schoß
und so erfüllt von jenem Einen
und so für Tausende genug,
dass alles schien, sie zu bescheinen,
die wie ein Weinberg war und trug.

Aber als hätte die Last der Fruchtgehänge
und der Verfall der Säulen und Bogengänge

und der Abgesang der Gesänge
sie beschwert,
hat die Jungfrau sich in anderen Stunden,
wie von Größerem noch unentbunden,
kommenden Wunden
zugekehrt.

Ihre Hände, die sich lautlos lösten,
liegen leer.
Wehe, sie gebar noch nicht den Größten.
Und die Engel, die nicht trösten,
stehen fremd und furchtbar um sie her.

So hat man sie gemalt; vor allem Einer,
der seine Sehnsucht aus der Sonne trug.
Ihm reifte sie aus allen Rätseln reiner,
aber im Leiden immer allgemeiner:
sein ganzes Leben war er wie ein Weiner,
dem sich das Weinen in die Hände schlug.

Er ist der schönste Schleier ihrer Schmerzen,
der sich an ihre wehen Lippen schmiegt,
sich über ihnen fast zum Lächeln biegt –
und von dem Licht aus sieben Engelskerzen
wird sein Geheimnis nicht besiegt.

Mit einem Ast, der jenem niemals glich,
wird Gott, der Baum, auch einmal sommerlich
verkündend werden und aus Reife rauschen;
in einem Lande, wo die Menschen lauschen,
wo jeder ähnlich einsam ist wie ich.

Denn nur dem Einsamen wird offenbart,
und vielen Einsamen der gleichen Art
wird mehr gegeben als dem schmalen Einen.
Denn jedem wird ein andrer Gott erscheinen,
bis sie erkennen, nah am Weinen,
dass durch ihr meilenweites Meinen,
durch ihr Vernehmen und Verneinen,
verschieden nur in hundert Seinen
ein Gott wie eine Welle geht.

Das ist das endlichste Gebet,
das dann die Sehenden sich sagen:
Die Wurzel Gott hat Frucht getragen,
geht hin, die Glocken zu zerschlagen;

wir kommen zu den stillern Tagen,
in denen reif die Stunde steht.
Die Wurzel Gott hat Frucht getragen.
Seid ernst und seht.

Ich kann nicht glauben, dass der kleine Tod,
dem wir doch täglich übern Scheitel schauen,
uns eine Sorge bleibt und eine Not.

Ich kann nicht glauben, dass er ernsthaft droht;
ich lebe noch, ich habe Zeit zu bauen:
mein Blut ist länger als die Rosen rot.

Mein Sinn ist tiefer als das witzige Spiel
mit unsrer Furcht, darin er sich gefällt.
Ich bin die Welt,
aus der er irrend fiel.

Wie er
kreisende Mönche wandern so umher;
man fürchtet sich vor ihrer Wiederkehr,
man weiß nicht: ist es jedes Mal derselbe,
sind's zwei, sind's zehn, sind's tausend oder mehr?
Man kennt nur diese fremde gelbe Hand,
die sich ausstreckt so nackt und nah –
da da:
als käm sie aus dem eigenen Gewand.

Was wirst du tun, Gott, wenn ich sterbe?
Ich bin dein Krug (wenn ich zerscherbe?)
Ich bin dein Trank (wenn ich verderbe?)
Bin dein Gewand und dein Gewerbe,
mit mir verlierst du deinen Sinn.

Nach mir hast du kein Haus, darin
dich Worte, nah und warm, begrüßen.
Es fällt von deinen müden Füßen
die Samtsandale, die ich bin.

Dein großer Mantel lässt dich los.
Dein Blick, den ich mit meiner Wange
warm, wie mit einem Pfühl, empfange,
wird kommen, wird mich suchen, lange –
und legt beim Sonnenuntergange
sich fremden Steinen in den Schoß.

Was wirst du tun, Gott? Ich bin bange.

Du bist der raunende Verrußte,
auf allen Öfen schläfst du breit.
Das Wissen ist nur in der Zeit.
Du bist der dunkle Unbewusste
von Ewigkeit zu Ewigkeit.
Du bist der Bittende und Bange,
der aller Dinge Sinn beschwert.
Du bist die Silbe im Gesange,
die immer zitternder im Zwange
der starken Stimmen wiederkehrt.

Du hast dich anders nie gelehrt:

Denn du bist nicht der Schönumscharte,
um welchen sich der Reichtum reiht.
Du bist der Schlichte, welcher sparte.
Du bist der Bauer mit dem Barte
von Ewigkeit zu Ewigkeit.

*An den jungen Bruder*:

Du, gestern Knabe, dem die Wirrnis kam:
Dass sich dein Blut in Blindheit nicht vergeude.
Du meinst nicht den Genuss, du meinst die Freude;
du bist gebildet als ein Bräutigam,
und deine Braut soll werden: deine Scham.

Die große Lust hat auch nach dir Verlangen,
und alle Arme sind auf einmal nackt.
Auf frommen Bildern sind die bleichen Wangen
von fremden Feuern überflackt;
und deine Sinne sind wie viele Schlangen,
die, von des Tones Rot umfangen,
sich spannen in der Tamburine Takt.

Und plötzlich bist du ganz allein gelassen
mit deinen Händen, die dich hassen –
und wenn dein Wille nicht ein Wunder tut:
– – – – – – – – – – – – – – – – – – – – – –
Aber da gehen wie durch dunkle Gassen
von Gott Gerüchte durch dein dunkles Blut.

*An den jungen Bruder*:

Dann bete du, wie es dich dieser lehrt,
der selber aus der Wirrnis wiederkehrt
und so, dass er zu heiligen Gestalten,

die alle ihres Wesens Würde halten,
in einer Kirche und auf goldnen Smalten
die Schönheit malte, und sie hielt ein Schwert.

Er lehrt dich sagen:
Du mein tiefer Sinn,
vertraue mir, dass ich dich nicht enttäusche;
in meinem Blute sind so viel Geräusche,
ich aber weiß, dass ich aus Sehnsucht bin.

Ein großer Ernst bricht über mich herein.
In seinem Schatten ist das Leben kühl.
Ich bin zum ersten Mal mit dir allein,
du, mein Gefühl.
Du bist so mädchenhaft.

Es war ein Weib in meiner Nachbarschaft
und winkte mir aus welkenden Gewändern.
Du aber sprichst mir von so fernen Ländern.
Und meine Kraft
schaut nach den Hügelrändern.

Ich habe Hymnen, die ich schweige.
Es gibt ein Aufgerichtetsein,
darin ich meine Sinne neige:
du siehst mich groß und ich bin klein.
Du kannst mich dunkel unterscheiden
von jenen Dingen, welche knien;
sie sind wie Herden und sie weiden,
ich bin der Hirt am Hang der Heiden,
vor welchem sie zu Abend ziehn.
Dann komm ich hinter ihnen her
und höre dumpf die dunklen Brücken,
und in dem Rauch von ihren Rücken
verbirgt sich meine Wiederkehr.

Gott, wie begreif ich deine Stunde,
als du, dass sie im Raum sich runde,
die Stimme vor dich hingestellt;
dir war das Nichts wie eine Wunde,
da kühltest du sie mit der Welt.

Jetzt heilt es leise unter uns.

Denn die Vergangenheiten tranken
die vielen Fieber aus dem Kranken,

wir fühlen schon in sanftem Schwanken
den ruhigen Puls des Hintergrunds.

Wir liegen lindernd auf dem Nichts
und wir verhüllen alle Risse;
du aber wächst ins Ungewisse
im Schatten deines Angesichts.

Alle, die ihre Hände regen
nicht in der Zeit, der armen Stadt,
alle, die sie an Leises legen,
an eine Stelle, fern den Wegen,
die kaum noch einen Namen hat, –
sprechen dich aus, du Alltagssegen.
und sagen sanft auf einem Blatt:

Es gibt im Grunde nur Gebete,
so sind die Hände uns geweiht,
dass sie nichts schufen, was nicht flehte;
ob einer malte oder mähte,
schon aus dem Ringen der Geräte
entfaltete sich Frömmigkeit.

Die Zeit ist eine vielgestalte.
Wir hören manchmal von der Zeit,
und tun das Ewige und Alte;
wir wissen, dass uns Gott umwallte
groß wie ein Bart und wie ein Kleid.
Wir sind wie Adern im Basalte
in Gottes harter Herrlichkeit.

Der Name ist uns wie ein Licht
hart an die Stirn gestellt.
Da senkte sich mein Angesicht
vor diesem zeitigen Gericht
und sah (von dem es seither spricht)
dich, großes dunkelndes Gewicht
an mir und an der Welt.

Du bogst mich langsam aus der Zeit,
in die ich schwankend stieg;
ich neigte mich nach leisem Streit:
jetzt dauert deine Dunkelheit
um deinen sanften Sieg.

Jetzt hast du mich und weißt nicht wen,

denn deine breiten Sinne sehn
nur, dass ich dunkel ward.
Du hältst mich seltsam zart
und horchst, wie meine Hände gehn
durch deinen alten Bart.

Dein allererstes Wort war: *Licht*:
da ward die Zeit. Dann schwiegst du lange.
Dein zweites Wort ward Mensch und bange
(wir dunkeln noch in seinem Klange)
und wieder sinnt dein Angesicht.

Ich aber will dein drittes nicht.

Ich bete nachts oft: Sei der Stumme,
der wachsend in Gebärden bleibt
und den der Geist im Traume treibt,
dass er des Schweigens schwere Summe
in Stirnen und Gebirge schreibt.

Sei du die Zuflucht vor dem Zorne,
der das Unsagbare verstieß.
Es wurde Nacht im Paradies:
sei du der Hüter mit dem Horne,
und man erzählt nur, dass er blies.

Du kommst und gehst. Die Türen fallen
viel sanfter zu, fast ohne Wehn.
Du bist der Leiseste von Allen,
die durch die leisen Häuser gehn.

Man kann sich so an dich gewöhnen,
dass man nicht aus dem Buche schaut,
wenn seine Bilder sich verschönen,
von deinem Schatten überblaut;
weil dich die Dinge immer tönen,
nur einmal leis und einmal laut.

Oft wenn ich dich in Sinnen sehe,
verteilt sich deine Allgestalt:
du gehst wie lauter lichte Rehe
und ich bin dunkel und bin Wald.

Du bist ein Rad, an dem ich stehe:
von deinen vielen dunklen Achsen
wird immer wieder eine schwer
und dreht sich näher zu mir her,

und meine willigen Werke wachsen
von Wiederkehr zu Wiederkehr.

Du bist der Tiefste, welcher ragte,
der Taucher und der Türme Neid.
Du bist der Sanfte, der sich sagte,
und doch: wenn dich ein Feiger fragte,
so schwelgtest du in Schweigsamkeit.

Du bist der Wald der Widersprüche.
Ich darf dich wiegen wie ein Kind,
und doch vollziehn sich deine Flüche,
die über Völkern furchtbar sind.

Dir ward das erste Buch geschrieben,
das erste Bild versuchte dich,
du warst im Leiden und im Lieben,
dein Ernst war wie aus Erz getrieben
auf jeder Stirn, die mit den sieben
erfüllten Tagen dich verglich.

Du gingst in Tausenden verloren,
und alle Opfer wurden kalt;
bis du in hohen Kirchenchoren
dich rührtest hinter goldnen Toren;
und eine Bangnis, die geboren,
umgürtete dich mit Gestalt.

Ich weiß: Du bist der Rätselhafte,
um den die Zeit in Zögern stand.
O wie so schön ich dich erschaffte
in einer Stunde, die mich straffte,
in einer Hoffart meiner Hand.

Ich zeichnete viel ziere Risse,
behorchte alle Hindernisse, –
dann wurden mir die Pläne krank:
es wirrten sich wie Dorngerank
die Linien und die Ovale,
bis tief in mir mit einem Male
aus einem Griff ins Ungewisse
die frommste aller Formen sprang.

Ich kann mein Werk nicht überschaun
und fühle doch: es steht vollendet.
Aber, die Augen abgewendet,

will ich es immer wieder baun.

So ist mein Tagwerk, über dem
mein Schatten liegt wie eine Schale.
Und bin ich auch wie Laub und Lehm,
sooft ich bete oder male
ist Sonntag, und ich bin im Tale
ein jubelndes Jerusalem.

Ich bin die stolze Stadt des Herrn
und sage ihn mit hundert Zungen;
in mir ist Davids Dank verklungen:
ich lag in Harfendämmerungen
und atmete den Abendstern.

Nach Aufgang gehen meine Gassen.
Und bin ich lang vom Volk verlassen,
so ist's: damit ich größer bin.
Ich höre jeden in mir schreiten
und breite meine Einsamkeiten
von Anbeginn zu Anbeginn.

Ihr vielen unbestürmten Städte,
habt ihr euch nie den Feind ersehnt?
O dass er euch belagert hätte
ein langes schwankendes Jahrzehnt.

Bis ihr ihn trostlos und in Trauern,
bis dass ihr hungernd ihn ertrugt;
er liegt wie Landschaft vor den Mauern,
denn also weiß er auszudauern
um jene, die er heimgesucht.

Schaut aus vom Rande eurer Dächer:
da lagert er und wird nicht matt
und wird nicht weniger und schwächer
und schickt nicht Droher und Versprecher
und Überreder in die Stadt.

Er ist der große Mauerbrecher,
der eine stumme Arbeit hat.

Ich komme aus meinen Schwingen heim,
mit denen ich mich verlor.
Ich war Gesang, und Gott, der Reim,
rauscht noch in meinem Ohr.

Ich werde wieder still und schlicht,
und meine Stimme steht;
es senkte sich mein Angesicht
zu besserem Gebet.
Den andern war ich wie ein Wind,
da ich sie rüttelnd rief.
Weit war ich, wo die Engel sind,
hoch, wo das Licht in Nichts zerrinnt –
Gott aber dunkelt tief.

Die Engel sind das letzte Wehn
an seines Wipfels Saum;
dass sie aus seinen Ästen gehn,
ist ihnen wie ein Traum.
Sie glauben dort dem Lichte mehr
als Gottes schwarzer Kraft,
es flüchtete sich Luzifer
in ihre Nachbarschaft.

Er ist der Fürst im Land des Lichts,
und seine Stirne steht
so steil am großen Glanz des Nichts,
dass er, versengten Angesichts,
nach Finsternissen fleht.
Er ist der helle Gott der Zeit,
zu dem sie laut erwacht,
und weil er oft in Schmerzen schreit
und oft in Schmerzen lacht,
glaubt sie an seine Seligkeit
und hangt an seiner Macht.

Die Zeit ist wie ein welker Rand
an einem Buchenblatt.
Sie ist das glänzende Gewand,
das Gott verworfen hat,
als Er, der immer Tiefe war,
ermüdete des Flugs
und sich verbarg vor jedem Jahr,
bis ihm sein wurzelhaftes Haar
durch alle Dinge wuchs.

Du wirst nur mit der Tat erfasst,
mit Händen nur erhellt;
ein jeder Sinn ist nur ein Gast
und sehnt sich aus der Welt.

Ersonnen ist ein jeder Sinn,
man fühlt den feinen Saum darin
und dass ihn einer spann:
Du aber kommst und gibst dich hin
und fällst den Flüchtling an.

Ich will nicht wissen, wo du bist,
sprich mir aus überall.
Dein williger Evangelist
verzeichnet alles und vergisst
zu schauen nach dem Schall.

Ich geh doch immer auf dich zu
mit meinem ganzen Gehn;
denn wer bin ich und wer bist du,
wenn wir uns nicht verstehn?

Mein Leben hat das gleiche Kleid und Haar
wie aller alten Zaren Sterbestunde.
Die Macht entfremdete nur meinem Munde,
doch meine Reiche, die ich schweigend runde,
versammeln sich in meinem Hintergrunde
und meine Sinne sind noch Gossudar.

Für sie ist beten immer noch: Erbauen,
aus allen Maßen bauen, dass das Grauen
fast wie die Größe wird und schön, –
und: jedes Hinknien und Vertrauen
(dass es die andern nicht beschauen)
mit vielen goldenen und blauen
und bunten Kuppeln überhöhn.

Denn was sind Kirchen und sind Klöster
in ihrem Steigen und Erstehn
als Harfen, tönende Vertröster,
durch die die Hände Halberlöster
vor Königen und Jungfraun gehn.

Und Gott befiehlt mir, dass ich schriebe:

Den Königen sei Grausamkeit.
Sie ist der Engel vor der Liebe,
und ohne diesen Bogen bliebe
mir keine Brücke in die Zeit.

Und Gott befiehlt mir, dass ich male:

Die Zeit ist mir mein tiefstes Weh,
so legte ich in ihre Schale:
das wache Weib, die Wundenmale,
den reichen Tod (dass er sie zahle),
der Städte bange Bacchanale,
den Wahnsinn und die Könige.

Und Gott befiehlt mir, dass ich baue:

Denn König bin ich von der Zeit.
Dir aber bin ich nur der graue
Mitwisser deiner Einsamkeit.
Und bin das Auge mit der Braue ...

Das über meine Schulter schaue
von Ewigkeit zu Ewigkeit.

Es tauchten tausend Theologen
in deines Namens alte Nacht.
Jungfrauen sind zu dir erwacht,
und Jünglinge in Silber zogen
und schimmerten in dir, du Schlacht.

In deinen langen Bogengängen
begegneten die Dichter sich
und waren Könige von Klängen
und mild und tief und meisterlich.

Du bist die sanfte Abendstunde,
die alle Dichter ähnlich macht;
du drängst dich dunkel in die Munde,
und im Gefühl von einem Funde
umgibt ein jeder dich mit Pracht.

Dich heben hunderttausend Harfen
wie Schwingen aus der Schweigsamkeit.
Und deine alten Winde warfen
zu allen Dingen und Bedarfen
den Hauch von deiner Herrlichkeit.

Die Dichter haben dich verstreut
(es ging ein Sturm durch alles Stammeln),
ich aber will dich wieder sammeln
in dem Gefäß, das dich erfreut.

Ich wanderte in vielem Winde;
da triebst du tausendmal darin.

Ich bringe alles was ich finde:
als Becher brauchte dich der Blinde,
sehr tief verbarg dich das Gesinde,
der Bettler aber hielt dich hin;
und manchmal war bei einem Kinde
ein großes Stück von deinem Sinn.

Du siehst, dass ich ein Sucher bin.

Einer, der hinter seinen Händen
verborgen geht und wie ein Hirt;
(mögst du den Blick der ihn beirrt,
den Blick der Fremden von ihm wenden).
Einer der träumt, dich zu vollenden
und: dass er sich vollenden wird.

Selten ist Sonne im Sobór.
Die Wände wachsen aus Gestalten,
und durch die Jungfraun und die Alten
drängt sich, wie Flügel im Entfalten,
das goldene, das Kaiser-Tor.

An seinem Säulenrand verlor
die Wand sich hinter den Ikonen;
und, die im stillen Silber wohnen,
die Steine, steigen wie ein Chor
und fallen wieder in die Kronen
und schweigen schöner als zuvor.

Und über sie, wie Nächte blau,
von Angesichte blass,
schwebt, die dich freuete, die Frau:
die Pförtnerin, der Morgentau,
die dich umblüht wie eine Au
und ohne Unterlass.

Die Kuppel ist voll deines Sohns
und bindet rund den Bau.

Willst du geruhen deines Throns,
den ich in Schauern schau.

Da trat ich als ein Pilger ein
und fühlte voller Qual
an meiner Stirne dich, du Stein.
Mit Lichtern, sieben an der Zahl,
umstellte ich dein dunkles Sein

und sah in jedem Bilde dein
bräunliches Muttermal.

Da stand ich, wo die Bettler stehn,
die schlecht und hager sind:
aus ihrem Auf- und Niederwehn
begriff ich dich, du Wind.
Ich sah den Bauer, überjahrt,
bärtig wie Joachim,
und daraus, wie er dunkel ward,
von lauter Ähnlichen umschart,
empfand ich dich wie nie so zart,
so ohne Wort geoffenbart
in allen und in ihm.

Du lässt der Zeit den Lauf,
und dir ist niemals Ruh darin:
der Bauer findet deinen Sinn
und hebt ihn auf und wirft ihn hin
und hebt ihn wieder auf.

Wie der Wächter in den Weingeländen
seine Hütte hat und wacht,
bin ich Hütte, Herr, in deinen Händen
und bin Nacht, o Herr, von deiner Nacht.

Weinberg, Weide, alter Apfelgarten,
Acker, der kein Frühjahr überschlägt,
Feigenbaum, der auch im marmorharten
Grunde hundert Früchte trägt:

Duft geht aus aus deinen runden Zweigen.
Und du fragst nicht, ob ich wachsam sei;
furchtlos, aufgelöst in Säften, steigen
deine Tiefen still an mir vorbei.

Gott spricht zu jedem nur, eh er ihn macht,
dann geht er schweigend mit ihm aus der Nacht.
Aber die Worte, eh jeder beginnt,
diese wolkigen Worte, sind:

Von deinen Sinnen hinausgesandt,
geh bis an deiner Sehnsucht Rand;
gib mir Gewand.

Hinter den Dingen wachse als Brand,
dass ihre Schatten, ausgespannt,

immer mich ganz bedecken.

Lass dir Alles geschehn: Schönheit und Schrecken.
Man muss nur gehn: Kein Gefühl ist das fernste.
Lass dich von mir nicht trennen.
Nah ist das Land,
das sie das Leben nennen.

Du wirst es erkennen
an seinem Ernste.

Gib mir die Hand.

Ich war bei den ältesten Mönchen, den Malern und Mythenmeldern,
die schrieben ruhig Geschichten und zeichneten Runen des Ruhms.
Und ich seh dich in meinen Gesichten mit Winden, Wassern und Wäldern
rauschend am Rande des Christentums,
du Land, nicht zu lichten.

Ich will dich erzählen, ich will dich beschaun und beschreiben,
nicht mit Bol und mit Gold, nur mit Tinte aus Apfelbaumrinden;
ich kann auch mit Perlen dich nicht an die Blätter binden,
und das zitterndste Bild, das mir meine Sinne erfinden,
du würdest es blind durch dein einfaches Sein übertreiben.

So will ich die Dinge in dir nur bescheiden und schlichthin benamen,
will die Könige nennen, die ältesten, woher sie kamen,
und will ihre Taten und Schlachten berichten am Rand meiner Seiten.
Denn du bist der Boden. Dir sind nur wie Sommer die Zeiten,
und du denkst an die nahen nicht anders als an die entfernten,
und ob sie dich tiefer besamen und besser bebauen lernten:
du fühlst dich nur leise berührt von den ähnlichen Ernten
und hörst weder Säer noch Schnitter, die über dich schreiten.

Du dunkelnder Grund, geduldig erträgst du die Mauern.
Und vielleicht erlaubst du noch eine Stunde den Städten zu dauern
und gewährst noch zwei Stunden den Kirchen und einsamen Klöstern
und lässest fünf Stunden noch Mühsal allen Erlöstern
und siehst noch sieben Stunden das Tagwerk des Bauern –:

Eh du wieder Wald wirst und Wasser und wachsende Wildnis
in der Stunde der unerfasslichen Angst,
da du dein unvollendetes Bildnis
von allen Dingen zurückverlangst.

Gib mir noch eine kleine Weile Zeit: ich will die Dinge so wie keiner lieben
bis sie dir alle würdig sind und weit.

Ich will nur sieben Tage, sieben
auf die sich keiner noch geschrieben,
sieben Seiten Einsamkeit.

Wem du das Buch gibst, welches die umfasst,
der wird gebückt über den Blättern bleiben.
Es sei denn, dass du ihn in Händen hast,
um selbst zu schreiben.

So bin ich nur als Kind erwacht,
so sicher im Vertraun
nach jeder Angst und jeder Nacht
dich wieder anzuschaun.
Ich weiß, sooft mein Denken misst,
wie tief, wie lang, wie weit – :
du aber bist und bist und bist,
umzittert von der Zeit.

Mir ist, als wär ich jetzt zugleich
Kind, Knab und Mann und mehr.
Ich fühle: nur der Ring ist reich
durch seine Wiederkehr.

Ich danke dir, du tiefe Kraft,
die immer leiser mit mir schafft
wie hinter vielen Wänden;
jetzt ward mir erst der Werktag schlicht
und wie ein heiliges Gesicht
zu meinen dunklen Händen.

Dass ich nicht war vor einer Weile,
weißt du davon? Und du sagst nein.
Da fühl ich, wenn ich nur nicht eile,
so kann ich nie vergangen sein.

Ich bin ja mehr als Traum im Traume.
Nur was sich sehnt nach einem Saume,
ist wie ein Tag und wie ein Ton;
es drängt sich fremd durch deine Hände,
dass es die viele Freiheit fände,
und traurig lassen sie davon.

So blieb das Dunkel dir allein,
und, wachsend in die leere Lichte,
erhob sich eine Weltgeschichte
aus immer blinderem Gestein.

Ist einer noch, der daran baut?
Die Massen wollen wieder Massen,
die Steine sind wie losgelassen

und keiner ist von dir behauen.

Es lärmt das Licht im Wipfel deines Baumes
und macht dir alle Dinge bunt und eitel,
sie finden dich erst wenn der Tag verglomm.
Die Dämmerung, die Zärtlichkeit des Raumes,
legt tausend Hände über tausend Scheitel,
und unter ihnen wird das Fremde fromm.

Du willst die Welt nicht anders an dich halten
als so, mit dieser sanftesten Gebärde.
Aus ihren Himmeln greifst du dir die Erde
und fühlst sie unter deines Mantels Falten.

Du hast so eine leise Art zu sein.
Und jene, die dir laute Namen weihn,
sind schon vergessen deiner Nachbarschaft.

Von deinen Händen, die sich bergig heben,
steigt, unsern Sinnen das Gesetz zu geben,
mit dunkler Stirne deine stumme Kraft.

Du Williger, und deine Gnade kam
immer in alle ältesten Gebärden.
Wenn einer die Hände zusammenflicht,
so dass sie zahm
und um ein kleines Dunkel sind –:
auf einmal fühlt er dich in ihnen werden,
und wie im Winde
senkt sich sein Gesicht
in Scham.
Und da versucht er, auf dem Stein zu liegen
und aufzustehn, wie er bei andern sieht,
und seine Mühe ist, dich einzuwiegen,
aus Angst, dass er dein Wachsein schon verriet.

Denn wer dich fühlt, kann sich mit dir nicht brüsten;
er ist erschrocken, bang um dich und flieht
vor allen Fremden, die dich merken müssten:

Du bist das Wunder in den Wüsten,
das Ausgewanderten geschieht.

Eine Stunde vom Rande des Tages,
und das Land ist zu allem bereit.
Was du sehnst, meine Seele, sag es:

Sei Heide und, Heide, sei weit.
Habe alte, alte Kurgane,
wachsend und kaumerkannt,
wenn es Mond wird über das plane
langvergangene Land.
Gestalte dich, Stille. Gestalte
die Dinge (es ist ihre Kindheit,
sie werden dir willig sein).
Sei Heide, sei Heide, sei Heide,
dann kommt vielleicht auch der Alte,
den ich kaum von der Nacht unterscheide,
und bringt seine riesige Blindheit
in mein horchendes Haus herein.

Ich seh ihn sitzen und sinnen,
nicht über mich hinaus;
für ihn ist alles innen,
Himmel und Heide und Haus.
Nur die Lieder sind ihm verloren,
die er nie mehr beginnt;
aus vielen tausend Ohren
trank sie die Zeit und der Wind;
aus den Ohren der Toren.

Und dennoch: mir geschieht,
als ob ich ein jedes Lied
tief in mir ihm ersparte.

Er schweigt hinterm bebenden Barte,
er möchte sich wiedergewinnen
aus seinen Melodien.
Da komm ich zu seinen Knien:

und seine Lieder rinnen
rauschend zurück in ihn.

## Zweites Buch – Das Buch von der Pilgerschaft

Dich wundert nicht des Sturmes Wucht, –
du hast ihn wachsen sehn; –
die Bäume flüchten. Ihre Flucht
schafft schreitende Alleen.
Da weißt du, der vor dem sie fliehn
ist der, zu dem du gehst,
und deine Sinne singen ihn,
wenn du am Fenster stehst.

Des Sommers Wochen standen still,
es stieg der Bäume Blut;
jetzt fühlst du, dass es fallen will
in den der Alles tut.
Du glaubtest schon erkannt die Kraft,
als du die Frucht erfasst,
jetzt wird sie wieder rätselhaft,
und du bist wieder Gast.

Der Sommer war so wie dein Haus,
drin weißt du alles stehn –
jetzt musst du in dein Herz hinaus
wie in die Ebene gehn.
Die große Einsamkeit beginnt,
die Tage werden taub,
aus deinen Sinnen nimmt der Wind
die Welt wie welkes Laub.

Durch ihre leeren Zweige sieht
der Himmel, den du hast;
sei Erde jetzt und Abendlied
und Land, darauf er passt.
Demütig sei jetzt wie ein Ding,
zu Wirklichkeit gereift, –
dass Der, von dem die Kunde ging,
dich fühlt, wenn er dich greift.

Ich bete wieder, du Erlauchter,
du hörst mich wieder durch den Wind,
weil meine Tiefen niegebrauchter
rauschender Worte mächtig sind.

Ich war zerstreut; an Widersacher
in Stücken war verteilt mein Ich.

O Gott, mich lachten alle Lacher
und alle Trinker tranken mich.

In Höfen hab ich mich gesammelt
aus Abfall und aus altem Glas,
mit halbem Mund dich angestammelt,
dich, Ewiger aus Ebenmaß.
Wie hob ich meine halben Hände
zu dir in namenlosem Flehn,
dass ich die Augen wiederfände,
mit denen ich dich angesehn.

Ich war ein Haus nach einem Brand,
darin nur Mörder manchmal schlafen,
eh ihre hungerigen Strafen
sie weiterjagen in das Land;
ich war wie eine Stadt am Meer,
wenn eine Seuche sie bedrängte,
die sich wie eine Leiche schwer
den Kindern an die Hände hängte.

Ich war mir fremd wie irgendwer,
und wusste nur von ihm, dass er
einst meine junge Mutter kränkte
als sie mich trug,
und dass ihr Herz, das eingeengte,
sehr schmerzhaft an mein Keimen schlug.

Jetzt bin ich wieder aufgebaut
aus allen Stücken meiner Schande,
und sehne mich nach einem Bande,
nach einem einigen Verstande,
der mich wie ein Ding überschaut, –
nach deines Herzens großen Händen –
(o kämen sie doch auf mich zu).
Ich zähle mich, mein Gott, und du,
du hast das Recht, mich zu verschwenden.

Ich bin derselbe noch, der kniete
vor dir in mönchischem Gewand:
der tiefe, dienende Levite,
den du erfüllt, der dich erfand.
Die Stimme einer stillen Zelle,
an der die Welt vorüberweht, –
und du bist immer noch die Welle

die über alle Dinge geht.
Es ist nichts andres. Nur ein Meer,
aus dem die Länder manchmal steigen.
Es ist nichts andres denn ein Schweigen
von schönen Engeln und von Geigen,
und der Verschwiegene ist der,
zu dem sich alle Dinge neigen,
von seiner Stärke Strahlen schwer.

Bist du denn Alles, – ich der Eine,
der sich ergibt und sich empört?
Bin ich denn nicht das Allgemeine,
bin ich nicht Alles, wenn ich weine,
und du der Eine, der es hört?
Hörst du denn etwas neben mir?
Sind da noch Stimmen außer meiner?
Ist da ein Sturm? Auch ich bin einer,
und meine Wälder winken dir.

Ist da ein Lied, ein krankes, kleines,
das dich am Micherhören stört, –
auch ich bin eines, höre meines,
das einsam ist und unerhört.

Ich bin derselbe noch, der bange
dich manchmal fragte, wer du seist.
Nach jedem Sonnenuntergange
bin ich verwundet und verwaist,
ein blasser Allem Abgelöster
und ein Verschmähter jeder Schar,
und alle Dinge stehn wie Klöster,
in denen ich gefangen war.
Dann brauch ich dich, du Eingeweihter,
du sanfter Nachbar jeder Not,
du meines Leidens leiser Zweiter,
du Gott, dann brauch ich dich wie Brot.
Du weißt vielleicht nicht, wie die Nächte
für Menschen, die nicht schlafen, sind:
da sind sie alle Ungerechte,
der Greis, die Jungfrau und das Kind.
Sie fahren auf wie totgesagt,
von schwarzen Dingen nah umgeben,
und ihre weißen Hände beben,
verwoben in ein wildes Leben
wie Hunde in ein Bild der Jagd.

Vergangenes steht noch bevor,
und in der Zukunft liegen Leichen,
ein Mann im Mantel pocht am Tor,
und mit dem Auge und dem Ohr
ist noch kein erstes Morgenzeichen,
kein Hahnruf ist noch zu erreichen.
Die Nacht ist wie ein großes Haus.
Und mit der Angst der wunden Hände
reißen sie Türen in die Wände, –
dann kommen Gänge ohne Ende,
und nirgends ist ein Tor hinaus.

Und so, mein Gott, ist *jede* Nacht;
immer sind welche aufgewacht,
die gehn und gehn und dich nicht finden.
Hörst du sie mit dem Schritt von Blinden
das Dunkel treten?
Auf Treppen, die sich niederwinden,
hörst du sie beten?
Hörst du sie fallen auf den schwarzen Steinen?
Du musst sie weinen hören; denn sie weinen.
Ich suche dich, weil sie vorübergehn
an meiner Tür. Ich kann sie beinah sehn.
Wen soll ich rufen, wenn nicht *den*,
der dunkel ist und nächtiger als Nacht.
Den Einzigen, der ohne Lampe wacht
und doch nicht bangt; den Tiefen, den das Licht
noch nicht verwöhnt hat und von dem ich weiß,
weil er mit Bäumen aus der Erde bricht
und weil er leis
als Duft in mein gesenktes Angesicht
aus Erde steigt.

Du Ewiger, du hast dich mir gezeigt.
Ich liebe dich wie einen lieben Sohn,
der mich einmal verlassen hat als Kind,
weil ihn das Schicksal rief auf einen Thron,
vor dem die Länder alle Täler sind.
Ich bin zurück geblieben wie ein Greis,
der seinen großen Sohn nicht mehr versteht
und wenig von den neuen Dingen weiß,
zu welchen seines Samens Wille geht.
Ich bebe manchmal für dein tiefes Glück,
das auf so vielen fremden Schiffen fährt,

ich wünsche manchmal dich in mich zurück,
in dieses Dunkel, das dich großgenährt.
Ich bange manchmal, dass du nicht mehr bist,
wenn ich mich sehr verliere an die Zeit.
Dann les ich von dir: der Evangelist
schreibt überall von deiner Ewigkeit.

Ich bin der Vater; doch der Sohn ist mehr,
ist alles, was der Vater war, und der,
der er nicht wurde, wird in jenem groß;
er ist die Zukunft und die Wiederkehr,
er ist der Schoß, er ist das Meer ...

Dir ist mein Beten keine Blasphemie:
als schlüge ich in alten Büchern nach,
dass ich dir sehr verwandt bin – tausendfach.

Ich will dir Liebe geben. Die und die ...

Liebt man denn einen Vater? Geht man nicht,
wie du von mir gingst, Härte im Gesicht,
von seinen hilflos leeren Händen fort?
Legt man nicht leise sein verwelktes Wort
in alte Bücher, die man selten liest?

Fließt man nicht wie von einer Wasserscheide
von seinem Herzen ab zu Lust und Leide?
Ist uns der Vater denn nicht das, was *war*;
vergangne Jahre, welche fremd gedacht,
veraltete Gebärde, tote Tracht,
verblühte Hände und verblichnes Haar?
Und war er selbst für seine Zeit ein Held,
er ist das Blatt, das, wenn wir wachsen, fällt.

Und seine Sorgfalt ist uns wie ein Alb,
und seine Stimme ist uns wie ein Stein, –
wir möchten seiner Rede hörig sein,
aber wir hören seine Worte halb.
Das große Drama zwischen ihm und uns
lärmt viel zu laut, einander zu verstehn,
wir sehen nur die Formen seines Munds,
aus denen Silben fallen, die vergehn.
So sind wir noch viel ferner ihm als fern,
wenn auch die Liebe uns noch weit verwebt,
erst wenn er sterben muss auf diesem Stern,
sehn wir, dass er auf diesem Stern gelebt.

Das ist der Vater uns. Und ich – ich soll
dich Vater nennen?
Das hieße tausendmal mich von dir trennen.
Du bist mein Sohn. Ich werde dich erkennen,
wie man sein einzigliebes Kind erkennt, auch dann,
wenn es ein Mann geworden ist, ein alter Mann.

Lösch mir die Augen aus: ich kann dich sehn,
wirf mir die Ohren zu: ich kann dich hören,
und ohne Füße kann ich zu dir gehn,
und ohne Mund noch kann ich dich beschwören.
Brich mir die Arme ab, ich fasse dich
mit meinem Herzen wie mit einer Hand,
halt mir das Herz zu, und mein Hirn wird schlagen,
und wirfst du in mein Hirn den Brand,
so werd ich dich auf meinem Blute tragen.

Und meine Seele ist ein Weib vor dir.
Und ist wie der Naëmi Schnur, wie Ruth.
Sie geht bei Tag um deiner Garben Hauf
wie eine Magd, die tiefe Dienste tut.
Aber am Abend steigt sie in die Flut
und badet sich und kleidet sich sehr gut
und kommt zu dir, wenn alles um dich ruht,
und kommt und deckt zu deinen Füßen auf.
Und fragst du sie um Mitternacht, sie sagt
mit tiefer Einfalt: Ich bin Ruth, die Magd.
Spann deine Flügel über deine Magd.
Du bist der Erbe ...

Und meine Seele schläft dann bis es tagt
bei deinen Füßen, warm von deinem Blut.
Und ist ein Weib vor dir. Und ist wie Ruth.

Du bist der Erbe.
Söhne sind die Erben,
denn Väter sterben.
Söhne stehn und blühn.
Du bist der Erbe:

Und du erbst das Grün
vergangner Gärten und das stille Blau
zerfallner Himmel.
Tau aus tausend Tagen,

die vielen Sommer, die die Sonnen sagen,
und lauter Frühlinge mit Glanz und Klagen
wie viele Briefe einer jungen Frau.
Du erbst die Herbste, die wie Prunkgewänder
in der Erinnerung von Dichtern liegen,
und alle Winter, wie verwaiste Länder,
scheinen sich leise an dich anzuschmiegen.
Du erbst Venedig und Kasan und Rom,
Florenz wird dein sein, der Pisaner Dom,
die Troïtzka Lawra und das Monastir,
das unter Kiews Gärten ein Gewirr
von Gängen bildet, dunkel und verschlungen, –
Moskau mit Glocken wie Erinnerungen, –
und Klang wird dein sein: Geigen, Hörner, Zungen,
und jedes Lied, das tief genug erklungen,
wird an dir glänzen wie ein Edelstein.

Für dich nur schließen sich die Dichter ein
und sammeln Bilder, rauschende und reiche,
und gehn hinaus und reifen durch Vergleiche
und sind ihr ganzes Leben so allein ...
Und Maler malen ihre Bilder nur,
damit du unvergänglich die Natur,
die du vergänglich schufst, zurückempfängst:
alles wird ewig. Sieh, das Weib ist längst
in der Madonna Lisa reif wie Wein;
es müsste nie ein Weib mehr sein,
denn Neues bringt kein neues Weib hinzu.
Die, welche bilden, sind wie du.
Sie wollen Ewigkeit. Sie sagen: Stein,
sei ewig. Und das heißt: sei dein!

Und auch, die lieben, sammeln für dich ein:
Sie sind die Dichter einer kurzen Stunde,
sie küssen einem ausdruckslosen Munde
ein Lächeln auf, als formten sie ihn schöner,
und bringen Lust und sind die Angewöhner
zu Schmerzen, welche erst erwachsen machen.
Sie bringen Leiden mit in ihrem Lachen,
Sehnsüchte, welche schlafen, und erwachen,
um aufzuweinen in der fremden Brust.
Sie häufen Rätselhaftes an und sterben,
wie Tiere sterben, ohne zu begreifen, –
aber sie werden vielleicht Enkel haben,

in denen ihre grünen Leben reifen;
durch diese wirst du jene Liebe erben,
die sie sich blind und wie im Schlafe gaben.
So fließt der Dinge Überfluss dir zu.
Und wie die obern Becken von Fontänen
beständig überströmen, wie von Strähnen
gelösten Haares, in die tiefste Schale, –
so fällt die Fülle dir in deine Tale,
wenn Dinge und Gedanken übergehn.

Ich bin nur einer deiner Ganzgeringen,
der in das Leben aus der Zelle sieht
und der, den Menschen ferner als den Dingen,
nicht wagt zu wägen, was geschieht.
Doch willst du mich vor deinem Angesicht,
aus dem sich dunkel deine Augen heben,
dann halte es für meine Hoffart nicht,
wenn ich dir sage: Keiner lebt sein Leben.
Zufälle sind die Menschen, Stimmen, Stücke,
Alltage, Ängste, viele kleine Glücke,
verkleidet schon als Kinder, eingemummt,
als Masken mündig, als Gesicht – verstummt.

Ich denke oft: Schatzhäuser müssen sein,
wo alle diese vielen Leben liegen
wie Panzer oder Sänften oder Wiegen,
in welche nie ein Wirklicher gestiegen,
und wie Gewänder, welche ganz allein
nicht stehen können und sich sinkend schmiegen
an starke Wände aus gewölbtem Stein.
Und wenn ich abends immer weiterginge
aus meinem Garten, drin ich müde bin, –
ich weiß: dann führen alle Wege hin
zum Arsenal der ungelebten Dinge.
Dort ist kein Baum, als legte sich das Land,
und wie um ein Gefängnis hängt die Wand
ganz fensterlos in siebenfachem Ringe.
Und ihre Tore mit den Eisenspangen,
die denen wehren, welche hinverlangen,
und ihre Gitter sind von Menschenhand.

Und doch, obwohl ein jeder von sich strebt
wie aus dem Kerker, der ihn hasst und hält, –
es ist ein großes Wunder in der Welt:
ich fühle: *alles Leben wird gelebt.*

Wer lebt es denn? Sind das die Dinge, die
wie eine ungespielte Melodie
im Abend wie in einer Harfe stehn?
Sind das die Winde, die von Wassern wehn,
sind das die Zweige, die sich Zeichen geben,
sind das die Blumen, die die Düfte weben,
sind das die langen alternden Alleen?
Sind das die warmen Tiere, welche gehn,
sind das die Vögel, die sich fremd erheben?
Wer lebt es denn? Lebst du es, Gott, – das Leben?

Du bist der Alte, dem die Haare
von Ruß versengt sind und verbrannt,
du bist der große Unscheinbare,
mit deinem Hammer in der Hand.
Du bist der Schmied, das Lied der Jahre,
der immer an dem Amboss stand.

Du bist, der niemals Sonntag hat,
der in die Arbeit Eingekehrte,
der sterben könnte überm Schwerte,
das noch nicht glänzend wird und glatt.
Wenn bei uns Mühle steht und Säge
und alle trunken sind und träge,
dann hört man deine Hammerschläge
an allen Glocken in der Stadt.

Du bist der Mündige, der Meister,
und keiner hat dich lernen sehn;
ein Unbekannter, Hergereister,
von dem bald flüsternder, bald dreister
die Reden und Gerüchte gehn.

Gerüchte gehn, die dich vermuten,
und Zweifel gehn, die dich verwischen.
Die Trägen und die Träumerischen
misstrauen ihren eignen Gluten
und wollen, dass die Berge bluten,
denn eher glauben sie dich nicht.
Du aber senkst dein Angesicht.
Du könntest den Bergen die Adern aufschneiden
als Zeichen eines großen Gerichts;
aber dir liegt nichts
an den Heiden.

Du willst nicht streiten mit allen Listen
und nicht suchen die Liebe des Lichts;
denn dir liegt nichts
an den Christen.

Dir liegt an den Fragenden nichts.
Sanften Gesichts
siehst du den Tragenden zu.

Alle, welche dich suchen, versuchen dich.
Und die, so dich finden, binden dich
an Bild und Gebärde.

Ich aber will dich begreifen
wie dich die Erde begreift;
mit meinem Reifen
reift
dein Reich.

Ich will von dir keine Eitelkeit,
die dich beweist.
Ich weiß, dass die Zeit
anders heißt
als du.

Tu mir kein Wunder zulieb.
Gib deinen Gesetzen recht,
die von Geschlecht zu Geschlecht
sichtbarer sind.

Wenn etwas mir vom Fenster fällt
(und wenn es auch das Kleinste wäre)
wie stürzt sich das Gesetz der Schwere
gewaltig wie ein Wind vom Meere
auf jeden Ball und jede Beere
und trägt sie in den Kern der Welt.

Ein jedes Ding ist überwacht
von einer flugbereiten Güte
wie jeder Stein und jede Blüte
und jedes kleine Kind bei Nacht.
Nur wir, in unsrer Hoffart, drängen
aus einigen Zusammenhängen
in einer Freiheit leeren Raum,
statt, klugen Kräften hingegeben,
uns aufzuheben wie ein Baum.

Statt in die weitesten Geleise
sich still und willig einzureihn,
verknüpft man sich auf manche Weise, –
und wer sich ausschließt jedem Kreise,
ist jetzt so namenlos allein.
Da muss er lernen von den Dingen,
anfangen wieder wie ein Kind,
weil sie, die Gott am Herzen hingen,
nicht von ihm fortgegangen sind.
Eins muss er wieder können: fallen,
geduldig in der Schwere ruhn,
der sich vermaß, den Vögeln allen
im Fliegen es zuvorzutun.

(Denn auch die Engel fliegen nicht mehr.
Schweren Vögeln gleichen die Seraphim,
welche um *ihn* sitzen und sinnen;
Trümmern von Vögeln, Pinguinen
gleichen sie, wie sie verkümmern ...)

Du meinst die Demut. Angesichter
gesenkt in stillem Dichverstehn.
So gehen abends junge Dichter
in den entlegenen Alleen.
So stehn die Bauern um die Leiche,
wenn sich ein Kind im Tod verlor, –
und was geschieht, ist doch das Gleiche:
es geht ein Übergroßes vor.

Wer dich zum ersten Mal gewahrt,
den stört der Nachbar und die Uhr,
der geht, gebeugt zu deiner Spur,
und wie beladen und bejahrt.
Erst später naht er der Natur
und fühlt die Winde und die Fernen,
hört dich, geflüstert von der Flur,
sieht dich, gesungen von den Sternen,
und kann dich nirgends mehr verlernen,
und alles ist dein Mantel nur.

Ihm bist du neu und nah und gut
und wunderschön wie eine Reise,
die er in stillen Schiffen leise
auf einem großen Flusse tut.
Das Land ist weit, in Winden, eben,

sehr großen Himmeln preisgegeben
und alten Wäldern untertan.
Die kleinen Dörfer, die sich nahn,
vergehen wieder wie Geläute
und wie ein Gestern und ein Heute
und so wie alles, was wir sahn.
Aber an dieses Stromes Lauf
stehn immer wieder Städte auf
und kommen wie auf Flügelschlägen
der feierlichen Fahrt entgegen.

Und manchmal lenkt das Schiff zu Stellen,
die einsam, sonder Dorf und Stadt,
auf etwas warten an den Wellen, –
auf den, der keine Heimat hat ...
Für solche stehn dort kleine Wagen
(ein jeder mit drei Pferden vor),
die atemlos nach Abend jagen
auf einem Weg, der sich verlor.

In diesem Dorfe steht das letzte Haus
so einsam wie das letzte Haus der Welt.

Die Straße, die das kleine Dorf nicht hält,
geht langsam weiter in die Nacht hinaus.

Das kleine Dorf ist nur ein Übergang
zwischen zwei Weiten, ahnungsvoll und bang,
ein Weg an Häusern hin statt eines Stegs.

Und die das Dorf verlassen, wandern lang,
und viele sterben vielleicht unterwegs.

Manchmal steht einer auf beim Abendbrot
und geht hinaus und geht und geht und geht, –
weil eine Kirche wo im Osten steht.

Und seine Kinder segnen ihn wie tot.

Und einer, welcher stirbt in seinem Haus,
bleibt drinnen wohnen, bleibt in Tisch und Glas,
so dass die Kinder in die Welt hinaus
zu jener Kirche ziehn, die er vergaß.

Nachtwächter ist der Wahnsinn,
weil er wacht.
Bei jeder Stunde bleibt er lachend stehn,

und einen Namen sucht er für die Nacht
und nennt sie: sieben, achtundzwanzig, zehn ...
Und ein Triangel trägt er in der Hand,
und weil er zittert, schlägt es an den Rand
des Horns, das er nicht blasen kann, und singt
das Lied, das er zu allen Häusern bringt.

Die Kinder haben eine gute Nacht
und hören träumend, dass der Wahnsinn wacht.
Die Hunde aber reißen sich vom Ring
und gehen in den Häusern groß umher
und zittern, wenn er schon vorüberging,
und fürchten sich vor seiner Wiederkehr.

Weißt du von jenen Heiligen, mein Herr?

Sie fühlten auch verschlossne Klosterstuben
zu nahe an Gelächter und Geplärr,
so dass sie tief sich in die Erde gruben.

Ein jeder atmete mit seinem Licht
die kleine Luft in seiner Grube aus,
vergaß sein Alter und sein Angesicht
und lebte wie ein fensterloses Haus
und starb nicht mehr, als wär er lange tot.
Sie lasen selten; alles war verdorrt,
als wäre Frost in jedes Buch gekrochen,
und wie die Kutte hing von ihren Knochen,
so hing der Sinn herab von jedem Wort.
Sie redeten einander nicht mehr an,
wenn sie sich fühlten in den schwarzen Gängen,
sie ließen ihre langen Haare hängen,
und keiner wusste, ob sein Nachbarmann
nicht stehend starb.
In einem runden Raum,
wo Silberlampen sich von Balsam nährten,
versammelten sich manchmal die Gefährten
vor goldnen Türen wie vor goldnen Gärten
und schauten voller Misstraun in den Traum
und rauschten leise mit den langen Bärten.

Ihr Leben war wie tausend Jahre groß,
seit es sich nicht mehr schied in Nacht und Helle;
sie waren, wie gewälzt von einer Welle,
zurückgekehrt in ihrer Mutter Schoß.

Sie saßen rundgekrümmt wie Embryos
mit großen Köpfen und mit kleinen Händen
und aßen nicht, als ob sie Nahrung fänden
aus jener Erde, die sie schwarz umschloss.
Jetzt zeigt man sie den tausend Pilgern, die
aus Stadt und Steppe zu dem Kloster wallen.
Seit dreimal hundert Jahren liegen sie,
und ihre Leiber können nicht zerfallen.
Das Dunkel häuft sich wie ein Licht das rußt
auf ihren langen lagernden Gestalten,
die unter Tüchern heimlich sich erhalten, –
und ihrer Hände ungelöstes Falten
liegt ihnen wie Gebirge auf der Brust.

Du großer alter Herzog des Erhabnen:
hast du vergessen, diesen Eingegrabnen
den Tod zu schicken, der sie ganz verbraucht,
weil sie sich tief in Erde eingetaucht?
Sind die, die sich Verstorbenen vergleichen,
am ähnlichsten der Unvergänglichkeit?
Ist das das große Leben deiner Leichen,
das überdauern soll den Tod der Zeit?

Sind sie dir noch zu deinen Plänen gut?
Erhältst du unvergängliche Gefäße,
die du, der allen Maßen Ungemäße,
einmal erfüllen willst mit deinem Blut?

Du bist die Zukunft, großes Morgenrot
über den Ebenen der Ewigkeit.
Du bist der Hahnschrei nach der Nacht der Zeit,
der Tau, die Morgenmette und die Maid,
der fremde Mann, die Mutter und der Tod.

Du bist die sich verwandelnde Gestalt,
die immer einsam aus dem Schicksal ragt,
die unbejubelt bleibt und unbeklagt
und unbeschrieben wie ein wilder Wald.

Du bist der Dinge tiefer Inbegriff,
der seines Wesens letztes Wort verschweigt
und sich den Andern immer anders zeigt:
dem Schiff als Küste und dem Land als Schiff.

Du bist das Kloster zu den Wundenmalen.
Mit zweiunddreißig alten Kathedralen

und fünfzig Kirchen, welche aus Opalen
und Stücken Bernstein aufgemauert sind.
Auf jedem Ding im Klosterhofe
liegt deines Klanges eine Strophe,
und das gewaltige Tor beginnt.

In langen Häusern wohnen Nonnen,
Schwarzschwestern, siebenhundertzehn.
Manchmal kommt eine an den Bronnen,
und eine steht wie eingesponnen,
und eine, wie in Abendsonnen,
geht schlank in schweigsamen Alleen.

Aber die Meisten sieht man nie;
sie bleiben in der Häuser Schweigen
wie in der kranken Brust der Geigen
die Melodie, die keiner kann ...

Und um die Kirchen rings im Kreise,
von schmachtendem Jasmin umstellt,
sind Gräberstätten, welche leise
wie Steine reden von der Welt.
Von jener Welt, die nicht mehr ist,
obwohl sie an das Kloster brandet,
in eitel Tag und Tand gewandet
und gleichbereit zu Lust und List.

Sie ist vergangen: denn du bist.

Sie fließt noch wie ein Spiel von Lichtern
über das teilnahmslose Jahr;
doch dir, dem Abend und den Dichtern
sind, unter rinnenden Gesichtern,
die dunkeln Dinge offenbar.

Die Könige der Welt sind alt
und werden keine Erben haben.
Die Söhne sterben schon als Knaben,
und ihre bleichen Töchter gaben
die kranken Kronen der Gewalt.
Der Pöbel bricht sie klein zu Geld,
der zeitgemäße Herr der Welt
dehnt sie im Feuer zu Maschinen,
die seinem Wollen grollend dienen;
aber das Glück ist nicht mit ihnen.
Das Erz hat Heimweh. Und verlassen

will es die Münzen und die Räder,
die es ein kleines Leben lehren.
Und aus Fabriken und aus Kassen
wird es zurück in das Geäder
der aufgetanen Berge kehren,
die sich verschließen hinter ihm.

Alles wird wieder groß sein und gewaltig.
Die Lande einfach und die Wasser faltig,
die Bäume riesig und sehr klein die Mauern;
und in den Tälern, stark und vielgestaltig,
ein Volk von Hirten und von Ackerbauern.

Und keine Kirchen, welche Gott umklammern
wie einen Flüchtling und ihn dann bejammern
wie ein gefangenes und wundes Tier, –
die Häuser gastlich allen Einlassklopfern
und ein Gefühl von unbegrenztem Opfern
in allem Handeln und in dir und mir.

Kein Jenseitswarten und kein Schaun nach drüben,
nur Sehnsucht, auch den Tod nicht zu entweihn
und dienend sich am Irdischen zu üben,
um seinen Händen nicht mehr neu zu sein.

Auch du wirst groß sein. Größer noch als einer,
der jetzt schon leben muss, dich sagen kann.
Viel ungewöhnlicher und ungemeiner
und noch viel älter als ein alter Mann.

Man wird dich fühlen: dass ein Duften ginge
aus eines Gartens naher Gegenwart;
und wie ein Kranker seine liebsten Dinge
wird man dich lieben ahnungsvoll und zart.

Es wird kein Beten geben, das die Leute
zusammenschart. Du bist nicht im Verein;
und wer dich fühlte und sich an dir freute,
wird wie der Einzige auf Erden sein:
Ein Ausgestoßener und ein Vereinter,
gesammelt und vergeudet doch zugleich;
ein Lächelnder und doch ein Halbverweinter,
klein wie ein Haus und mächtig wie ein Reich.

Es wird nicht Ruhe in den Häusern, sei's

dass einer stirbt und sie ihn weitertragen,
sei es dass wer auf heimliches Geheiß
den Pilgerstock nimmt und den Pilgerkragen,
um in der Fremde nach dem Weg zu fragen,
auf welchem er dich warten weiß.
Die Straßen werden derer niemals leer,
die zu dir wollen wie zu jener Rose,
die alle tausend Jahre einmal blüht.
Viel dunkles Volk und beinah Namenlose,
und wenn sie dich erreichen, sind sie müd.

Aber ich habe ihren Zug gesehn;
und glaube seither, dass die Winde wehn
aus ihren Mänteln, welche sich bewegen,
und stille sind wenn sie sich niederlegen –:
so groß war in den Ebenen ihr Gehn.

So möcht ich zu dir gehn: von fremden Schwellen
Almosen sammelnd, die mich ungern nähren.
Und wenn der Wege wirrend viele wären,
so würd ich mich den Ältesten gesellen.
Ich würde mich zu kleinen Greisen stellen,
und wenn sie gingen, schaut ich wie im Traum,
dass ihre Knie aus der Bärte Wellen
wie Inseln tauchen, ohne Strauch und Baum.

Wir überholten Männer, welche blind
mit ihren Knaben wie mit Augen schauen,
und Trinkende am Fluss und müde Frauen
und viele Frauen, welche schwanger sind.
Und alle waren mir so seltsam nah, –
als ob die Männer einen Blutsverwandten,
die Frauen einen Freund in mir erkannten,
und auch die Hunde kamen, die ich sah.

Du Gott, ich möchte viele Pilger sein,
um so, ein langer Zug, zu dir zu gehn,
und um ein großes Stück von dir zu sein:
du Garten mit den lebenden Alleen.
Wenn ich so gehe wie ich bin, allein, –
wer merkt es denn? Wer *sieht* mich zu dir gehn?
Wen reißt es hin? Wen regt es auf, und wen
bekehrt es dir?
Als wäre nichts geschehn,
– lachen sie weiter. Und da bin ich froh,

dass ich so gehe wie ich bin; denn so
kann keiner von den Lachenden mich sehn.

Bei Tag bist du das Hörensagen,
das flüsternd um die Vielen fließt;
die Stille nach dem Stundenschlagen,
welche sich langsam wieder schließt.

Je mehr der Tag mit immer schwächern
Gebärden sich nach Abend neigt,
je mehr bist du, mein Gott. Es steigt
dein Reich wie Rauch aus allen Dächern.

Ein Pilgermorgen. Von den harten Lagern,
auf das ein jeder wie vergiftet fiel,
erhebt sich bei dem ersten Glockenspiel
ein Volk von hagern Morgensegen-Sagern,
auf das die frühe Sonne niederbrennt:

Bärtige Männer, welche sich verneigen,
Kinder, die ernsthaft aus den Pelzen steigen,
und in den Mänteln, schwer von ihrem Schweigen,
die braunen Fraun von Tiflis und Taschkent.
Christen mit den Gebärden des Islam
sind um die Brunnen, halten ihre Hände
wie flache Schalen hin, wie Gegenstände,
in die die Flut wie eine Seele kam.

Sie neigen das Gesicht hinein und trinken,
reißen die Kleider auf mit ihrer Linken
und halten sich das Wasser an die Brust
als wär's ein kühles weinendes Gesicht,
das von den Schmerzen auf der Erde spricht.

Und diese Schmerzen stehen rings umher
mit welken Augen; und du weißt nicht wer
sie sind und waren. Knechte oder Bauern,
vielleicht Kaufleute, welche Wohlstand sahn,
vielleicht auch laue Mönche, die nicht dauern,
und Diebe, die auf die Versuchung lauern,
offene Mädchen, die verkümmert kauern,
und Irrende in einem Wald von Wahn – :
alle wie Fürsten, die in tiefem Trauern
die Überflüsse von sich abgetan.
Wie Weise alle, welche viel erfahren,
Erwählte, welche in der Wüste waren,

wo Gott sie nährte durch ein fremdes Tier;
Einsame, die durch Ebenen gegangen
mit vielen Winden an den dunklen Wangen,
von einer Sehnsucht fürchtig und befangen
und doch so wundersam erhöht von ihr.
Gelöste aus dem Alltag, eingeschaltet
in große Orgeln und in Chorgesang,
und Knieende, wie Steigende gestaltet;
Fahnen mit Bildern, welche lang
verborgen waren und zusammgefaltet:

Jetzt hängen sie sich langsam wieder aus.

Und manche stehn und schaun nach einem Haus,
darin die Pilger, welche krank sind, wohnen;
denn eben wand sich dort ein Mönch heraus,
die Haare schlaff und die Sutane kraus,
das schattige Gesicht voll kranker Blaus
und ganz verdunkelt von Dämonen.

Er neigte sich, als bräch er sich entzwei,
und warf sich in zwei Stücken auf die Erde,
die jetzt an seinem Munde wie ein Schrei
zu hängen schien und so als sei
sie seiner Arme wachsende Gebärde.

Und langsam ging sein Fall an ihm vorbei.
Er flog empor, als ob er Flügel spürte,
und sein erleichtertes Gefühl verführte
ihn zu dem Glauben seiner Vogelwerdung.
Er hing in seinen magern Armen schmal,
wie eine schiefgeschobne Marionette,
und glaubte, dass er große Schwingen hätte
und dass die Welt schon lange wie ein Tal
sich ferne unter seinen Füßen glätte.
Ungläubig sah er sich mit einem Mal
herabgelassen auf die fremde Stätte
und auf den grünen Meergrund seiner Qual.
Und war ein Fisch und wand sich schlank und schwamm
durch tiefes Wasser, still und silbergrau,
sah Quallen hangen am Korallenstamm
und sah die Haare einer Meerjungfrau,
durch die das Wasser rauschte wie ein Kamm.
Und kam zu Land und war ein Bräutigam
bei einer Toten, wie man ihn erwählt

damit kein Mädchen fremd und unvermählt
des Paradieses Wiesenland beschritte.

Er folgte ihr und ordnete die Tritte
und tanzte rund, sie immer in der Mitte,
und seine Arme tanzten rund um ihn.
Dann horchte er, als wäre eine dritte
Gestalt ganz sachte in das Spiel getreten,
die diesem Tanzen nicht zu glauben schien.
Und da erkannte er: jetzt musst du beten;
denn dieser ist es, welcher den Propheten
wie eine große Krone sich verliehn.
Wir halten ihn, um den wir täglich flehten,
wir ernten ihn, den einstens Ausgesäeten,
und kehren heim mit ruhenden Geräten
in langen Reihen wie in Melodien.
Und er verneigte sich ergriffen, tief.
Aber der Alte war, als ob er schliefe,
und sah es nicht, obwohl sein Aug nicht schlief.

Und er verneigte sich in solche Tiefe,
dass ihm ein Zittern durch die Glieder lief.
Aber der Alte ward es nicht gewahr.

Da fasste sich der kranke Mönch am Haar
und schlug sich wie ein Kleid an einen Baum.
Aber der Alte stand und sah es kaum.

Da nahm der kranke Mönch sich in die Hände
wie man ein Richtschwert in die Hände nimmt,
und hieb und hieb, verwundete die Wände
und stieß sich endlich in den Grund ergrimmt.
Aber der Alte blickte unbestimmt.

Da riss der Mönch sein Kleid sich ab wie Rinde
und knieend hielt er es dem Alten hin.

Und sieh: er kam. Kam wie zu einem Kinde
und sagte sanft: Weißt du auch wer ich bin?
Das wusste er. Und legte sich gelinde
dem Greis wie eine Geige unters Kinn.


Jetzt reifen schon die roten Berberitzen,
alternde Astern atmen schwach im Beet.
Wer jetzt nicht reich ist, da der Sommer geht,
wird immer warten und sich nie besitzen.

Wer jetzt nicht seine Augen schließen kann,
gewiss, dass eine Fülle von Gesichten
in ihm nur wartet bis die Nacht begann,
um sich in seinem Dunkel aufzurichten: –
der ist vergangen wie ein alter Mann.

Dem kommt nichts mehr, dem stößt kein Tag mehr zu,
und alles lügt ihn an, was ihm geschieht;
auch du, mein Gott. Und wie ein Stein bist du,
welcher ihn täglich in die Tiefe zieht.

Du musst nicht bangen, Gott. Sie sagen: *mein*
zu allen Dingen, die geduldig sind.
Sie sind wie Wind, der an die Zweige streift
und sagt: *mein* Baum.

Sie merken kaum,
wie alles glüht, was ihre Hand ergreift, –
so dass sie's auch an seinem letzten Saum
nicht halten könnten ohne zu verbrennen.

Sie sagen *mein*, wie manchmal einer gern
den Fürsten Freund nennt im Gespräch mit Bauern,
wenn dieser Fürst sehr groß ist und – sehr fern.
Sie sagen *mein* von ihren fremden Mauern
und kennen gar nicht ihres Hauses Herrn.
Sie sagen *mein* und nennen das Besitz,
wenn jedes Ding sich schließt, dem sie sich nahn,
so wie ein abgeschmackter Scharlatan
vielleicht die Sonne sein nennt und den Blitz.
So sagen sie: mein Leben, meine Frau,
mein Hund, mein Kind, und wissen doch genau,
dass alles: Leben, Frau und Hund und Kind
fremde Gebilde sind, daran sie blind
mit ihren ausgestreckten Händen stoßen.
Gewissheit freilich ist das nur den Großen,
die sich nach Augen sehnen. Denn die Andern
*wollens* nicht hören, dass ihr armes Wandern
mit keinem Dinge rings zusammenhängt,
dass sie, von ihrer Habe fortgedrängt,
nicht anerkannt von ihrem Eigentume
das Weib so wenig *haben* wie die Blume,
die eines fremden Lebens ist für alle.

Falle nicht, Gott, aus deinem Gleichgewicht.

Auch der dich liebt und der dein Angesicht
erkennt im Dunkel, wenn er wie ein Licht
in deinem Atem schwankt, – besitzt dich nicht.
Und wenn dich einer in der Nacht erfasst,
so dass du kommen musst in sein Gebet:

Du bist der Gast,
der wieder weiter geht.
Wer kann dich halten, Gott? Denn du bist dein,
von keines Eigentümers Hand gestört,
so wie der noch nicht ausgereifte Wein,
der immer süßer wird, sich selbst gehört.

In tiefen Nächten grab ich dich, du Schatz.
Denn alle Überflüsse, die ich sah,
sind Armut und armseliger Ersatz
für deine Schönheit, die noch nie geschah.

Aber der Weg zu dir ist furchtbar weit
und, weil ihn lange keiner ging, verweht.
O du bist einsam. Du bist Einsamkeit,
du Herz, das zu entfernten Talen geht.

Und meine Hände, welche blutig sind
vom Graben, heb ich offen in den Wind,
so dass sie sich verzweigen wie ein Baum.
Ich sauge dich mit ihnen aus dem Raum
als hättest du dich einmal dort zerschellt
in einer ungeduldigen Gebärde,
und fielest jetzt, eine zerstäubte Welt,
aus fernen Sternen wieder auf die Erde
sanft wie ein Frühlingsregen fällt.

## Drittes Buch – Das Buch von der Armut und vom Tode

Vielleicht, dass ich durch schwere Berge gehe
in harten Adern, wie ein Erz allein;
und bin so tief, dass ich kein Ende sehe
und keine Ferne: alles wurde Nähe
und alle Nähe wurde Stein.

Ich bin ja noch kein Wissender im Wehe, –
so macht mich dieses große Dunkel klein;
bist Du es aber: mach dich schwer, brich ein:
dass deine ganze Hand an mir geschehe
und ich an dir mit meinem ganzen Schrein.

Du Berg, der blieb da die Gebirge kamen, –
Hang ohne Hütten, Gipfel ohne Namen,
ewiger Schnee, in dem die Sterne lahmen,
und Träger jener Tale der Cyclamen,
aus denen aller Duft der Erde geht;
du, aller Berge Mund und Minarett
(von dem noch nie der Abendruf erschallte):

Geh ich in dir jetzt? Bin ich im Basalte
wie ein noch ungefundenes Metall?
Ehrfürchtig füll ich deine Felsenfalte,
und deine Härte fühl ich überall.

Oder ist das die Angst, in der ich bin?
die tiefe Angst der übergroßen Städte,
in die du mich gestellt hast bis ans Kinn?

O dass dir einer recht geredet hätte
von ihres Wesens Wahn und Abersinn.
Du stündest auf, du Sturm aus Anbeginn,
und triebest sie wie Hülsen vor dir hin …

Und willst du jetzt von mir: so rede recht, –
so bin ich nicht mehr Herr in meinem Munde,
der nichts als zugehn will wie eine Wunde;
und meine Hände halten sich wie Hunde
an meinen Seiten, jedem Ruf zu schlecht.

Du zwingst mich, Herr, zu einer fremden Stunde.

Mach mich zum Wächter deiner Weiten,
mach mich zum Horchenden am Stein,

gib mir die Augen auszubreiten
auf deiner Meere Einsamsein;
lass mich der Flüsse Gang begleiten
aus dem Geschrei zu beiden Seiten
weit in den Klang der Nacht hinein.
Schick mich in deine leeren Länder,
durch die die weiten Winde gehn,
wo große Klöster wie Gewänder
um ungelebte Leben stehn.
Dort will ich mich zu Pilgern halten,
von ihren Stimmen und Gestalten
durch keinen Trug mehr abgetrennt,
und hinter einem blinden Alten
des Weges gehn, den keiner kennt.

Denn, Herr, die großen Städte sind
verlorene und aufgelöste;
wie Flucht vor Flammen ist die größte, –
und ist kein Trost, dass er sie tröste,
und ihre kleine Zeit verrinnt.

Da leben Menschen, leben schlecht und schwer,
in tiefen Zimmern, bange von Gebärde,
geängstigter denn eine Erstlingsherde;
und draußen wacht und atmet deine Erde,
sie aber sind und wissen es nicht mehr.

Da wachsen Kinder auf an Fensterstufen,
die immer in demselben Schatten sind,
und wissen nicht, dass draußen Blumen rufen
zu einem Tag voll Weite, Glück und Wind, –
und müssen Kind sein und sind traurig Kind.

Da blühen Jungfraun auf zum Unbekannten
und sehnen sich nach ihrer Kindheit Ruh;
das aber ist nicht da, wofür sie brannten,
und zitternd schließen sie sich wieder zu.
Und haben in verhüllten Hinterzimmern
die Tage der enttäuschten Mutterschaft,
der langen Nächte willenloses Wimmern
und kalte Jahre ohne Kampf und Kraft.
Und ganz im Dunkel stehn die Sterbebetten,
und langsam sehnen sie sich dazu hin;
und sterben lange, sterben wie in Ketten
und gehen aus wie eine Bettlerin.

Da leben Menschen, weißerblühte, blasse,
und sterben staunend an der schweren Welt.
Und keiner sieht die klaffende Grimasse,
zu der das Lächeln einer zarten Rasse
in namenlosen Nächten sich entstellt.

Sie gehn umher, entwürdigt durch die Müh,
sinnlosen Dingen ohne Mut zu dienen,
und ihre Kleider werden welk an ihnen,
und ihre schönen Hände altern früh.

Die Menge drängt und denkt nicht sie zu schonen,
obwohl sie etwas zögernd sind und schwach, –
nur scheue Hunde, welche nirgends wohnen,
gehn ihnen leise eine Weile nach.

Sie sind gegeben unter hundert Quäler,
und, angeschrien von jeder Stunde Schlag,
kreisen sie einsam um die Hospitäler
und warten angstvoll auf den Einlasstag.

Dort ist der Tod. Nicht jener, dessen Grüße
sie in der Kindheit wundersam gestreift, –
der kleine Tod, wie man ihn dort begreift;
ihr eigener hängt grün und ohne Süße
wie eine Frucht in ihnen, die nicht reift.

O Herr, gib jedem seinen eignen Tod.
Das Sterben, das aus jenem Leben geht,
darin er Liebe hatte, Sinn und Not.

Denn wir sind nur die Schale und das Blatt.
Der große Tod, den jeder in sich hat,
das ist die Frucht, um die sich alles dreht.

Um ihretwillen heben Mädchen an
und kommen wie ein Baum aus einer Laute,
und Knaben sehnen sich um sie zum Mann;
und Frauen sind den Wachsenden Vertraute
für Ängste, die sonst niemand nehmen kann.
Um ihretwillen bleibt das Angeschaute
wie Ewiges, auch wenn es lang verrann, –
und jeder, welcher bildete und baute,
ward Welt um diese Frucht, und fror und taute
und windete ihr zu und schien sie an.
In sie ist eingegangen alle Wärme

der Herzen und der Hirne weißes Glühn –:
Doch deine Engel ziehn wie Vogelschwärme,
und sie erfanden alle Früchte grün.

Herr: Wir sind ärmer denn die armen Tiere,
die ihres Todes enden, wenn auch blind,
weil wir noch alle ungestorben sind.
Den gib uns, der die Wissenschaft gewinnt,
das Leben aufzubinden in Spaliere,
um welche zeitiger der Mai beginnt.

Denn dieses macht das Sterben fremd und schwer,
dass es nicht unser Tod ist; einer der
uns endlich nimmt, nur weil wir keinen reifen.
Drum geht ein Sturm, uns alle abzustreifen.

Wir stehn in deinem Garten Jahr und Jahr
und sind die Bäume, süßen Tod zu tragen;
aber wir altern in den Erntetagen,
und so wie Frauen, welche du geschlagen,
sind wir verschlossen, schlecht und unfruchtbar.
Oder ist meine Hoffart ungerecht:
sind Bäume besser? Sind wir nur Geschlecht
und Schoß von Frauen, welche viel gewähren? –
Wir haben mit der Ewigkeit gehurt,
und wenn das Kreißbett da ist, so gebären
wir unsres Todes tote Fehlgeburt;
den krummen, kummervollen Embryo,
der sich (als ob ihn Schreckliches erschreckte)
die Augenkeime mit den Händen deckte
und dem schon auf der ausgebauten Stirne
die Angst von allem steht, was er nicht litt, –
und alle schließen so wie eine Dirne
in Kindbettkrämpfen und am Kaiserschnitt.

Mach Einen herrlich, Herr, mach Einen groß,
bau seinem Leben einen schönen Schoß,
und seine Scham errichte wie ein Tor
in einem blonden Wald von jungen Haaren,
und ziehe durch das Glied des Unsagbaren
den Reisigen, den weißen Heeresscharen,
den tausend Samen, die sich sammeln, vor.
Und eine Nacht gib, dass der Mensch empfinge
was keines Menschen Tiefen noch betrat;
gib eine Nacht da blühen alle Dinge,

und mach sie duftender als die Syringe
und wiegender denn deines Windes Schwinge
und jubelnder als Josaphat.
Und gib ihm eines langen Tragens Zeit
und mach ihn weit in wachsenden Gewändern,
und schenk ihm eines Sternes Einsamkeit,
dass keines Auges Staunen ihn beschreit,
wenn seine Züge schmelzend sich verändern.

Erneue ihn mit einer reinen Speise,
mit Tau, mit ungetötetem Gericht,
mit jenem Leben, das wie Andacht leise
und warm wie Atem aus den Feldern bricht.

Mach, dass er seine Kindheit wieder weiß;
das Unbewusste und das Wunderbare
und seiner ahnungsvollen Anfangsjahre
unendlich dunkelreichen Sagenkreis.

Und also heiß ihn seiner Stunde warten,
da er den Tod gebären wird, den Herrn:
allein und rauschend wie ein großer Garten,
und ein Versammelter aus fern.

Das letzte Zeichen lass an uns geschehen,
erscheine in der Krone deiner Kraft,
und gib uns jetzt (nach aller Weiber Wehen)
des Menschen ernste Mutterschaft.
Erfülle, du gewaltiger Gewährer,
nicht jenen Traum der Gottgebärerin, –
richt auf den Wichtigen: den Tod-Gebärer,
und führ uns mitten durch die Hände derer,
die ihn verfolgen werden, zu ihm hin.
Denn sieh, ich sehe seine Widersacher,
und sie sind mehr als Lügen in der Zeit, –
und er wird aufstehn in dem Land der Lacher
und wird ein Träumer heißen: denn ein Wacher
ist immer Träumer unter Trunkenheit.

Du aber gründe ihn in deine Gnade,
in deinem alten Glanze pflanz ihn ein;
und mich lass Tänzer dieser Bundeslade,
lass mich den Mund der neuen Messiade,
den Tönenden, den Täufer sein.

Ich will ihn preisen. Wie vor einem Heere

die Hörner gehen, will ich gehn und schrein.
Mein Blut soll lauter rauschen denn die Meere,
mein Wort soll süß sein, dass man sein begehre,
und doch nicht irre machen wie der Wein.

Und in den Frühlingsnächten, wenn nicht viele
geblieben sind um meine Lagerstatt,
dann will ich blühn in meinem Saitenspiele
so leise wie die nördlichen Aprile,
die spät und ängstlich sind um jedes Blatt.

Denn meine Stimme wuchs nach zweien Seiten
und ist ein Duften worden und ein Schrein:
die eine will den Fernen vorbereiten,
die andere muss meiner Einsamkeiten
Gesicht und Seligkeit und Engel sein.

Und gib, dass beide Stimmen mich begleiten,
streust du mich wieder aus in Stadt und Angst.
Mit ihnen will ich sein im Zorn der Zeiten,
und dir aus meinem Klang ein Bett bereiten
an jeder Stelle, wo du es verlangst.

Die großen Städte sind nicht wahr; sie täuschen
den Tag, die Nacht, die Tiere und das Kind;
ihr Schweigen lügt, sie lügen mit Geräuschen
und mit den Dingen, welche willig sind.
Nichts von dem weiten wirklichen Geschehen,
das sich um dich, du Werdender, bewegt,
geschieht in ihnen. Deiner Winde Wehen
fällt in die Gassen, die es anders drehen,
ihr Rauschen wird im Hin- und Wiedergehen
verwirrt, gereizt und aufgeregt.
Sie kommen auch zu Beeten und Alleen –:

Denn Gärten sind, – von Königen gebaut,
die eine kleine Zeit sich drin vergnügten
mit jungen Frauen, welche Blumen fügten
zu ihres Lachens wunderlichem Laut.
Sie hielten diese müden Parke wach;
sie flüsterten wie Lüfte in den Büschen,
sie leuchteten in Pelzen und in Plüschen,
und ihrer Morgenkleider Seidenrüschen
erklangen auf dem Kiesweg wie ein Bach.

Jetzt gehen ihnen alle Gärten nach –

76

und fügen still und ohne Augenmerk
sich in des fremden Frühlings helle Gammen
und brennen langsam mit des Herbstes Flammen
auf ihrer Äste großem Rost zusammen,
der kunstvoll wie aus tausend Monogrammen
geschmiedet scheint zu schwarzem Gitterwerk.
Und durch die Gärten blendet der Palast
(wie blasser Himmel mit verwischtem Lichte),
in seiner Säle welke Bilderlast
versunken wie in innere Gesichte,
fremd jedem Feste, willig zum Verzichte
und schweigsam und geduldig wie ein Gast.

Dann sah ich auch Paläste, welche leben;
sie brüsten sich den schönen Vögeln gleich,
die eine schlechte Stimme von sich geben.
Viele sind reich und wollen sich erheben, –
aber die Reichen sind nicht reich.

Nicht wie die Herren deiner Hirtenvölker,
der klaren, grünen Ebenen Bewölker
wenn sie mit schummerigem Schafgewimmel
darüber zogen wie ein Morgenhimmel.
Und wenn sie lagerten und die Befehle
verklungen waren in der neuen Nacht,
dann war's, als sei jetzt eine andre Seele
in ihrem flachen Wanderland erwacht –:
die dunklen Höhenzüge der Kamele
umgaben es mit der Gebirge Pracht.

Und der Geruch der Rinderherden lag
dem Zuge nach bis in den zehnten Tag,
war warm und schwer und wich dem Wind nicht aus.
Und wie in einem hellen Hochzeitshaus
die ganze Nacht die reichen Weine rinnen:
so kam die Milch aus ihren Eselinnen.

Und nicht wie jene Scheichs der Wüstenstämme,
die nächtens auf verwelktem Teppich ruhten,
aber Rubinen ihren Lieblingsstuten
einsetzen ließen in die Silberkämme.

Und nicht wie jene Fürsten, die des Golds
nicht achteten, das keinen Duft erfand,
und deren stolzes Leben sich verband

mit Ambra, Mandelöl und Sandelholz.

Nicht wie des Ostens weißer Gossudar,
dem Reiche eines Gottes Recht erwiesen;
er aber lag mit abgehärmtem Haar,
die alte Stirne auf des Fußes Fliesen,
und weinte, – weil aus allen Paradiesen
nicht eine Stunde seine war.

Nicht wie die Ersten alter Handelshäfen,
die sorgten, wie sie ihre Wirklichkeit
mit Bildern ohnegleichen überträfen
und ihre Bilder wieder mit der Zeit;
und die in ihres goldnen Mantels Stadt
zusammgefaltet waren wie ein Blatt,
nur leise atmend mit den weißen Schläfen …

Das waren Reiche, die das Leben zwangen
unendlich weit zu sein und schwer und warm.
Aber der Reichen Tage sind vergangen,
und keiner wird sie dir zurückverlangen,
nur mach die Armen endlich wieder arm.

Sie sind es nicht. Sie sind nur die Nicht-Reichen,
die ohne Willen sind und ohne Welt;
gezeichnet mit der letzten Ängste Zeichen
und überall entblättert und entstellt.
Zu ihnen drängt sich aller Staub der Städte,
und aller Unrat hängt sich an sie an.
Sie sind verrufen wie ein Blatternbette,
wie Scherben fortgeworfen, wie Skelette,
wie ein Kalender, dessen Jahr verrann, –
und doch: wenn deine Erde Nöte hätte:
sie reihte sie an eine Rosenkette
und trüge sie wie einen Talisman.

Denn sie sind reiner als die reinen Steine
und wie das blinde Tier, das erst beginnt,
und voller Einfalt und unendlich Deine
und wollen nichts und brauchen nur das Eine:

so arm sein dürfen, wie sie wirklich sind.

Denn Armut ist ein großer Glanz aus Innen …

Du bist der Arme, du der Mittellose,

du bist der Stein, der keine Stätte hat,
du bist der fortgeworfene Leprose,
der mit der Klapper umgeht vor der Stadt.
Denn dein ist nichts, so wenig wie des Windes,
und deine Blöße kaum bedeckt der Ruhm;
das Alltagskleidchen eines Waisenkindes
ist herrlicher und wie ein Eigentum.

Du bist so arm wie eines Keimes Kraft
in einem Mädchen, das es gern verbürge
und sich die Lenden presst, dass sie erwürge
das erste Atmen ihrer Schwangerschaft.
Und du bist arm: so wie der Frühlingsregen,
der selig auf der Städte Dächer fällt,
und wie ein Wunsch, wenn Sträflinge ihn hegen
in einer Zelle, ewig ohne Welt.
Und wie die Kranken, die sich anders legen
und glücklich sind; wie Blumen in Geleisen
so traurig arm im irren Wind der Reisen;
und wie die Hand, in die man weint, so arm …

Und was sind Vögel gegen dich, die frieren,
was ist ein Hund, der tagelang nicht fraß,
und was ist gegen dich das Sichverlieren,
das stille lange Traurigsein von Tieren,
die man als Eingefangene vergaß?

Und alle Armen in den Nachtasylen,
was sind sie gegen dich und deine Not?
Sie sind nur kleine Steine, keine Mühlen,
aber sie mahlen doch ein wenig Brot.

Du aber bist der tiefste Mittellose,
der Bettler mit verborgenem Gesicht;
du bist der Armut große Rose,
die ewige Metamorphose
des Goldes in das Sonnenlicht.

Du bist der leise Heimatlose,
der nicht mehr einging in die Welt:
zu groß und schwer zu jeglichem Bedarfe.
Du heulst im Sturm. Du bist wie eine Harfe,
an welcher jeder Spielende zerschellt.

Du, der du weißt, und dessen weites Wissen
aus Armut ist und Armutsüberfluss:

Mach, dass die Armen nicht mehr fortgeschmissen
und eingetreten werden in Verdruss.
Die andern Menschen sind wie ausgerissen;
sie aber stehn wie eine Blumen-Art
aus Wurzeln auf und duften wie Melissen
und ihre Blätter sind gezackt und zart.

Betrachte sie und sieh, was ihnen gliche:
sie rühren sich wie in den Wind gestellt
und ruhen aus wie etwas, was man hält.
In ihren Augen ist das feierliche
Verdunkeltwerden lichter Wiesenstriche,
auf die ein rascher Sommerregen fällt.

Sie sind so still; fast gleichen sie den Dingen.
Und wenn man sich sie in die Stube lädt,
sind sie wie Freunde, die sich wiederbringen,
und gehn verloren unter dem Geringen
und dunkeln wie ein ruhiges Gerät.

Sie sind wie Wächter bei verhängten Schätzen,
die sie bewahren, aber selbst nicht sahn, –
getragen von den Tiefen wie ein Kahn,
und wie das Leinen auf den Bleicheplätzen
so ausgebreitet und so aufgetan.

Und sieh, wie ihrer Füße Leben geht:
wie das der Tiere, hundertfach verschlungen
mit jedem Wege; voll Erinnerungen
an Stein und Schnee und an die leichten, jungen
gekühlten Wiesen, über die es weht.

Sie haben Leid von jenem großen Leide,
aus dem der Mensch zu kleinem Kummer fiel;
des Grases Balsam und der Steine Schneide
ist ihnen Schicksal, – und sie lieben beide
und gehen wie auf deiner Augen Weide
und so wie Hände gehn im Saitenspiel.

Und ihre Hände sind wie die von Frauen,
und irgendeiner Mutterschaft gemäß;
so heiter wie die Vögel wenn sie bauen, –
im Fassen warm und ruhig im Vertrauen,
und anzufühlen wie ein Trinkgefäß.

Ihr Mund ist wie der Mund an einer Büste,

der nie erklang und atmete und küsste
und doch aus einem Leben das verging
das alles, weise eingeformt, empfing
und sich nun wölbt, als ob er alles wüsste –
und doch nur Gleichnis ist und Stein und Ding …

Und ihre Stimme kommt von ferneher
und ist vor Sonnenaufgang aufgebrochen,
und war in großen Wäldern, geht seit Wochen,
und hat im Schlaf mit Daniel gesprochen
und hat das Meer gesehn, und sagt vom Meer.

Und wenn sie schlafen, sind sie wie an alles
zurückgegeben was sie leise leiht,
und weit verteilt wie Brot in Hungersnöten
an Mitternächte und an Morgenröten,
und sind wie Regen voll des Niederfalles
in eines Dunkels junge Fruchtbarkeit.
Dann bleibt nicht eine Narbe ihres Namens
auf ihrem Leib zurück, der keimbereit
sich bettet wie der Samen jenes Samens,
aus dem du stammen wirst von Ewigkeit.

Und sieh: ihr Leib ist wie ein Bräutigam
und fließt im Liegen hin gleich einem Bache,
und lebt so schön wie eine schöne Sache,
so leidenschaftlich und so wundersam.
In seiner Schlankheit sammelt sich das Schwache,
das Bange, das aus vielen Frauen kam;
doch sein Geschlecht ist stark und wie ein Drache
und wartet schlafend in dem Tal der Scham.

Denn sieh: sie werden leben und sich mehren
und nicht bezwungen werden von der Zeit,
und werden wachsen wie des Waldes Beeren
den Boden bergend unter Süßigkeit.

Denn selig sind, die niemals sich entfernten
und still im Regen standen ohne Dach;
zu ihnen werden kommen alle Ernten,
und ihre Frucht wird voll sein tausendfach.

Sie werden dauern über jedes Ende
und über Reiche, deren Sinn verrinnt,
und werden sich wie ausgeruhte Hände

erheben, wenn die Hände aller Stände
und aller Völker müde sind.

Nur nimm sie wieder aus der Städte Schuld,
wo ihnen alles Zorn ist und verworren
und wo sie in den Tagen aus Tumult
verdorren mit verwundeter Geduld.

Hat denn für sie die Erde keinen Raum?
Wen sucht der Wind? Wer trinkt des Baches Helle?
Ist in der Teiche tiefem Ufertraum
kein Spiegelbild mehr frei für Tür und Schwelle?
Sie brauchen ja nur eine kleine Stelle,
auf der sie alles haben wie ein Baum.

Des Armen Haus ist wie ein Altarschrein.
Drin wandelt sich das Ewige zur Speise,
und wenn der Abend kommt, so kehrt es leise
zu sich zurück in einem weiten Kreise
und geht voll Nachklang langsam in sich ein.
Des Armen Haus ist wie ein Altarschrein.

Des Armen Haus ist wie des Kindes Hand.
Sie nimmt nicht, was Erwachsene verlangen;
nur einen Käfer mit verzierten Zangen,
den runden Stein, der durch den Bach gegangen,
den Sand, der rann, und Muscheln, welche klangen;
sie ist wie eine Waage aufgehangen
und sagt das allerleiseste Empfangen
langschwankend an mit ihrer Schalen Stand.
Des Armen Haus ist wie des Kindes Hand.

Und wie die Erde ist des Armen Haus:
Der Splitter eines künftigen Kristalles,
bald licht, bald dunkel in der Flucht des Falles;
arm wie die warme Armut eines Stalles, –
und doch sind Abende: da ist sie alles,
und alle Sterne gehen von ihr aus.

Die Städte aber wollen nur das Ihre
und reißen alles mit in ihren Lauf.
Wie hohles Holz zerbrechen sie die Tiere
und brauchen viele Völker brennend auf.

Und ihre Menschen dienen in Kulturen
und fallen tief aus Gleichgewicht und Maß,

und nennen Fortschritt ihre Schneckenspuren
und fahren rascher, wo sie langsam fuhren,
und fühlen sich und funkeln wie die Huren
und lärmen lauter mit Metall und Glas.

Es ist, als ob ein Trug sie täglich äffte,
sie können gar nicht mehr sie selber sein;
das Geld wächst an, hat alle ihre Kräfte
und ist wie Ostwind groß, und sie sind klein
und ausgeholt und warten, dass der Wein
und alles Gift der Tier- und Menschensäfte
sie reize zu vergänglichem Geschäfte.

Und deine Armen leiden unter diesen
und sind von allem, was sie schauen, schwer
und glühen frierend wie in Fieberkrisen
und gehn, aus jeder Wohnung ausgewiesen,
wie fremde Tote in der Nacht umher;
und sind beladen mit dem ganzen Schmutze,
und wie in Sonne Faulendes bespien, –
von jedem Zufall, von der Dirnen Putze,
von Wagen und Laternen angeschrien.

Und gibt es einen Mund zu ihrem Schutze,
so mach ihn mündig und bewege ihn.

O wo ist der, der aus Besitz und Zeit
zu seiner großen Armut so erstarkte,
dass er die Kleider abtat auf dem Markte
und bar einherging vor des Bischofs Kleid.
Der Innigste und Liebendste von allen,
der kam und lebte wie ein junges Jahr;
der braune Bruder deiner Nachtigallen,
in dem ein Wundern und ein Wohlgefallen
und ein Entzücken an der Erde war.

Denn er war keiner von den immer Müdern,
die freudeloser werden nach und nach,
mit kleinen Blumen wie mit kleinen Brüdern
ging er den Wiesenrand entlang und sprach.
Und sprach von sich und wie er sich verwende
so dass es allem eine Freude sei;
und seines hellen Herzens war kein Ende,
und kein Geringes ging daran vorbei.
Er kam aus Licht zu immer tieferm Lichte,

und seine Zelle stand in Heiterkeit.
Das Lächeln wuchs auf seinem Angesichte
und hatte seine Kindheit und Geschichte
und wurde reif wie eine Mädchenzeit.

Und wenn er sang, so kehrte selbst das Gestern
und das Vergessene zurück und kam;
und eine Stille wurde in den Nestern,
und nur die Herzen schrieen in den Schwestern,
die er berührte wie ein Bräutigam.

Dann aber lösten seines Liedes Pollen
sich leise los aus seinem roten Mund
und trieben träumend zu den Liebevollen
und fielen in die offenen Corollen
und sanken langsam auf den Blütengrund.

Und sie empfingen ihn, den Makellosen,
in ihrem Leib, der ihre Seele war.
Und ihre Augen schlossen sich wie Rosen,
und voller Liebesnächte war ihr Haar.

Und ihn empfing das Große und Geringe.
Zu vielen Tieren kamen Cherubim
zu sagen, dass ihr Weibchen Früchte bringe, –
und waren wunderschöne Schmetterlinge:
denn ihn erkannten alle Dinge
und hatten Fruchtbarkeit aus ihm.

Und als er starb, so leicht wie ohne Namen,
da war er ausgeteilt: sein Samen rann
in Bächen, in den Bäumen sang sein Samen
und sah ihn ruhig aus den Blumen an.
Er lag und sang. Und als die Schwestern kamen,
da weinten sie um ihren lieben Mann.

O wo ist er, der Klare, hingeklungen?
Was fühlen ihn, den Jubelnden und Jungen,
die Armen, welche harren, nicht von fern?

Was steigt er nicht in ihre Dämmerungen –
der Armut großer Abendstern.

# *Das Buch der Bilder*

Entstanden zwischen 1898 und 1901;
Erstdruck der 1. Auflage beim Insel-Verlag, Leipzig 1902; die 2. Auflage, Insel-Verlag Leipzig 1906, ergänzte Rilke um Gedichte aus den Jahren 1902 bis 1906.

# Des ersten Buches Erster Teil

## Eingang

Wer du auch seist: am Abend tritt hinaus
aus deiner Stube, drin du alles weißt;
als letztes vor der Ferne liegt dein Haus:
wer du auch seist.
Mit deinen Augen, welche müde kaum
von der verbrauchten Schwelle sich befrein,
hebst du ganz langsam einen schwarzen Baum
und stellst ihn vor den Himmel: schlank, allein.
Und hast die Welt gemacht. Und sie ist groß
und wie ein Wort, das noch im Schweigen reift.
Und wie dein Wille ihren Sinn begreift,
lassen sie deine Augen zärtlich los …

## Aus einem April

Wieder duftet der Wald.
Es heben die schwebenden Lerchen
mit sich den Himmel empor, der unseren Schultern schwer war;
zwar sah man noch durch die Äste den Tag, wie er leer war, –
aber nach langen, regnenden Nachmittagen
kommen die goldübersonnten
neueren Stunden,
vor denen flüchtend an fernen Häuserfronten
alle die wunden
Fenster furchtsam mit Flügeln schlagen.

Dann wird es still. Sogar der Regen geht leiser
über der Steine ruhig dunkelnden Glanz.
Alle Geräusche ducken sich ganz
in die glänzenden Knospen der Reiser.

## Zwei Gedichte zu Hans Thomas
## sechzigstem Geburtstage

### *Mondnacht*

Süddeutsche Nacht, ganz breit im reifen Monde,
und mild wie aller Märchen Wiederkehr.
Vom Turme fallen viele Stunden schwer
in ihre Tiefen nieder wie ins Meer, –
und dann ein Rauschen und ein Ruf der Ronde,

und eine Weile bleibt das Schweigen leer;
und eine Geige dann (Gott weiß woher)
erwacht und sagt ganz langsam:
Eine Blonde ...

### Ritter

Reitet der Ritter in schwarzem Stahl
hinaus in die rauschende Welt.

Und draußen ist Alles: der Tag und das Tal
und der Freund und der Feind und das Mahl im Saal
und der Mai und die Maid und der Wald und der Gral,
und Gott ist selber vieltausendmal
an alle Straßen gestellt.

Doch in dem Panzer des Ritters drinnen,
hinter den finstersten Ringen,
hockt der Tod und muss sinnen und sinnen:
Wann wird die Klinge springen
über die Eisenhecke,
die fremde befreiende Klinge,
die mich aus meinem Verstecke
holt, drin ich so viele
gebückte Tage verbringe, –
dass ich mich endlich strecke
und spiele
und singe.

### Mädchenmelancholie

Mir fällt ein junger Ritter ein
fast wie ein alter Spruch.

Der kam. So kommt manchmal im Hain
der große Sturm und hüllt dich ein.
Der ging. So lässt das Benedein
der großen Glocken dich allein
oft mitten im Gebet ...
Dann willst du in die Stille schrein,
und weinst doch nur ganz leis hinein
tief in dein kühles Tuch.

Mir fällt ein junger Ritter ein,
der weit in Waffen geht.

Sein Lächeln war so weich und fein:
wie Glanz auf altem Elfenbein,

wie Heimweh, wie ein Weihnachtsschnein
im dunkeln Dorf, wie Türkisstein
um den sich lauter Perlen reihn,
wie Mondenschein
auf einem lieben Buch.

### Von den Mädchen

*1.*

Andere müssen auf langen Wegen
zu den dunklen Dichtern gehn;
fragen immer irgendwen,
ob er nicht einen hat singen sehn
oder Hände auf Saiten legen.
Nur die Mädchen fragen nicht,
welche Brücke zu Bildern führe;
lächeln nur, lichter als Perlenschnüre,
die man an Schalen von Silber hält.

Aus ihrem Leben geht jede Türe
in einen Dichter
und in die Welt.

*2.*

Mädchen, Dichter sind, die von euch lernen
das zu sagen, was ihr einsam seid;
und sie lernen leben an euch Fernen,
wie die Abende an großen Sternen
sich gewöhnen an die Ewigkeit.

Keine darf sich je dem Dichter schenken,
wenn sein Auge auch um Frauen bat;
denn er kann euch nur als Mädchen denken:
das Gefühl in euren Handgelenken
würde brechen von Brokat.

Lasst ihn einsam sein in seinem Garten,
wo er euch wie Ewige empfing
auf den Wegen, die er täglich ging,
bei den Bänken, welche schattig warten,
und im Zimmer, wo die Laute hing.

Geht! … es dunkelt. Seine Sinne suchen
eure Stimme und Gestalt nicht mehr.
Und die Wege liebt er lang und leer
und kein Weißes unter dunklen Buchen, –

und die stumme Stube liebt er sehr.
… Eure Stimmen hört er ferne gehn
(unter Menschen, die er müde meidet)
und: sein zärtliches Gedenken leidet
im Gefühle, dass euch viele sehn.

### Das Lied der Bildsäule

Wer ist es, wer mich so liebt, dass er
sein liebes Leben verstößt?
Wenn einer für mich ertrinkt im Meer,
so bin ich vom Steine zur Wiederkehr
ins Leben, ins Leben erlöst.

Ich sehne mich so nach dem rauschenden Blut;
der Stein ist so still.
Ich träume vom Leben: das Leben ist gut.
Hat keiner den Mut,
durch den ich erwachen will?

Und werd ich einmal im Leben sein,
das mir alles Goldenste gibt, –
– – – – – – – – – – – – – – – – – – – – – –
so werd ich allein
weinen, weinen nach meinem Stein.
Was hilft mir mein Blut, wenn es reift wie der Wein?
Es kann aus dem Meer nicht den Einen schrein,
der mich am meisten geliebt.

### Der Wahnsinn

Sie muss immer sinnen: Ich bin ... ich bin ...
Wer bist du denn, Marie?
Eine Königin, eine Königin!
In die Kniee vor mir, in die Knie!

Sie muss immer weinen: Ich war ... ich war ...
Wer warst du denn, Marie?
Ein Niemandskind, ganz arm und bar,
und ich kann dir nicht sagen wie.

Und wurdest aus einem solchen Kind
eine Fürstin, vor der man kniet?
Weil die Dinge alle anders sind,
als man sie beim Betteln sieht.

So haben die Dinge dich groß gemacht,
und kannst du noch sagen wann?

Eine Nacht, eine Nacht, über eine Nacht, –
und sie sprachen mich anders an.

Ich trat in die Gasse hinaus und sieh:
die ist wie mit Saiten bespannt;
da wurde Marie Melodie, Melodie ...
und tanzte von Rand zu Rand.
Die Leute schlichen so ängstlich hin,
wie hart an die Häuser gepflanzt, –
denn das darf doch nur eine Königin,
dass sie tanzt in den Gassen: tanzt! ...

### Die Liebende

Ja ich sehne mich nach dir. Ich gleite
mich verlierend selbst mir aus der Hand,
ohne Hoffnung, dass ich das bestreite,
was zu mir kommt wie aus deiner Seite
ernst und unbeirrt und unverwandt.

... jene Zeiten: O wie war ich Eines,
nichts was rief und nichts was mich verriet;
meine Stille war wie eines Steines,
über den der Bach sein Murmeln zieht.

Aber jetzt in diesen Frühlingswochen
hat mich etwas langsam abgebrochen
von dem unbewussten dunkeln Jahr.
Etwas hat mein armes warmes Leben
irgendeinem in die Hand gegeben,
der nicht weiß was ich noch gestern war.

### Die Braut

Ruf mich, Geliebter, ruf mich laut!
Lass deine Braut nicht so lange am Fenster stehn.
In den alten Platanenalleen
wacht der Abend nicht mehr:
sie sind leer.

Und kommst du mich nicht in das nächtliche Haus
mit deiner Stimme verschließen,
so muss ich mich aus meinen Händen hinaus
in die Gärten des Dunkelblaus
ergießen …

## Die Stille

Hörst du, Geliebte, ich hebe die Hände –
hörst du: es rauscht...
Welche Gebärde der Einsamen fände
sich nicht von vielen Dingen belauscht?
Hörst du, Geliebte, ich schließe die Lider,
und auch das ist Geräusch bis zu dir.
Hörst du, Geliebte, ich hebe sie wieder ...
... aber warum bist du nicht hier.

Der Abdruck meiner kleinsten Bewegung
bleibt in der seidenen Stille sichtbar;
unvernichtbar drückt die geringste Erregung
in den gespannten Vorhang der Ferne sich ein.
Auf meinen Atemzügen heben und senken
die Sterne sich.
Zu meinen Lippen kommen die Düfte zur Tränke,
und ich erkenne die Handgelenke
entfernter Engel.
Nur die ich denke: Dich
seh ich nicht.

## Musik

Was spielst du, Knabe? Durch die Gärten ging's
wie viele Schritte, flüsternde Befehle.
Was spielst du, Knabe? Siehe deine Seele
verfing sich in den Stäben der Syrinx.

Was lockst du sie? Der Klang ist wie ein Kerker,
darin sie sich versäumt und sich versehnt;
stark ist dein Leben, doch dein Lied ist stärker,
an deine Sehnsucht schluchzend angelehnt. –

Gib ihr ein Schweigen, dass die Seele leise
heimkehre in das Flutende und Viele,
darin sie lebte, wachsend, weit und weise,
eh du sie zwangst in deine zarten Spiele.

Wie sie schon matter mit den Flügeln schlägt:
so wirst du, Träumer, ihren Flug vergeuden,
dass ihre Schwinge, vom Gesang zersägt,
sie nicht mehr über meine Mauern trägt,
wenn ich sie rufen werde zu den Freuden.

## Die Engel

Sie haben alle müde Münde
und helle Seelen ohne Saum.
Und eine Sehnsucht (wie nach Sünde)
geht ihnen manchmal durch den Traum.

Fast gleichen sie einander alle;
in Gottes Gärten schweigen sie,
wie viele, viele Intervalle
in seiner Macht und Melodie.

Nur wenn sie ihre Flügel breiten,
sind sie die Wecker eines Winds:
als ginge Gott mit seinen weiten
Bildhauerhänden durch die Seiten
im dunklen Buch des Anbeginns.

## Der Schutzengel

Du bist der Vogel, dessen Flügel kamen,
wenn ich erwachte in der Nacht und rief.
Nur mit den Armen rief ich, denn dein Namen
ist wie ein Abgrund, tausend Nächte tief.
Du bist der Schatten, drin ich still entschlief,
und jeden Traum ersinnt in mir dein Samen, –
du bist das Bild, ich aber bin der Rahmen,
der dich ergänzt in glänzendem Relief.

Wie nenn ich dich? Sieh, meine Lippen lahmen.
Du bist der Anfang, der sich groß ergießt,
ich bin das langsame und bange Amen,
das deine Schönheit scheu beschließt.

Du hast mich oft aus dunklem Ruhn gerissen,
wenn mir das Schlafen wie ein Grab erschien
und wie Verlorengehen und Entfliehn, –
da hobst du mich aus Herzensfinsternissen
und wolltest mich auf allen Türmen hissen
wie Scharlachfahnen und wie Draperien.

Du: der von Wundern redet wie vom Wissen
und von den Menschen wie von Melodien
und von den Rosen: von Ereignissen,
die flammend sich in deinem Blick vollziehn, –
du Seliger, wann nennst du einmal Ihn,
aus dessen siebentem und letztem Tage
noch immer Glanz auf deinem Flügelschlage

verloren liegt …
Befiehlst du, dass ich frage?

## Märtyrinnen

Märtyrin ist sie. Und als harten Falls
mit einem Ruck
das Beil durch ihre kurze Jugend ging,
da legte sich der feine rote Ring
um ihren Hals, und war der erste Schmuck,
den sie mit einem fremden Lächeln nahm;
aber auch den erträgt sie nur mit Scham.
Und wenn sie schläft, muss ihre junge Schwester
(die, kindisch noch, sich mit der Wunde schmückt
von jenem Stein, der ihr die Stirn erdrückt)
die harten Arme um den Hals ihr halten,
und oft im Traume fleht die andre: Fester, fester.
Und da fällt es dem Kinde manchmal ein,
die Stirne mit dem Bild von jenem Stein
zu bergen in des sanften Nachtgewandes Falten,
das von der Schwester Atmen hell sich hebt,
voll wie ein Segel, das vom Winde lebt.

Das ist die Stunde, da sie heilig sind,
die stille Jungfrau und das blasse Kind.

Da sind sie wieder wie vor allem Leide
und schlafen arm und haben keinen Ruhm,
und ihre Seelen sind wie weiße Seide,
und von derselben Sehnsucht beben beide
und fürchten sich vor ihrem Heldentum.

Und du kannst meinen: wenn sie aus den Betten
aufstünden bei dem nächsten Morgenlichte
und, mit demselben träumenden Gesichte,
die Gassen kämen in den kleinen Städten, –
es bliebe keiner hinter ihnen staunen,
kein Fenster klirrte an den Häuserreihn,
und nirgends bei den Frauen ging ein Raunen,
und keines von den Kindern würde schrein.
Sie schritten durch die Stille in den Hemden
(die flachen Falten geben keinen Glanz)
so fremd, und dennoch keinem zum Befremden,
so wie zu Festen, aber ohne Kranz.

## Die Heilige

Das Volk war durstig; also ging das eine
durstlose Mädchen, ging die Steine
um Wasser flehen für ein ganzes Volk.
Doch ohne Zeichen blieb der Zweig der Weide,
und sie ermattete am langen Gehn
und dachte endlich nur, dass einer leide,
(ein kranker Knabe, und sie hatten beide
sich einmal abends ahnend angesehn).
Da neigte sich die junge Weidenrute
in ihren Händen dürstend wie ein Tier:
jetzt ging sie blühend über ihrem Blute,
und rauschend ging ihr Blut tief unter ihr.

## Kindheit

Da rinnt der Schule lange Angst und Zeit
mit Warten hin, mit lauter dumpfen Dingen.
O Einsamkeit, o schweres Zeitverbringen ...
Und dann hinaus: die Straßen sprühn und klingen
und auf den Plätzen die Fontänen springen
und in den Gärten wird die Welt so weit –.
Und durch das alles gehn im kleinen Kleid,
ganz anders als die andern gehn und gingen –:
O wunderliche Zeit, o Zeitverbringen,
          o Einsamkeit.

Und in das alles fern hinauszuschauen:
Männer und Frauen; Männer, Männer, Frauen
und Kinder, welche anders sind und bunt;
und da ein Haus und dann und wann ein Hund
und Schrecken lautlos wechselnd mit Vertrauen –:
O Trauer ohne Sinn, o Traum, o Grauen,
          o Tiefe ohne Grund.

Und so zu spielen: Ball und Ring und Reifen
in einem Garten, welcher sanft verblasst,
und manchmal die Erwachsenen zu streifen,
blind und verwildert in des Haschens Hast,
aber am Abend still, mit kleinen steifen
Schritten nachhaus zu gehn, fest angefasst –:
O immer mehr entweichendes Begreifen,
          o Angst, o Last.

Und stundenlang am großen grauen Teiche
mit einem kleinen Segelschiff zu knien;

es zu vergessen, weil noch andre, gleiche
und schönere Segel durch die Ringe ziehn,
und denken müssen an das kleine bleiche
Gesicht, das sinkend aus dem Teiche schien –:
O Kindheit, o entgleitende Vergleiche.
Wohin? Wohin?

## Aus einer Kindheit

Das Dunkeln war wie Reichtum in dem Raume,
darin der Knabe, sehr verheimlicht, saß.
Und als die Mutter eintrat wie im Traume,
erzitterte im stillen Schrank ein Glas.
Sie fühlte, wie das Zimmer sie verriet,
und küsste ihren Knaben: Bist du hier? ...
Dann schauten beide bang nach dem Klavier,
denn manchen Abend hatte sie ein Lied,
darin das Kind sich seltsam tief verfing.

Es saß sehr still. Sein großes Schauen hing
an ihrer Hand, die ganz gebeugt vom Ringe,
als ob sie schwer in Schneewehn ginge,
über die weißen Tasten ging.

## Der Knabe

Ich möchte einer werden so wie die,
die durch die Nacht mit wilden Pferden fahren,
mit Fackeln, die gleich aufgegangnen Haaren
in ihres Jagens großem Winde wehn.
Vorn möcht ich stehen wie in einem Kahne,
groß und wie eine Fahne aufgerollt.
Dunkel, aber mit einem Helm von Gold,
der unruhig glänzt. Und hinter mir gereiht
zehn Männer aus derselben Dunkelheit
mit Helmen, die, wie meiner, unstet sind,
bald klar wie Glas, bald dunkel, alt und blind.
Und einer steht bei mir und bläst uns Raum
mit der Trompete, welche blitzt und schreit,
und bläst uns eine schwarze Einsamkeit,
durch die wir rasen wie ein rascher Traum:
Die Häuser fallen hinter uns ins Knie,
die Gassen biegen sich uns schief entgegen,
die Plätze weichen aus: wir fassen sie,
und unsre Rosse rauschen wie ein Regen.

## Die Konfirmanden

(Paris, im Mai 1903)

In weißen Schleiern gehn die Konfirmanden
tief in das neue Grün der Gärten ein.
Sie haben ihre Kindheit überstanden,
und was jetzt kommt, wird anders sein.

O kommt es denn! Beginnt jetzt nicht die Pause,
das Warten auf den nächsten Stundenschlag?
Das Fest ist aus, und es wird laut im Hause,
und trauriger vergeht der Nachmittag ...

Das war ein Aufstehn zu dem weißen Kleide
und dann durch Gassen ein geschmücktes Gehn
und eine Kirche, innen kühl wie Seide,
und lange Kerzen waren wie Alleen,
und alle Lichter schienen wie Geschmeide,
von feierlichen Augen angesehn.

Und es war still, als der Gesang begann:
Wie Wolken stieg er in der Wölbung an
und wurde hell im Niederfall; und linder
denn Regen fiel er in die weißen Kinder.
Und wie im Wind bewegte sich ihr Weiß,
und wurde leise bunt in seinen Falten
und schien verborgne Blumen zu enthalten –:
Blumen und Vögel, Sterne und Gestalten
aus einem alten fernen Sagenkreis.

Und draußen war ein Tag aus Blau und Grün
mit einem Ruf von Rot an hellen Stellen.
Der Teich entfernte sich in kleinen Wellen,
und mit dem Winde kam ein fernes Blühn
und sang von Gärten draußen vor der Stadt.

Es war, als ob die Dinge sich bekränzten,
sie standen licht, unendlich leicht besonnt;
ein Fühlen war in jeder Häuserfront,
und viele Fenster gingen auf und glänzten.


## Das Abendmahl

Sie sind versammelt, staunende Verstörte,
um ihn, der wie ein Weiser sich beschließt
und der sich fortnimmt denen er gehörte
und der an ihnen fremd vorüberfließt.
Die alte Einsamkeit kommt über ihn,

die ihn erzog zu seinem tiefen Handeln;
nun wird er wieder durch den Ölwald wandeln,
und die ihn lieben werden vor ihm fliehn.

Er hat sie zu dem letzten Tisch entboten
und (wie ein Schuss die Vögel aus den Schoten
scheucht) scheucht er ihre Hände aus den Broten
mit seinem Wort: sie fliegen zu ihm her;
sie flattern bange durch die Tafelrunde
und suchen einen Ausgang. Aber er
ist überall wie eine Dämmerstunde.

## Des ersten Buches Zweiter Teil

### Initiale

Aus unendlichen Sehnsüchten steigen
endliche Taten wie schwache Fontänen,
die sich zeitig und zitternd neigen.
Aber, die sich uns sonst verschweigen,
unsere fröhlichen Kräfte – zeigen
sich in diesen tanzenden Tränen.

### Zum Einschlafen zu sagen

Ich möchte jemanden einsingen,
bei jemandem sitzen und sein.
Ich möchte dich wiegen und kleinsingen
und begleiten schlafaus und schlafein.
Ich möchte der Einzige sein im Haus,
der wüsste: die Nacht war kalt.
Und möchte horchen herein und hinaus
in dich, in die Welt, in den Wald.
Die Uhren rufen sich schlagend an,
und man sieht der Zeit auf den Grund.
Und unten geht noch ein fremder Mann
und stört einen fremden Hund.
Dahinter wird Stille. Ich habe groß
die Augen auf dich gelegt;
und sie halten dich sanft und lassen dich los,
wenn ein Ding sich im Dunkel bewegt.

## Menschen bei Nacht

Die Nächte sind nicht für die Menge gemacht.
Von deinem Nachbar trennt dich die Nacht,
und du sollst ihn nicht suchen trotzdem.
Und machst du nachts deine Stube licht,
um Menschen zu schauen ins Angesicht,
so musst du bedenken: wem.

Die Menschen sind furchtbar vom Licht entstellt,
das von ihren Gesichtern träuft,
und haben sie nachts sich zusammengesellt,
so schaust du eine wankende Welt
durcheinandergehäuft.
Auf ihren Stirnen hat gelber Schein
alle Gedanken verdrängt,
in ihren Blicken flackert der Wein,
an ihren Händen hängt
die schwere Gebärde, mit der sie sich
bei ihren Gesprächen verstehn;
und dabei sagen sie: Ich und Ich
und meinen: Irgendwen.

## Der Nachbar

Fremde Geige, gehst du mir nach?
In wie viel fernen Städten schon sprach
deine einsame Nacht zu meiner?
Spielen dich hunderte? Spielt dich einer?

Gibt es in allen großen Städten
solche, die sich ohne dich
schon in den Flüssen verloren hätten?
Und warum trifft es immer mich?

Warum bin ich immer der Nachbar derer,
die dich bange zwingen zu singen
und zu sagen: Das Leben ist schwerer
als die Schwere von allen Dingen.

## Pont du Carrousel

Der blinde Mann, der auf der Brücke steht,
grau wie ein Markstein namenloser Reiche,
er ist vielleicht das Ding, das immer gleiche,
um das von fern die Sternenstunde geht,
und der Gestirne stiller Mittelpunkt.
Denn alles um ihn irrt und rinnt und prunkt.

Er ist der unbewegliche Gerechte,
in viele wirre Wege hingestellt;
der dunkle Eingang in die Unterwelt
bei einem oberflächlichen Geschlechte.

## Der Einsame

Wie einer, der auf fremden Meeren fuhr,
so bin ich bei den ewig Einheimischen;
die vollen Tage stehn auf ihren Tischen,
mir aber ist die Ferne voll Figur.

In mein Gesicht reicht eine Welt herein,
die vielleicht unbewohnt ist wie ein Mond,
sie aber lassen kein Gefühl allein,
und alle ihre Worte sind bewohnt.

Die Dinge, die ich weither mit mir nahm,
sehn selten aus, gehalten an das Ihre –:
in ihrer großen Heimat sind sie Tiere,
hier halten sie den Atem an vor Scham.

### Die Aschanti
#### (Jardin d'Acclimatation)

Keine Vision von fremden Ländern,
kein Gefühl von braunen Frauen, die
tanzen aus den fallenden Gewändern.

Keine wilde fremde Melodie.
Keine Lieder, die vom Blute stammten,
und kein Blut, das aus den Tiefen schrie.

Keine braunen Mädchen, die sich samten
breiteten in Tropenmüdigkeit;
keine Augen, die wie Waffen flammten,

und die Munde zum Gelächter breit.
Und ein wunderliches Sich-verstehen
mit der hellen Menschen Eitelkeit.

Und mir war so bange hinzusehen.

O wie sind die Tiere so viel treuer,
die in Gittern auf und niedergehn,
ohne Eintracht mit dem Treiben neuer
fremder Dinge, die sie nicht verstehn;
und sie brennen wie ein stilles Feuer
leise aus und sinken in sich ein,

teilnahmslos dem neuen Abenteuer
und mit ihrem großen Blut allein.

## Der Letzte

Ich habe kein Vaterhaus,
und habe auch keines verloren;
meine Mutter hat mich in die Welt hinaus
geboren.
Da steh ich nun in der Welt und geh
in die Welt immer tiefer hinein,
und habe mein Glück und habe mein Weh
und habe jedes allein.
Und bin doch manch eines Erbe.
Mit drei Zweigen hat mein Geschlecht geblüht
auf sieben Schlössern im Wald,
und wurde seines Wappens müd
und war schon viel zu alt; –
und was sie mir ließen und was ich erwerbe
zum alten Besitze, ist heimatlos.
In meinen Händen, in meinem Schoß
muss ich es halten, bis ich sterbe.
Denn was ich fortstelle,
hinein in die Welt,
fällt,
ist wie auf eine Welle
gestellt.

## Bangnis

Im welken Walde ist ein Vogelruf,
der sinnlos scheint in diesem welken Walde.
Und dennoch ruht der runde Vogelruf
in dieser Weile, die ihn schuf,
breit wie ein Himmel auf dem welken Walde.
Gefügig räumt sich alles in den Schrei:
Das ganze Land scheint lautlos drin zu liegen,
der große Wind scheint sich hineinzuschmiegen,
und die Minute, welche weiter will,
ist bleich und still, als ob sie Dinge wüsste,
an denen jeder sterben müsste,
aus ihm herausgestiegen.

## Klage

O wie ist alles fern
und lange vergangen.
Ich glaube, der Stern,
von welchem ich Glanz empfange,
ist seit Jahrtausenden tot.
Ich glaube, im Boot,
das vorüberfuhr,
hörte ich etwas Banges sagen.
Im Hause hat eine Uhr
Geschlagen ...
In welchem Haus? ...
Ich möchte aus meinem Herzen hinaus
unter den großen Himmel treten.
Ich möchte beten.
Und einer von allen Sternen
müsste wirklich noch sein.
Ich glaube, ich wüsste,
welcher allein
gedauert hat, –
welcher wie eine weiße Stadt
am Ende des Strahls in den Himmeln steht ...

## Einsamkeit

Die Einsamkeit ist wie ein Regen.
Sie steigt vom Meer den Abenden entgegen;
von Ebenen, die fern sind und entlegen,
geht sie zum Himmel, der sie immer hat.
Und erst vom Himmel fällt sie auf die Stadt.

Regnet hernieder in den Zwitterstunden,
wenn sich nach Morgen wenden alle Gassen
und wenn die Leiber, welche nichts gefunden,
enttäuscht und traurig von einander lassen;
und wenn die Menschen, die einander hassen,
in einem Bett zusammen schlafen müssen:

dann geht die Einsamkeit mit den Flüssen ...

## Herbsttag

Herr: es ist Zeit. Der Sommer war sehr groß.
Leg deinen Schatten auf die Sonnenuhren,
und auf den Fluren lass die Winde los.

Befiehl den letzten Früchten voll zu sein;

gib ihnen noch zwei südlichere Tage,
dränge sie zur Vollendung hin und jage
die letzte Süße in den schweren Wein.

Wer jetzt kein Haus hat, baut sich keines mehr.
Wer jetzt allein ist, wird es lange bleiben,
wird wachen, lesen, lange Briefe schreiben
und wird in den Alleen hin und her
unruhig wandern, wenn die Blätter treiben.

### Erinnerung

Und du wartest, erwartest das Eine,
das dein Leben unendlich vermehrt;
das Mächtige, Ungemeine,
das Erwachen der Steine,
Tiefen, dir zugekehrt.

Es dämmern im Bücherständer
die Bände in Gold und Braun;
und du denkst an durchfahrene Länder,
an Bilder, an die Gewänder
wiederverlorener Fraun.

Und da weißt du auf einmal: das war es.
Du erhebst dich, und vor dir steht
eines vergangenen Jahres
Angst und Gestalt und Gebet.

### Ende des Herbstes

Ich sehe seit einer Zeit,
wie alles sich verwandelt.
Etwas steht auf und handelt
und tötet und tut Leid.

Von Mal zu Mal sind all
die Gärten nicht dieselben;
von den gilbenden zu der gelben
langsamem Verfall:
wie war der Weg mir weit.

Jetzt bin ich bei den leeren
und schaue durch alle Alleen.
Fast bis zu den fernen Meeren
kann ich den ernsten schweren
verwehrenden Himmel sehn.

## Herbst

Die Blätter fallen, fallen wie von weit,
als welkten in den Himmeln ferne Gärten;
sie fallen mit verneinender Gebärde.

Und in den Nächten fällt die schwere Erde
aus allen Sternen in die Einsamkeit.

Wir alle fallen. Diese Hand da fällt.
Und sieh dir andre an: es ist in allen.

Und doch ist Einer, welcher dieses Fallen
unendlich sanft in seinen Händen hält.

## Am Rande der Nacht

Meine Stube und diese Weite,
wach über nachtendem Land, –
ist Eines. Ich bin eine Saite,
über rauschende breite
Resonanzen gespannt.

Die Dinge sind Geigenleiber,
von murrendem Dunkel voll;
drin träumt das Weinen der Weiber,
drin rührt sich im Schlafe der Groll
ganzer Geschlechter ...
Ich soll
silbern erzittern: dann wird
Alles unter mir leben,
und was in den Dingen irrt,
wird nach dem Lichte streben,
das von meinem tanzenden Tone,
um welchen der Himmel wellt,
durch schmale, schmachtende Spalten
in die alten
Abgründe ohne
Ende fällt ...

## Gebet

Nacht, stille Nacht, in die verwoben sind
ganz weiße Dinge, rote, bunte Dinge,
verstreute Farben, die erhoben sind
zu Einem Dunkel Einer Stille, – bringe
doch mich auch in Beziehung zu dem Vielen,

das du erwirbst und überredest. Spielen
denn meine Sinne noch zu sehr mit Licht?
Würde sich denn mein Angesicht
noch immer störend von den Gegenständen
abheben? Urteile nach meinen Händen:
Liegen sie nicht wie Werkzeug da und Ding?
Ist nicht der Ring selbst schlicht
an meiner Hand, und liegt das Licht
nicht ganz so, voll Vertrauen, über ihnen, –
als ob sie Wege wären, die, beschienen,
nicht anders sich verzweigen, als im Dunkel? ...

### Fortschritt

Und wieder rauscht mein tiefes Leben lauter,
als ob es jetzt in breitern Ufern ginge.
Immer verwandter werden mir die Dinge
und alle Bilder immer angeschauter.
Dem Namenlosen fühl ich mich vertrauter:
Mit meinen Sinnen, wie mit Vögeln, reiche
ich in die windigen Himmel aus der Eiche,
und in den abgebrochnen Tag der Teiche
sinkt, wie auf Fischen stehend, mein Gefühl.

### Vorgefühl

Ich bin wie eine Fahne von Fernen umgeben.
Ich ahne die Winde, die kommen, und muss sie leben,
während die Dinge unten sich noch nicht rühren:
die Türen schließen noch sanft, und in den Kaminen ist Stille;
die Fenster zittern noch nicht, und der Staub ist noch schwer.

Da weiß ich die Stürme schon und bin erregt wie das Meer.
Und breite mich aus und falle in mich hinein
und werfe mich ab und bin ganz allein
in dem großen Sturm.

### Sturm

Wenn die Wolken, von Stürmen geschlagen,
jagen:
Himmel von hundert Tagen
über einem einzigen Tag –:
Dann fühl ich dich, Hetman, von fern
(der du deine Kosaken gern
zu dem größesten Herrn

104

führen wolltest).
Deinen waagrechten Nacken
fühl ich, Mazeppa.

Dann bin auch ich an das rasende Rennen
eines rauchenden Rückens gebunden;
alle Dinge sind mir verschwunden,
nur die Himmel kann ich erkennen:

Überdunkelt und überschienen
lieg ich flach unter ihnen,
wie Ebenen liegen;
meine Augen sind offen wie Teiche,
und in ihnen flüchtet das gleiche
Fliegen.

### Abend in Skåne

Der Park ist hoch. Und wie aus einem Haus
tret ich aus seiner Dämmerung heraus
in Ebene und Abend. In den Wind,
denselben Wind, den auch die Wolken fühlen,
die hellen Flüsse und die Flügelmühlen,
die langsam mahlend stehn am Himmelsrand.
Jetzt bin auch ich ein Ding in seiner Hand,
das kleinste unter diesen Himmeln. – Schau:

Ist das Ein Himmel?:
Selig lichtes Blau,
in das sich immer reinere Wolken drängen,
Und drunter alle Weiß in Übergängen,
und drüber jenes dünne, große Grau,
warmwallend wie auf roter Untermalung,
und über allem diese stille Strahlung
sinkender Sonne.

Wunderlicher Bau,
in sich bewegt und von sich selbst gehalten,
Gestalten bildend, Riesenflügel, Falten
und Hochgebirge vor den ersten Sternen
und plötzlich, da: ein Tor in solche Fernen,
wie sie vielleicht nur Vögel kennen …

### Abend

Der Abend wechselt langsam die Gewänder,
die ihm ein Rand von alten Bäumen hält;
du schaust: und von dir scheiden sich die Länder,

ein himmelfahrendes und eins, das fällt;

und lassen dich, zu keinem ganz gehörend,
nicht ganz so dunkel wie das Haus, das schweigt,
nicht ganz so sicher Ewiges beschwörend
wie das, was Stern wird jede Nacht und steigt –

und lassen dir (unsäglich zu entwirrn)
dein Leben bang und riesenhaft und reifend,
so dass es, bald begrenzt und bald begreifend,
abwechselnd Stein in dir wird und Gestirn.

### Ernste Stunde

Wer jetzt weint irgendwo in der Welt,
ohne Grund weint in der Welt,
weint über mich.

Wer jetzt lacht irgendwo in der Nacht,
ohne Grund lacht in der Nacht,
lacht mich aus.

Wer jetzt geht irgendwo in der Welt,
ohne Grund geht in der Welt,
geht zu mir.

Wer jetzt stirbt irgendwo in der Welt,
ohne Grund stirbt in der Welt:
sieht mich an.

### Strophen

Ist einer, der nimmt alle in die Hand,
dass sie wie Sand durch seine Finger rinnen.
Er wählt die schönsten aus den Königinnen
und lässt sie sich in weißen Marmor hauen,
still liegend in des Mantels Melodie;
und legt die Könige zu ihren Frauen,
gebildet aus dem gleichen Stein wie sie.

Ist einer, der nimmt alle in die Hand,
dass sie wie schlechte Klingen sind und brechen.
Er ist kein Fremder, denn er wohnt im Blut,
das unser Leben ist und rauscht und ruht.
Ich kann nicht glauben, dass er Unrecht tut;
doch hör ich viele Böses von ihm sprechen.

# Des zweiten Buches Erster Teil

### Initiale

Gib deine Schönheit immer hin
ohne Rechnen und Reden.
Du schweigst. Sie sagt für dich: Ich bin.
Und kommt in tausendfachem Sinn,
kommt endlich über jeden.

### Verkündigung – Die Worte des Engels

Du bist nicht näher an Gott als wir;
wir sind ihm alle weit.
Aber wunderbar sind dir
die Hände benedeit.
So reifen sie bei keiner Frau,
so schimmernd aus dem Saum:
ich bin der Tag, ich bin der Tau,
du aber bist der Baum.

Ich bin jetzt matt, mein Weg war weit,
vergib mir, ich vergaß,
was Er, der groß in Goldgeschmeid
wie in der Sonne saß,
dir künden ließ, du Sinnende,
(verwirrt hat mich der Raum).
Sieh: ich bin das Beginnende,
du aber bist der Baum.

Ich spannte meine Schwingen aus
und wurde seltsam weit;
jetzt überfließt dein kleines Haus
von meinem großen Kleid.
Und dennoch bist du so allein
wie nie und schaust mich kaum;
das macht: ich bin ein Hauch im Hain,
du aber bist der Baum.

Die Engel alle bangen so,
lassen einander los:
noch nie war das Verlangen so,
so ungewiss und groß.
Vielleicht, dass Etwas bald geschieht,
das du im Traum begreifst.
Gegrüßt sei, meine Seele sieht:

du bist bereit und reifst.
Du bist ein großes, hohes Tor,
und aufgehn wirst du bald.
Du, meines Liedes liebstes Ohr,
jetzt fühle ich: mein Wort verlor
sich in dir wie im Wald.

So kam ich und vollendete
dir tausendeinen Traum.
Gott sah mich an; er blendete ...

Du aber bist der Baum.

## Die heiligen drei Könige – Legende

Einst als am Saum der Wüsten sich
auftat die Hand des Herrn
wie eine Frucht, die sommerlich
verkündet ihren Kern,
da war ein Wunder: Fern
erkannten und begrüßten sich
drei Könige und ein Stern.

Drei Könige von Unterwegs
und der Stern Überall,
die zogen alle (überlegs!)
so rechts ein Rex und links ein Rex
zu einem stillen Stall.

Was brachten die nicht alles mit
zum Stall von Bethlehem!
Weithin erklirrte jeder Schritt,
und der auf einem Rappen ritt,
saß samten und bequem.
Und der zu seiner Rechten ging,
der war ein goldner Mann,
und der zu seiner Linken fing
mit Schwung und Schwing
und Klang und Kling
aus einem runden Silberding,
das wiegend und in Ringen hing,
ganz blau zu rauchen an.
Da lachte der Stern Überall
so seltsam über sie,
und lief voraus und stand am Stall
und sagte zu Marie:

Da bring ich eine Wanderschaft
aus vieler Fremde her.
Drei Könige mit *magenkraft* [mittelhochdeutsch »Macht«],
von Gold und Topas schwer
und dunkel, tumb und heidenhaft, –
erschrick mir nicht zu sehr.
Sie haben alle drei zuhaus
zwölf Töchter, keinen Sohn,
so bitten sie sich deinen aus
als Sonne ihres Himmelblaus
und Trost für ihren Thron.
Doch musst du nicht gleich glauben: bloß
ein Funkelfürst und Heidenscheich
sei deines Sohnes Los.
Bedenk, der Weg ist groß.
Sie wandern lange, Hirten gleich,
inzwischen fällt ihr reifes Reich
weiß Gott wem in den Schoß.
Und während hier, wie Westwind warm,
der Ochs ihr Ohr umschnaubt,
sind sie vielleicht schon alle arm
und so wie ohne Haupt.
Drum mach mit deinem Lächeln licht
die Wirrnis, die sie sind,
und wende du dein Angesicht
nach Aufgang und dein Kind;
dort liegt in blauen Linien,
was jeder dir verließ:
Smaragda und Rubinien
und die Tale von Türkis.

### In der Certosa

Ein jeder aus der weißen Bruderschaft
vertraut sich pflanzend seinem kleinen Garten.
Auf jedem Beete steht, wer jeder sei.
Und Einer harrt in heimlichen Hoffarten,
dass ihm im Mai
die ungestümen Blüten offenbarten
ein Bild von seiner unterdrückten Kraft.

Und seine Hände halten, wie erschlafft,
sein braunes Haupt, das schwer ist von den Säften,
die ungeduldig durch das Dunkel rollen,

und sein Gewand, das faltig, voll und wollen,
zu seinen Füßen fließt, ist stramm gestrafft
um seinen Armen, die, gleich starken Schäften,
die Hände tragen, welche träumen sollen.

Kein Miserere und kein Kyrie
will seine junge, runde Stimme ziehn,
vor keinem Fluche will sie fliehn:
sie ist kein Reh.
Sie ist ein Ross und bäumt sich im Gebiss,
und über Hürde, Hang und Hindernis
will sie ihn tragen, weit und weggewiss,
ganz ohne Sattel will sie tragen ihn.

Er aber sitzt, und unter den Gedanken
zerbrechen fast die breiten Handgelenke,
so schwer wird ihm der Sinn und immer schwerer.

Der Abend kommt, der sanfte Wiederkehrer,
ein Wind beginnt, die Wege werden leerer,
und Schatten sammeln sich im Talgesenke.

Und wie ein Kahn, der an der Kette schwankt,
so wird der Garten ungewiss und hangt
wie windgewiegt auf lauter Dämmerung.
Wer löst ihn los? …

Der Frate ist so jung,
und langelang ist seine Mutter tot.
Er weiß von ihr: sie nannten sie La Stanca;
sie war ein Glas, ganz zart und klar. Man bot
es einem, der es nach dem Trunk zerschlug
wie einen Krug.

So ist der Vater.
Und er hat sein Brot
als Meister in den roten Marmorbrüchen.
Und jede Wöchnerin in Pietrabianca
hat Furcht, dass er des Nachts mit seinen Flüchen
vorbei an ihrem Fenster kommt und droht.

Sein Sohn, den er der Donna Dolorosa
geweiht in einer Stunde wilder Not,
sinnt im Arkadenhofe der Certosa,
sinnt, wie umrauscht von rötlichen Gerüchen:
denn seine Blumen blühen alle rot.

## Das jüngste Gericht – Aus den Blättern eines Mönches

Sie werden Alle wie aus einem Bade
aus ihren mürben Grüften auferstehn;
denn alle glauben an das Wiedersehn,
und furchtbar ist ihr Glauben, ohne Gnade.

Sprich leise, Gott! Es könnte einer meinen,
dass die Posaune deiner Reiche rief;
und ihrem Ton ist keine Tiefe tief:
da steigen alle Zeiten aus den Steinen,
und alle die Verschollenen erscheinen
in welken Leinen, brüchigen Gebeinen
und von der Schwere ihrer Schollen schief.
Das wird ein wunderliches Wiederkehren
in eine wunderliche Heimat sein;
auch die dich niemals kannten, werden schrein
und deine Größe wie ein Recht begehren:
wie Brot und Wein.

Allschauender, du kennst das wilde Bild,
das ich in meinem Dunkel zitternd dichte.
Durch dich kommt Alles, denn du bist das Tor, –
und Alles war in deinem Angesichte,
eh es in unserm sich verlor.
Du kennst das Bild vom riesigen Gerichte:

Ein Morgen ist es, doch aus einem Lichte,
das deine reife Liebe nie erschuf,
ein Rauschen ist es, nicht aus deinem Ruf,
ein Zittern, nicht von göttlichem Verzichte,
ein Schwanken, nicht in deinem Gleichgewichte.
Ein Rascheln ist und ein Zusammenraffen
in allen den geborstenen Gebäuden,
ein Sichentgelten und ein Sichvergeuden,
ein Sichbegatten und ein Sichbegaffen,
und ein Betasten aller alten Freuden
und aller Lüste welke Wiederkehr.
Und über Kirchen, die wie Wunden klaffen,
ziehn schwarze Vögel, die du nie erschaffen,
in irren Zügen hin und her.

So ringen sie, die lange Ausgeruhten,
und packen sich mit ihren nackten Zähnen
und werden bange, weil sie nicht mehr bluten,
und suchen, wo die Augenbecher gähnen,
mit kalten Fingern nach den toten Tränen.

Und werden müde. Wenige Minuten
nach ihrem Morgen bricht ihr Abend ein.
Sie werden ernst und lassen sich allein
und sind bereit, im Sturme aufzusteigen,
wenn sich auf deiner Liebe heitrem Wein
die dunklen Tropfen deines Zornes zeigen,
um deinem Urteil nah zu sein.
Und da beginnt es, nach dem großen Schrein:
das übergroße fürchterliche Schweigen.

Sie sitzen alle wie vor schwarzen Türen
in einem Licht, das sie, wie mit Geschwüren,
mit vielen grellen Flecken übersät.
Und wachsend wird der Abend alt und spät.
Und Nächte fallen dann in großen Stücken
auf ihre Hände und auf ihren Rücken,
der wankend sich mit schwarzer Last belädt.
Sie warten lange. Ihre Schultern schwanken
unter dem Drucke wie ein dunkles Meer,
sie sitzen, wie versunken in Gedanken,
und sind doch leer.
Was stützen sie die Stirnen?
Ihre Gehirne denken irgendwo
tief in der Erde, eingefallen, faltig:
Die ganze alte Erde denkt gewaltig,
und ihre großen Bäume rauschen so.

Allschauender, gedenkst du dieses bleichen
und bangen Bildes, das nicht seinesgleichen
unter den Bildern deines Willens hat?
Hast du nicht Angst vor dieser stummen Stadt,
die, an dir hangend wie ein welkes Blatt,
sich heben will zu deines Zornes Zeichen?
O, greife allen Tagen in die Speichen,
dass sie zu bald nicht diesem Ende nahen, –
vielleicht gelingt es dir noch auszuweichen
dem großen Schweigen, das wir beide sahen.
Vielleicht kannst du noch einen aus uns heben,
der diesem fürchterlichen Wiederleben
den Sinn, die Sehnsucht und die Seele nimmt,
einen, der bis in seinen Grund ergrimmt
und dennoch froh, durch alle Dinge schwimmt,
der Kräfte unbekümmerter Verbraucher,
der sich auf allen Saiten geigt
und unversehrt als unerkannter Taucher

in alle Tode niedersteigt.
… Oder, wie hoffst du diesen Tag zu tragen,
der länger ist als aller Tage Längen,
mit seines Schweigens schrecklichen Gesängen,
wenn dann die Engel dich, wie lauter Fragen,
mit ihrem schauerlichen Flügelschlagen
umdrängen?
Sieh, wie sie zitternd in den Schwingen hängen
und dir mit hunderttausend Augen klagen,
und ihres sanften Liedes Stimmen wagen
sich aus den vielen wirren Übergängen
nicht mehr zu heben zu den klaren Klängen.
Und wenn die Greise mit den breiten Bärten,
die dich berieten bei den besten Siegen,
nur leise ihre weißen Häupter wiegen,
und wenn die Frauen, die den Sohn dir nährten,
und die von ihm Verführten, die Gefährten,
und alle Jungfraun, die sich ihm gewährten:
die lichten Birken deiner dunklen Gärten, –
wer soll dir helfen, wenn sie alle schwiegen?

Und nur dein Sohn erhübe sich unter denen,
welche sitzen um deinen Thron.
Grübe sich deine Stimme dann in sein Herz?
Sagte dein einsamer Schmerz dann:
Sohn!
Suchtest du dann das Angesicht
dessen, der das Gericht gerufen,
dein Gericht und deinen Thron:
Sohn!
Hießest du, Vater, dann deinen Erben,
leise begleitet von Magdalenen,
niedersteigen zu jenen,
die sich sehnen, wieder zu sterben?

Das wäre dein letzter Königserlass,
die letzte Huld und der letzte Hass.
Aber dann käme Alles zu Ruh:
der Himmel und das Gericht und du.
Alle Gewänder des Rätsels der Welt,
das sich so lange verschleiert hält,
fallen mit dieser Spange.
… Doch mir ist bange …

Allschauender, sieh, wie mir bange ist,
miss meine Qual!

Mir ist bange, dass du schon lange vergangen bist.
Als du zum ersten Mal
in deinem Alleserfassen
das Bild dieses blassen
Gerichtes sahst,
dem du dich hilflos nahst, Allschauender.
Bist du damals entflohn?
Wohin?
Vertrauender
kann keiner dir kommen
als ich,
der ich dich
nicht um Lohn
verraten will wie alle die Frommen.
Ich will nur, weil ich verborgen bin
und müde wie du, noch müder vielleicht,
und weil meine Angst vor dem großen Gericht
deiner gleicht,
will ich mich dicht,
Gesicht bei Gesicht,
an dich heften;
mit einigen Kräften
werden wir wehren dem großen Rade,
über welches die mächtigen Wasser gehn,
die rauschen und schnauben –
denn: wehe, sie werden auferstehn.
So ist ihr Glauben: groß und ohne Gnade.

### Karl der zwölfte von Schweden reitet in der Ukraine

*Könige in Legenden*
sind wie Berge im Abend. Blenden
jeden, zu dem sie sich wenden.
Die Gürtel um ihre Lenden
und die lastenden Mantelenden
sind Länder und Leben wert.
Mit den reichgekleideten Händen
geht, schlank und nackt, das Schwert.

Ein junger König aus Norden war
in der Ukraine geschlagen.
Der hasste Frühling und Frauenhaar
und die Harfen und was sie sagen.
Der ritt auf einem grauen Pferd,

sein Auge schaute grau
und hatte niemals Glanz begehrt
zu Füßen einer Frau.
Keine war seinem Blicke blond,
keine hat küssen ihn gekonnt;
und wenn er zornig war,
so riss er einen Perlenmond
aus wunderschönem Haar.
Und wenn ihn Trauer überkam,
so machte er ein Mädchen zahm
und forschte, wessen Ring sie nahm
und wem sie ihren bot –
und: hetzte ihr den Bräutigam
mit hundert Hunden tot.

Und er verließ sein graues Land,
das ohne Stimme war,
und ritt in einen Widerstand
und kämpfte um Gefahr,
bis ihn das Wunder überwand:
wie träumend ging ihm seine Hand
von Eisenband zu Eisenband
und war kein Schwert darin;
er war zum Schauen aufgewacht:
es schmeichelte die schöne Schlacht
um seinen Eigensinn.
Er saß zu Pferde: ihm entging
keine Gebärde rings.
Auf Silber sprach jetzt Ring zu Ring,
und Stimme war in jedem Ding,
und wie in vielen Glocken hing
die Seele jedes Dings.
Und auch der Wind war anders groß,
der in die Fahnen sprang,
schlank wie ein Panther, atemlos
und taumelnd vom Trompetenstoß,
der lachend mit ihm rang.
Und manchmal griff der Wind hinab:
da ging ein Blutender, – ein Knab,
welcher die Trommel schlug;
er trug sie immer auf und ab
und trug sie wie sein Herz ins Grab
vor seinem toten Zug.
Da wurde mancher Berg geballt,

als wär die Erde noch nicht alt
und baute sich erst auf;
bald stand das Eisen wie Basalt,
bald schwankte wie ein Abendwald
mit breiter steigender Gestalt
der großbewegte Hauf.
Es dampfte dumpf die Dunkelheit,
was dunkelte war nicht die Zeit, –
und alles wurde grau,
aber schon fiel ein neues Scheit,
und wieder ward die Flamme breit
und festlich angefacht.
Sie griffen an: in fremder Tracht
ein Schwarm phantastischer Provinzen;
wie alles Eisen plötzlich lacht:
von einem silberlichten Prinzen
erschimmerte die Abendschlacht.
Die Fahnen flatterten wie Freuden,
und alle hatten königlich
in ihren Gesten ein Vergeuden, –
an fernen flammenden Gebäuden
entzündeten die Sterne sich …

Und Nacht war. Und die Schlacht trat sachte
zurück wie ein sehr müdes Meer,
das viele fremde Tote brachte,
und alle Toten waren schwer.
Vorsichtig ging das graue Pferd
(von großen Fäusten abgewehrt)
durch Männer, welche fremd verstarben,
und trat auf flaches, schwarzes Gras.
Der auf dem grauen Pferde saß,
sah unten auf den feuchten Farben
viel Silber wie zerschelltes Glas.
Sah Eisen welken, Helme trinken
und Schwerter stehn in Panzernaht,
sterbende Hände sah er winken
mit einem Fetzen von Brokat...
Und sah es nicht.

Und ritt dem Lärme
der Feldschlacht nach, als ob er schwärme,
mit seinen Wangen voller Wärme
und mit den Augen von Verliebten …

## Der Sohn

Mein Vater war ein verbannter
König von überm Meer.
Ihm kam einmal ein Gesandter:
sein Mantel war ein Panther,
und sein Schwert war schwer.

Mein Vater war wie immer
ohne Helm und Hermelin;
es dunkelte das Zimmer
wie immer arm um ihn.
Es zitterten seine Hände
und waren blass und leer, –
in bilderlose Wände
blicklos schaute er.

Die Mutter ging im Garten
und wandelte weiß im Grün,
und wollte den Wind erwarten
vor dem Abendglühn.
Ich träumte, sie würde mich rufen,
aber sie ging allein, –
ließ mich vom Rande der Stufen
horchen verhallenden Hufen
und ins Haus hinein:

Vater! Der fremde Gesandte ...?
Der reitet wieder im Wind ...
Was wollte der? Er erkannte
dein blondes Haar, mein Kind.
Vater! Wie war er gekleidet!
Wie der Mantel von ihm floss!
Geschmiedet und geschmeidet
war Schulter, Brust und Ross.
Er war eine Stimme im Stahle,
er war ein Mann aus Nacht, –
aber er hat eine schmale
Krone mitgebracht.
Sie klang bei jedem Schritte
an sein sehr schweres Schwert,
die Perle in ihrer Mitte
ist viele Leben wert.
Vom zornigen Ergreifen
verbogen ist der Reifen,
der oft gefallen war:

es ist eine Kinderkrone, –
denn Könige sind ohne;
– gib sie meinem Haar!
Ich will sie manchmal tragen
in Nächten, blass vor Scham.
Und will dir, Vater, sagen,
woher der Gesandte kam.
Was dort die Dinge gelten,
ob steinern steht die Stadt,
oder ob man in Zelten
mich erwartet hat.

Mein Vater war ein Gekränkter
und kannte nur wenig Ruh.
Er hörte mir mit verhängter
Stirne nächtelang zu.
Mir lag im Haar der Ring.
Und ich sprach ganz nahe und sachte,
dass die Mutter nicht erwachte, –
die an dasselbe dachte,
wenn sie, ganz weiß gelassen,
vor abendlichen Massen
durch dunkle Garten ging.

... So wurden wir verträumte Geiger,
die leise aus den Türen treten,
um auszuschauen, eh sie beten,
ob nicht ein Nachbar sie belauscht.
Die erst, wenn alle sich zerstreuten,
hinter dem letzten Abendläuten,
die Lieder spielen, hinter denen
(wie Wald im Wind hinter Fontänen)
der dunkle Geigenkasten rauscht.
Denn dann nur sind die Stimmen gut,
wenn Schweigsamkeiten sie begleiten,
wenn hinter dem Gespräch der Saiten
Geräusche bleiben wie von Blut;
und bang und sinnlos sind die Zeiten,
wenn hinter ihren Eitelkeiten
nicht etwas waltet, welches ruht.

Geduld: es kreist der leise Zeiger,
und was verheißen ward, wird sein:
Wir sind die Flüstrer vor dem Schweiger,
wir sind die Wiesen vor dem Hain;

in ihnen geht noch dunkles Summen –
(viel Stimmen sind und doch kein Chor)
und sie bereiten auf die stummen
tiefen heiligen Haine vor …

## Die Zaren – Ein Gedicht-Kreis

*1.*

Das war in Tagen, da die Berge kamen:
die Bäume bäumten sich, die noch nicht zahmen,
und rauschend in die Rüstung stieg der Strom.
Zwei fremde Pilger riefen einen Namen,
und aufgewacht aus seinem langen Lahmen
war Ilija, der Riese von Murom.

Die alten Eltern brachen in den Äckern
an Steinen ab und an dem wilden Wuchs;
da kam der Sohn, ganz groß, von seinen Weckern
und zwang die Furchen in die Furcht des Pflugs.
Er hob die Stämme, die wie Streiter standen,
und lachte ihres wankenden Gewichts,
und aufgestört wie schwarze Schlangen wanden
die Wurzeln, welche nur das Dunkel kannten,
sich in dem breiten Griff des Lichts.

Es stärkte sich im frühen Tau die Mähre,
in deren Adern Kraft und Adel schlief;
sie reifte unter ihres Reiters Schwere,
ihr Wiehern war wie eine Stimme tief, –
und beide fühlten, wie das Ungefähre
sie mit verheißenden Gefahren rief.

Und reiten, reiten … vielleicht tausend Jahre.
Wer zählt die Zeit, wenn einmal Einer will.
(Vielleicht saß er auch tausend Jahre still.)
Das Wirkliche ist wie das Wunderbare:
es misst die Welt mit eigenmächtigen Maßen;
Jahrtausende sind ihm zu jung.

Weit schreiten werden, welche lange saßen
in ihrer tiefen Dämmerung.

*2.*

Noch drohen große Vögel allenthalben,
und Drachen glühn und hüten überall
der Wälder Wunder und der Schluchten Fall;
und Knaben wachsen an, und Männer salben

sich zu dem Kampfe mit der Nachtigall,

die oben in den Kronen von neun Eichen
sich lagert wie ein tausendfaches Tier,
und abends geht ein Schreien ohnegleichen,
ein schreiendes Bis-an-das-Ende-Reichen,
und geht die ganze Nacht lang aus von ihr;

die Frühlingsnacht, die schrecklicher als alles
und schwerer war und banger zu bestehn:
ringsum kein Zeichen eines Überfalles
und dennoch alles voller Übergehn,
hinwerfend sich und Stück für Stück sich gebend,
ja jenes Etwas, welches um sich griff;
anrufend noch, am ganzen Leibe bebend
und darin untergehend wie ein Schiff.

Das waren Überstarke, die da blieben,
von diesem Riesigen nicht aufgerieben,
das aus den Kehlen wie aus Kratern brach;
sie dauerten, und alternd nach und nach
begriffen sie die Bangnis der Aprile,
und ihre ruhigen Hände hielten viele
und führten sie durch Furcht und Ungemach
zu Tagen, da sie froher und gesünder
die Mauern bauten um die Städtegründer,
die über allem gut und kundig saßen.

Und schließlich kamen auf den ersten Straßen
aus Höhlen und verhassten Hinterhalten
die Tiere, die für unerbittlich galten.
Sie stiegen still aus ihren Übermaßen
(beschämte und veraltete Gewalten)
und legten sich gehorsam vor die Alten.

### 3.

Seine Diener füttern mit mehr und mehr
ein Rudel von jenen wilden Gerüchten,
die auch noch Er sind, alles noch Er.

Seine Günstlinge flüchten vor ihm her.

Und seine Frauen flüstern und stiften
Bünde. Und er hört sie ganz innen
in ihren Gemächern mit Dienerinnen,
die sich scheu umsehn, sprechen von Giften.

Alle Wände sind hohl von Schränken und Fächern,
Mörder ducken unter den Dächern

und spielen Mönche mit viel Geschick.

Und er hat nichts als einen Blick
dann und wann; als den leisen
Schritt auf den Treppen die kreisen;
nichts als das Eisen an seinem Stock.

Nichts als den dürftigen Büßerrock
(durch den die Kälte aus den Fliesen
an ihm hinaufkriecht wie mit Krallen)
nichts, was er zu rufen wagt,
nichts als die Angst vor allen diesen,
nichts als die tägliche Angst vor Allen,
die ihn jagt durch diese gejagten
Gesichter, an dunklen ungefragten
vielleicht schuldigen Händen entlang.

Manchmal packt er Einen im Gang
grade noch an des Mantels Falten,
und er zerrt ihn zornig her;
aber im Fenster weiß er nicht mehr:
wer ist Haltender? Wer ist gehalten?
Wer bin ich und wer ist der?

*4.*

Es ist die Stunde, da das Reich sich eitel
in seines Glanzes vielen Spiegeln sieht.

Der blasse Zar, des Stammes letztes Glied,
träumt auf dem Thron, davor das Fest geschieht,
und leise zittert sein beschämter Scheitel
und seine Hand, die vor den Purpurlehnen
mit einem unbestimmten Sehnen
ins wirre Ungewisse flieht.

Und um sein Schweigen neigen sich Bojaren
in blanken Panzern und in Pantherfellen,
wie viele fremde fürstliche Gefahren,
die ihn mit stummer Ungeduld umstellen.
Tief in den Saal schlägt ihre Ehrfurcht Wellen.

Und sie gedenken eines andern Zaren,
der oft mit Worten, die aus Wahnsinn waren,
ihnen die Stirnen an die Steine stieß.
Und denken also weiter: jener ließ
nicht so viel Raum, wenn er zu Throne saß,
auf dem verwelkten Samt des Kissens leer.

Er war der Dinge dunkles Maß,

und die Bojaren wussten lang nicht mehr,
dass rot der Sitz des Sessels sei, so schwer
lag sein Gewand und wurde golden breit.

Und weiter denken sie: das Kaiserkleid
schläft auf den Schultern dieses Knaben ein.
Obgleich im ganzen Saal die Fackeln flacken,
sind bleich die Perlen, die in sieben Reihn,
wie weiße Kinder, knien um seinen Nacken,
und die Rubine an den Ärmelzacken,
die einst Pokale waren, klar von Wein,
sind schwarz wie Schlacken –

Und ihr Denken schwillt.

Es drängt sich heftig an den blassen Kaiser,
auf dessen Haupt die Krone immer leiser
und dem der Wille immer fremder wird;
er lächelt. Lauter prüfen ihn die Preiser,
ihr Neigen nähert sich, sie schmeicheln heiser. –
und eine Klinge hat im Traum geklirrt.

### 5.

Der blasse Zar wird nicht am Schwerte sterben,
die fremde Sehnsucht macht ihn sakrosankt;
er wird die feierlichen Reiche erben,
an denen seine sanfte Seele krankt.

Schon jetzt, hintretend an ein Kremlfenster,
sieht er ein Moskau, weißer, unbegrenzter,
in seine endlich fertige Nacht gewebt;
so wie es ist im ersten Frühlingswirken,
wenn in den Gassen der Geruch aus Birken
von lauter Morgenglocken bebt.

Die großen Glocken, die so herrisch lauten,
sind seine Väter, jene ersten Zaren,
die sich noch vor den Tagen der Tataren
aus Sagen, Abenteuern und Gefahren,
aus Zorn und Demut zögernd auferbauten.

Und er begreift auf einmal, wer sie waren,
und dass sie oft um ihres Dunkels Sinn
in seine eignen Tiefen niedertauchten
und ihn, den Leisesten von den Erlauchten,
in ihren Taten groß und fromm verbrauchten
schon lang vor seinem Anbeginn.

Und eine Dankbarkeit kommt über ihn,

dass sie ihn so verschwenderisch vergeben
an aller Dinge Durst und Drang.
Er war die Kraft zu ihrem Überschwang,
der goldne Grund, vor dem ihr breites Leben
geheimnisvoll zu dunkeln schien.

In allen ihren Werken schaut er sich,
wie eingelegtes Silber in Zierraten,
und es gibt keine Tat in ihren Taten,
die nicht auch war in seinen stillen Staaten,
in denen alles Handelns Rot verblich.

### 6.

Noch immer schauen in den Silberplatten
wie tiefe Frauenaugen die Saphire,
Goldranken schlingen sich wie schlanke Tiere,
die sich im Glanze ihrer Brünste gatten,
und sanfte Perlen warten in dem Schatten
wilder Gebilde, dass ein Schimmer ihre
stillen Gesichter finde und verliere.
Und das ist Mantel, Strahlenkranz und Land,
und ein Bewegen geht von Rand zu Rand,
wie Korn im Wind und wie ein Fluss im Tale,
so glänzt es wechselnd durch die Rahmenwand.

In ihrer Sonne dunkeln drei Ovale:
das große gibt dem Mutterantlitz Raum,
und rechts und links hebt eine mandelschmale
Jungfrauenhand sich aus dem Silbersaum.
Die beiden Hände, seltsam still und braun,
verkünden, dass im köstlichen Ikone
die Königliche wie im Kloster wohne,
die überfließen wird von jenem Sohne,
von jenem Tropfen, drinnen wolkenohne
die niegehofften Himmel blaun.

Die Hände zeugen noch dafür;
aber das Antlitz ist wie eine Tür
in warme Dämmerungen aufgegangen,
in die das Lächeln von den Gnadenwangen
mit seinem Lichte irrend, sich verlor.
Da neigt sich tief der Zar davor und spricht:

Fühltest Du nicht, wie sehr wir in Dich drangen
mit allem Fühlen, Fürchten und Verlangen:
wir warten auf Dein liebes Angesicht,
das uns vergangen ist; wohin vergangen?:

Den großen Heiligen vergeht es nicht.

Er bebte tief in seinem steifen Kleid,
das strahlend stand. Er wusste nicht, wie weit
er schon von allem war, und ihrem Segnen
wie selig nah in seiner Einsamkeit.

Noch sinnt und sinnt der blasse Gossudar.
Und sein Gesicht, das unterm kranken Haar
schon lange tief und wie im Fortgehn war,
verging, wie jenes in dem Goldovale,
in seinem großen goldenen Talar.

(Um ihrem Angesichte zu begegnen.)

Zwei Goldgewänder schimmerten im Saale

### Der Sänger singt vor einem Fürstenkind
Dem Andenken von Paula Becker-Modersohn

Du blasses Kind, an jedem Abend soll
der Sänger dunkel stehn bei deinen Dingen
und soll dir Sagen, die im Blute klingen,
über die Brücke seiner Stimme bringen
und eine Harfe, seiner Hände voll.

Nicht aus der Zeit ist, was er dir erzählt,
gehoben ist es wie aus Wandgeweben;
solche Gestalten hat es nie gegeben, –
und Niegewesenes nennt er das Leben.
Und heute hat er diesen Sang erwählt:

Du blondes Kind von Fürsten und aus Frauen,
die einsam warteten im weißen Saal, –
fast alle waren bang, dich aufzubauen,
um aus den Bildern einst auf dich zu schauen:
auf deine Augen mit den ernsten Brauen,
auf deine Hände, hell und schmal.

Du hast von ihnen Perlen und Türkisen,
von diesen Frauen, die in Bildern stehn
als stünden sie allein in Abendwiesen, –
du hast von ihnen Perlen und Türkisen
und Ringe mit verdunkelten Devisen
und Seiden, welche welke Düfte wehn.

Du trägst die Gemmen ihrer Gürtelbänder
ans hohe Fenster in den Glanz der Stunden,
und in die Seide sanfter Brautgewänder
sind deine kleinen Bücher eingebunden,

und drinnen hast du, mächtig über Länder,
ganz groß geschrieben und mit reichen, runden
Buchstaben deinen Namen vorgefunden.
Und alles ist, als wär es schon geschehn.
Sie haben so, als ob du nicht mehr kämst,
an alle Becher ihren Mund gesetzt,
zu allen Freuden ihr Gefühl gehetzt
und keinem Leide leidlos zugesehn;
so dass du jetzt
stehst und dich schämst.
... Du blasses Kind, dein Leben ist auch eines, –
der Sänger kommt dir sagen, dass du bist.
Und dass du mehr bist als ein Traum des Haines,
mehr als die Seligkeit des Sonnenscheines,
den mancher graue Tag vergisst.
Dein Leben ist so unaussprechlich Deines,
weil es von vielen überladen ist.

Empfindest du, wie die Vergangenheiten
leicht werden, wenn du eine Weile lebst,
wie sie dich sanft auf Wunder vorbereiten,
jedes Gefühl mit Bildern dir begleiten, –
und nur ein Zeichen scheinen ganze Zeiten
für eine Geste, die du schön erhebst. –

Das ist der Sinn von allem, was einst war,
dass es nicht bleibt mit seiner ganzen Schwere,
dass es zu unserm Wesen wiederkehre,
in uns verwoben, tief und wunderbar:

So waren diese Frauen elfenbeinern,
von vielen Rosen rötlich angeschienen,
so dunkelten die müden Königsmienen,
so wurden fahle Fürstenmunde steinern
und unbewegt von Waisen und von Weinern,
so klangen Knaben an wie Violinen
und starben für der Frauen schweres Haar;
so gingen Jungfraun der Madonna dienen,
denen die Welt verworren war.
So wurden Lauten laut und Mandolinen,
in die ein Unbekannter größer griff, –
in warmen Samt verlief der Dolche Schliff, –
Schicksale bauten sich aus Glück und Glauben,
Abschiede schluchzten auf in Abendlauben, –
und über hundert schwarzen Eisenhauben

schwanke die Feldschlacht wie ein Schiff.
So wurden Städte langsam groß und fielen
in sich zurück wie Wellen eines Meeres,
so drängte sich zu hochbelohnten Zielen
die rasche Vogelkraft des Eisenspeeres,
so schmückten Kinder sich zu Gartenspielen, –
und so geschah Unwichtiges und Schweres,
nur, um für dieses tägliche Erleben
dir tausend große Gleichnisse zu geben,
an denen du gewaltig wachsen kannst.

Vergangenheiten sind dir eingepflanzt,
um sich aus dir, wie Gärten, zu erheben.

Du blasses Kind, du machst den Sänger reich
mit deinem Schicksal, das sich singen lässt:
so spiegelt sich ein großes Gartenfest
mit vielen Lichtern im erstaunten Teich.
Im dunklen Dichter wiederholt sich still
ein jedes Ding: ein Stern, ein Haus, ein Wald.
Und viele Dinge, die er feiern will,
umstehen deine rührende Gestalt.

### Die aus dem Hause Colonna

Ihr fremden Männer, die ihr jetzt so still
in Bildern steht, ihr saßet gut zu Pferde
und ungeduldig gingt ihr durch das Haus;
wie ein schöner Hund, mit derselben Gebärde
ruhn eure Hände jetzt bei euch aus.

Euer Gesicht ist so voll von Schauen,
denn die Welt war euch Bild und Bild;
aus Waffen, Fahnen, Früchten und Frauen
quillt euch dieses große Vertrauen,
dass alles ist und dass alles gilt.

Aber damals, als ihr noch zu jung
wart, die großen Schlachten zu schlagen,
zu jung, um den päpstlichen Purpur zu tragen,
nicht immer glücklich bei Reiten und Jagen,
Knaben noch, die sich den Frauen versagen,
habt ihr aus jenen Knabentagen
keine, nicht eine Erinnerung?
Wisst ihr nicht mehr, was damals war?

Damals war der Altar

mit dem Bilde, auf dem Maria gebar,
in dem einsamen Seitenschiff.
Euch ergriff
eine Blumenranke;
der Gedanke,
dass die Fontäne allein
draußen im Garten in Mondenschein
ihre Wasser warf,
war wie eine Welt.

Das Fenster ging bis zu den Füßen auf wie eine Tür;
und es war Park mit Wiesen und Wegen:
seltsam nah und doch so entlegen,
seltsam hell und doch wie verborgen,
und die Brunnen rauschten wie Regen,
und es war, als käme kein Morgen
dieser langen Nacht entgegen,
die mit allen Sternen stand.

Damals wuchs euch, Knaben, die Hand,
die warm war. (Ihr aber wusstet es nicht.)
Damals breitete euer Gesicht sich aus.


## Des zweiten Buches Zweiter Teil

### Fragmente aus verlorenen Tagen

… Wie Vögel, welche sich gewöhnt ans Gehn
und immer schwerer werden, wie im Fallen:
die Erde saugt aus ihren langen Krallen
die mutige Erinnerung von allen
den großen Dingen, welche hoch geschehn,
und macht sie fast zu Blättern, die sich dicht
am Boden halten, –
wie Gewächse, die,
kaum aufwärts wachsend, in die Erde kriechen,
in schwarzen Schollen unlebendig licht
und weich und feucht versinken und versiechen, –
wie irre Kinder, – wie ein Angesicht
in einem Sarg, – wie frohe Hände, welche
unschlüssig werden, weil im vollen Kelche
sich Dinge spiegeln, die nicht nahe sind, –
wie Hilferufe, die im Abendwind

begegnen vielen dunklen großen Glocken, –
wie Zimmerblumen, die seit Tagen trocken,
wie Gassen, die verrufen sind, – wie Locken,
darinnen Edelsteine blind geworden sind, –
wie Morgen im April
vor allen vielen Fenstern des Spitales:
die Kranken drängen sich am Saum des Saales
und schaun: die Gnade eines frühen Strahles
macht alle Gassen frühlinglich und weit;
sie sehen nur die helle Herrlichkeit,
welche die Häuser jung und lachend macht,
und wissen nicht, dass schon die ganze Nacht
ein Sturm die Kleider von den Himmeln reißt,
ein Sturm von Wassern, wo die Welt noch eist,
ein Sturm, der jetzt noch durch die Gassen braust
und der den Dingen alle Bürde
von ihren Schultern nimmt, –
dass etwas draußen groß ist und ergrimmt,
dass draußen die Gewalt geht, eine Faust,
die jeden von den Kranken würgen würde
inmitten dieses Glanzes, dem sie glauben. –
...... Wie lange Nächte in verwelkten Lauben,
die schon zerrissen sind auf allen Seiten
und viel zu weit, um noch mit einem zweiten,
den man sehr liebt, zusammen drin zu weinen, –
wie nackte Mädchen, kommend über Steine,
wie Trunkene in einem Birkenhaine, –
wie Worte, welche nichts Bestimmtes meinen
und dennoch gehn, ins Ohr hineingehn, weiter
ins Hirn und heimlich auf der Nervenleiter
durch alle Glieder Sprung um Sprung versuchen, –
wie Greise, welche ihr Geschlecht verfluchen
und dann versterben, so dass keiner je
abwenden könnte das verhängte Weh,
wie volle Rosen, künstlich aufgezogen
im blauen Treibhaus, wo die Lüfte logen,
und dann vom Übermut in großem Bogen
hinausgestreut in den verwehten Schnee, –
wie eine Erde, die nicht kreisen kann,
weil zuviel Tote ihr Gefühl beschweren,
wie ein erschlagener verscharrter Mann,
dem sich die Hände gegen Wurzeln wehren, –
wie eine von den hohen, schlanken, roten
Hochsommerblumen, welche unerlöst

ganz plötzlich stirbt im Lieblingswind der Wiesen,
weil ihre Wurzel unten an Türkisen
im Ohrgehänge einer Toten
stößt …

Und mancher Tage Stunden waren so.
Als formte wer mein Abbild irgendwo,
um es mit Nadeln langsam zu misshandeln.
Ich spürte jede Spitze seiner Spiele,
und war, als ob ein Regen auf mich fiele,
in welchem alle Dinge sich verwandeln.

### Die Stimmen
*Neun Blätter mit einem Titelblatt*

*Titelblatt*

Die Reichen und Glücklichen haben gut schweigen,
niemand will wissen was sie sind.
Aber die Dürftigen müssen sich zeigen,
müssen sagen: ich bin blind
oder: ich bin im Begriff es zu werden
oder: es geht mir nicht gut auf Erden
oder: ich habe ein krankes Kind
oder: da bin ich zusammengefügt...

Und vielleicht, dass das gar nicht genügt.

Und weil alle sonst, wie an Dingen,
an ihnen vorbeigehn, müssen sie singen.

Und da hört man noch guten Gesang.

Freilich die Menschen sind seltsam; sie hören
lieber Kastraten in Knabenchören.

Aber Gott selber kommt und bleibt lang
wenn ihn diese Beschnittenen stören.

*Das Lied des Bettlers*

Ich gehe immer von Tor zu Tor,
verregnet und verbrannt;
auf einmal leg ich mein rechtes Ohr
in meine rechte Hand.
Dann kommt mir meine Stimme vor
als hätt ich sie nie gekannt.
Dann weiß ich nicht sicher wer da schreit,

ich oder irgendwer.
Ich schreie um eine Kleinigkeit.
Die Dichter schrein um mehr.

Und endlich mach ich noch mein Gesicht
mit beiden Augen zu;
wie's dann in der Hand liegt mit seinem Gewicht
sieht es fast aus wie Ruh.
Damit sie nicht meinen ich hätte nicht,
wohin ich mein Haupt tu.

### Das Lied des Blinden

Ich bin blind, ihr draußen, das ist ein Fluch,
ein Widerwillen, ein Widerspruch,
etwas täglich Schweres.
Ich leg meine Hand auf den Arm der Frau,
meine graue Hand auf ihr graues Grau,
und sie führt mich durch lauter Leeres.

Ihr rührt euch und rückt und bildet euch ein
anders zu klingen als Stein auf Stein,
aber ihr irrt euch: ich allein
lebe und leide und lärme.
In mir ist ein endloses Schrein
und ich weiß nicht, schreit mir mein
Herz oder meine Gedärme.

Erkennt ihr die Lieder? Ihr sanget sie nicht
nicht ganz in dieser Betonung.
Euch kommt jeden Morgen das neue Licht
warm in die offene Wohnung.
Und ihr habt ein Gefühl von Gesicht zu Gesicht
und das verleitet zur Schonung.

### Das Lied des Trinkers

Es war nicht in mir. Es ging aus und ein.
Da wollt ich es halten. Da hielt es der Wein.
(Ich weiß nicht mehr was es war.)
Dann hielt er mir jenes und hielt mir dies
bis ich mich ganz auf ihn verließ.
Ich Narr.

Jetzt bin ich in seinem Spiel und er streut
mich verächtlich herum und verliert mich noch heut
an dieses Vieh, an den Tod.
Wenn der mich, schmutzige Karte, gewinnt,

130

so kratzt er mit mir seinen grauen Grind
und wirft mich fort in den Kot.

### Das Lied des Selbstmörders

Also noch einen Augenblick.
Dass sie mir immer wieder den Strick
zerschneiden.
Neulich war ich so gut bereit
und es war schon ein wenig Ewigkeit
in meinen Eingeweiden.

Halten sie mir den Löffel her,
diesen Löffel Leben.
Nein ich will und ich will nicht mehr,
lasst mich mich übergeben.

Ich weiß das Leben ist gar und gut
und die Welt ist ein voller Topf,
aber mir geht es nicht ins Blut,
mir steigt es nur zu Kopf.

Andere nährt es, mich macht es krank;
begreift, dass man's verschmäht.
Mindestens ein Jahrtausend lang
brauch ich jetzt Diät.

### Das Lied der Witwe

Am Anfang war mir das Leben gut.
Es hielt mich warm, es machte mir Mut
Dass es das allen Jungen tut,
wie konnt ich das damals wissen.
Ich wusste nicht, was das Leben war –,
auf einmal war es nur Jahr und Jahr,
nicht mehr gut, nicht mehr neu, nicht mehr wunderbar,
wie mitten entzwei gerissen.

Das war nicht seine, nicht meine Schuld;
wir hatten beide nichts als Geduld,
aber der Tod hat keine.
Ich sah ihn kommen (wie schlecht er kam),
und ich schaute ihm zu wie er nahm und nahm:
es war ja gar nicht das Meine.

Was war denn das Meine; Meines, Mein?
War mir nicht selbst mein Elendsein
nur vom Schicksal geliehn?

Das Schicksal will nicht nur das Glück,
es will die Pein und das Schrein zurück
und es kauft für alt den Ruin.
Das Schicksal war da und erwarb für ein Nichts
jeden Ausdruck meines Gesichts
bis auf die Art zu gehn.
Das war ein täglicher Ausverkauf
und als ich leer war, gab es mich auf
und ließ mich offen stehn.

*Das Lied des Idioten*

Sie hindern mich nicht. Sie lassen mich gehn.
Sie sagen es könne nichts geschehn.
Wie gut.
Es kann nichts geschehn. Alles kommt und kreist
immerfort um den heiligen Geist,
um den gewissen Geist (du weißt) –,
wie gut.
Nein man muss wirklich nicht meinen es sei
irgend eine Gefahr dabei.
Da ist freilich das Blut.
Das Blut ist das Schwerste. Das Blut ist schwer.
Manchmal glaub ich, ich kann nicht mehr –.
(Wie gut.)
Ah was ist das für ein schöner Ball;
rot und rund wie ein Überall.
Gut, dass ihr ihn erschuft.
Ob der wohl kommt wenn man ruft?
Wie sich das alles seltsam benimmt,
ineinandertreibt, auseinanderschwimmt:
freundlich, ein wenig unbestimmt.
Wie gut.

*Das Lied der Waise*

Ich bin Niemand und werde auch Niemand sein.
Jetzt bin ich ja zum Sein noch zu klein;
aber auch später.

Mütter und Väter,
erbarmt euch mein.

Zwar es lohnt nicht des Pflegens Müh:
ich werde doch gemäht.

Mich kann keiner brauchen: jetzt ist es zu früh
und morgen ist es zu spät.

Ich habe nur dieses eine Kleid,
es wird dünn und es verbleicht,
aber es hält eine Ewigkeit
auch noch vor Gott vielleicht.

Ich habe nur dieses bisschen Haar
(immer dasselbe blieb),
das einmal Eines Liebstes war.

Nun hat er nichts mehr lieb.

### Das Lied des Zwerges

Meine Seele ist vielleicht grad und gut;
aber mein Herz, mein verbogenes Blut,
alles das, was mir wehe tut,
kann sie nicht aufrecht tragen.
Sie hat keinen Garten, sie hat kein Bett,
sie hängt an meinem scharfen Skelett
mit entsetztem Flügelschlagen.

Aus meinen Händen wird auch nichts mehr.
Wie verkümmert sie sind: sieh her:
zähe hüpfen sie, feucht und schwer,
wie kleine Kröten nach Regen.
Und das Andre an mir ist
abgetragen und alt und trist;
warum zögert Gott, auf den Mist
alles das hinzulegen.

Ob er mir zürnt für mein Gesicht
mit dem mürrischen Munde?
Es war ja so oft bereit, ganz licht
und klar zu werden im Grunde;
aber nichts kam ihm je so dicht
wie die großen Hunde.
Und die Hunde haben das nicht.

### Das Lied des Aussätzigen

Sieh ich bin einer, den alles verlassen hat.
Keiner weiß in der Stadt von mir,
Aussatz hat mich befallen.
Und ich schlage mein Klapperwerk,
klopfe mein trauriges Augenmerk
in die Ohren allen

die nahe vorübergehn.
Und die es hölzern hören, sehn
erst gar nicht her, und was hier geschehn
wollen sie nicht erfahren.

Soweit der Klang meiner Klapper reicht
bin ich zuhause; aber vielleicht
machst Du meine Klapper so laut,
dass sich keiner in meine Ferne traut
der mir jetzt aus der Nähe weicht.
So dass ich sehr lange gehen kann
ohne Mädchen, Frau oder Mann
oder Kind zu entdecken.

Tiere will ich nicht schrecken.

Ende des Gedicht-Kreises »Die Stimmen«

### Von den Fontänen

Auf einmal weiß ich viel von den Fontänen,
den unbegreiflichen Bäumen aus Glas.
Ich könnte reden wie von eignen Tränen,
die ich, ergriffen von sehr großen Träumen,
einmal vergeudete und dann vergaß.

Vergaß ich denn, dass Himmel Hände reichen
zu vielen Dingen und in das Gedränge?
Sah ich nicht immer Großheit ohnegleichen
im Aufstieg alter Parke, vor den weichen
erwartungsvollen Abenden, – in bleichen
aus fremden Mädchen steigenden Gesängen,
die überfließen aus der Melodie
und wirklich werden und als müssten sie
sich spiegeln in den aufgetanen Teichen?

Ich muss mich nur erinnern an das alles,
was an Fontänen und an mir geschah, –
dann fühl ich auch die Last des Niederfalles,
in welcher ich die Wasser wiedersah:
Und weiß von Zweigen, die sich abwärts wandten,
von Stimmen, die mit kleiner Flamme brannten,
von Teichen, welche nur die Uferkanten
schwachsinnig und verschoben wiederholten,
von Abendhimmeln, welche von verkohlten
westlichen Wäldern ganz entfremdet traten
sich anders wölbten, dunkelten und taten
als wär das nicht die Welt, die sie gemeint ...

Vergaß ich denn, dass Stern bei Stern versteint
und sich verschließt gegen die Nachbargloben?
Dass sich die Welten nur noch wie verweint
im Raum erkennen? – Vielleicht sind wir oben,
in Himmel andrer Wesen eingewoben,
die zu uns aufschaun abends. Vielleicht loben
uns ihre Dichter. Vielleicht beten viele
zu uns empor. Vielleicht sind wir die Ziele
von fremden Flüchen, die uns nie erreichen,
Nachbaren eines Gottes, den sie meinen
in unsrer Höhe, wenn sie einsam weinen,
an den sie glauben und den sie verlieren,
und dessen Bildnis, wie ein Schein aus ihren
suchenden Lampen, flüchtig und verweht,
über unsere zerstreuten Gesichter geht ...

### Der Lesende

Ich las schon lang. Seit dieser Nachmittag,
mit Regen rauschend, an den Fenstern lag.
Vom Winde draußen hörte ich nichts mehr:
mein Buch war schwer.
Ich sah ihm in die Blätter wie in Mienen,
die dunkel werden von Nachdenklichkeit,
und um mein Lesen staute sich die Zeit. –
Auf einmal sind die Seiten überschienen,
und statt der bangen Wortverworrenheit
steht: Abend, Abend ... überall auf ihnen.
Ich schau noch nicht hinaus, und doch zerreißen
die langen Zeilen, und die Worte rollen
von ihren Fäden fort, wohin sie wollen ...
Da weiß ich es: über den übervollen
glänzenden Gärten sind die Himmel weit;
die Sonne hat noch einmal kommen sollen. –
Und jetzt wird Sommernacht, soweit man sieht:
zu wenig Gruppen stellt sich das Verstreute,
dunkel, auf langen Wegen, gehn die Leute,
und seltsam weit, als ob es mehr bedeute,
hört man das Wenige, das noch geschieht.
Und wenn ich jetzt vom Buch die Augen hebe,
wird nichts befremdlich sein und alles groß.
Dort draußen ist, was ich hier drinnen lebe,
und hier und dort ist alles grenzenlos;
nur dass ich mich noch mehr damit verwebe,

wenn meine Blicke an die Dinge passen
und an die ernste Einfachheit der Massen, –
da wächst die Erde über sich hinaus.
Den ganzen Himmel scheint sie zu umfassen:
der erste Stern ist wie das letzte Haus.

### Der Schauende

Ich sehe den Bäumen die Stürme an,
die aus laugewordenen Tagen
an meine ängstlichen Fenster schlagen,
und höre die Fernen Dinge sagen,
die ich nicht ohne Freund ertragen,
nicht ohne Schwester lieben kann.

Da geht der Sturm, ein Umgestalter,
geht durch den Wald und durch die Zeit,
und alles ist wie ohne Alter:
die Landschaft, wie ein Vers im Psalter,
ist Ernst und Wucht und Ewigkeit.

Wie ist das klein, womit wir ringen,
was mit uns ringt, wie ist das groß;
ließen wir, ähnlicher den Dingen,
uns so vom großen Sturm bezwingen, –
wir würden weit und namenlos.

Was wir besiegen, ist das Kleine,
und der Erfolg selbst macht uns klein.
Das Ewige und Ungemeine
will nicht von uns gebogen sein.
Das ist der Engel, der den Ringern
des Alten Testaments erschien:
wenn seiner Widersacher Sehnen
im Kampfe sich metallen dehnen,
fühlt er sie unter seinen Fingern
wie Saiten tiefer Melodien.

Wen dieser Engel überwand,
welcher so oft auf Kampf verzichtet,
der geht gerecht und aufgerichtet
und groß aus jener harten Hand,
die sich, wie formend, an ihn schmiegte.
Die Siege laden ihn nicht ein.
Sein Wachstum ist: der Tiefbesiegte
von immer Größerem zu sein.

## Aus einer Sturmnacht

*Acht Blätter mit einem Titelblatt*

*Titelblatt*

Die Nacht, vom wachsenden Sturme bewegt,
wie wird sie auf einmal weit – ,
als bliebe sie sonst zusammengelegt
in die kleinlichen Falten der Zeit.
Wo die Sterne ihr wehren, dort endet sie nicht
und beginnt nicht mitten im Wald
und nicht an meinem Angesicht
und nicht mit deiner Gestalt.
Die Lampen stammeln und wissen nicht:
*lügen* wir Licht?
Ist die Nacht die einzige Wirklichkeit
seit Jahrtausenden …

[1]

In solchen Nächten kannst du in den Gassen
Zukünftigen begegnen, schmalen blassen
Gesichtern, die dich nicht erkennen
und dich schweigend vorüberlassen.
Aber wenn sie zu reden begännen,
wärst du ein Langevergangener
wie du da stehst,
langeverwest.
Doch sie bleiben im Schweigen wie Tote,
obwohl sie die Kommenden sind.
Zukunft beginnt noch nicht.
Sie halten nur ihr Gesicht in die Zeit
und können, wie unter Wasser, nicht schauen;
und ertragen sie's doch eine Weile,
sehn sie wie unter den Wellen: die Eile
von Fischen und das Tauchen von Tauen.

[2]

In solchen Nächten gehn die Gefängnisse auf.
Und durch die bösen Träume der Wächter
gehn mit leisem Gelächter
die Verächter ihrer Gewalt.
Wald! Sie kommen zu dir, um in dir zu schlafen,
mit ihren langen Strafen behangen.
Wald!

[3]

In solchen Nächten ist auf einmal Feuer
in einer Oper. Wie ein Ungeheuer
beginnt der Riesenraum mit seinen Rängen
Tausende, die sich in ihm drängen,
zu kauen.
Männer und Frauen
staun sich in den Gängen,
und wie sich alle aneinander hängen,
bricht das Gemäuer, und es reißt sie mit.
Und niemand weiß mehr *wer* ganz unten litt;
während ihm einer schon das Herz zertritt,
sind seine Ohren noch ganz voll von Klängen,
die dazu hingehn …

[4]

In solchen Nächten, wie vor vielen Tagen,
fangen die *Herzen* in den Sarkophagen
vergangner Fürsten wieder an zu gehn;
und so gewaltig drängt ihr Wiederschlagen
gegen die Kapseln, welche widerstehn,
dass sie die goldnen Schalen weitertragen
durch Dunkel und Damaste, die zerfallen.
Schwarz schwankt der Dom mit allen seinen Hallen.
Die Glocken, die sich in die Türme krallen,
hängen wie Vögel, bebend stehn die Türen,
und an den Trägern zittert jedes Glied:
als trügen seinen gründenden Granit
blinde Schildkröten, die sich rühren.

[5]

In solchen Nächten wissen die Unheilbaren:
wir waren …
Und sie denken unter den Kranken
einen einfachen guten Gedanken
weiter, dort, wo er abbrach.
Doch von den Söhnen, die sie gelassen,
geht der Jüngste vielleicht in den einsamsten Gassen;
denn gerade *diese* Nächte
sind ihm als ob er zum ersten Mal dächte:
lange lag es über ihm bleiern,
aber jetzt wird sich alles entschleiern –,
und: dass er das feiern wird,

fühlt er …

## [6]

In solchen Nächten sind alle die Städte gleich,
alle beflaggt.
Und an den Fahnen vom Sturm gepackt
und wie an Haaren hinausgerissen
in irgend ein Land mit ungewissen
Umrissen und Flüssen.
In allen Gärten ist dann ein Teich,
an jedem Teiche dasselbe Haus,
in jedem Hause dasselbe Licht;
und alle Menschen sehn ähnlich aus
und halten die Hände vorm Gesicht.

## [7]

In solchen Nächten werden die Sterbenden klar,
greifen sich leise ins wachsende Haar,
dessen Halme aus ihres Schädels Schwäche
in diesen langen Tagen *treiben*,
als wollten sie über der Oberfläche
des Todes bleiben.
Ihre Gebärde geht durch das Haus
als wenn überall Spiegel hingen;
und sie geben – mit diesem Graben
in ihren Haaren – Kräfte aus,
die sie in Jahren gesammelt haben,

welche *vergingen*.

## [8]

In solchen Nächten wächst mein Schwesterlein,
das vor mir war und vor mir starb, ganz klein.
Viel solche Nächte waren schon seither:
Sie muss schon schön sein. Bald wird irgendwer
sie frein.

**Die Blinde**

*Der Fremde:*
Du bist nicht bang, davon zu sprechen?

*Die Blinde:*
Nein.
Es ist so ferne. Das war eine andre.
Die damals sah, die laut und schauend lebte,
die starb.

*Der Fremde:*

Und hatte einen schweren Tod?

*Die Blinde:*

Sterben ist Grausamkeit an Ahnungslosen.
Stark muss man sein, sogar wenn Fremdes stirbt.

*Der Fremde:*

Sie war dir fremd?

*Die Blinde:*

– Oder: sie ist's geworden.
Der Tod entfremdet selbst dem Kind die Mutter. –
Doch es war schrecklich in den ersten Tagen.
Am ganzen Leibe war ich wund. Die Welt,
die in den Dingen blüht und reift,
war mit den Wurzeln aus mir ausgerissen,
mit meinem Herzen (schien mir), und ich lag
wie aufgewühlte Erde offen da und trank
den kalten Regen meiner Tränen,
der aus den toten Augen unaufhörlich
und leise strömte, wie aus leeren Himmeln,
wenn Gott gestorben ist, die Wolken fallen.
Und mein Gehör war groß und allem offen.
Ich hörte Dinge, die nicht hörbar sind:
die Zeit, die über meine Haare floss,
die Stille, die in zarten Gläsern klang, –
und fühlte: nah bei meinen Händen ging
der Atem einer großen weißen Rose.
Und immer wieder dacht ich: Nacht und: Nacht
und glaubte einen hellen Streif zu sehn,
der wachsen würde wie ein Tag;
und glaubte auf den Morgen zuzugehn,
der längst in meinen Händen lag.
Die Mutter weck ich, wenn der Schlaf mir schwer
hinunterfiel vom dunklen Gesicht,
der Mutter rief ich: »Du, komm her!
Mach Licht!«
Und horchte. Lange, lange blieb es still,
und meine Kissen fühlte ich versteinen, –
dann wars, als säh ich etwas scheinen:
das war der Mutter wehes Weinen,
an das ich nicht mehr denken will.

Mach Licht! Mach Licht! Ich schrie es oft im Traum:
Der Raum ist eingefallen. Nimm den Raum
mir vom Gesicht und von der Brust.
Du musst ihn heben, hochheben,
musst ihn wieder den Sternen geben;
ich kann nicht leben so, mit dem Himmel auf mir.
Aber sprech ich zu dir, Mutter?
Oder zu wem denn? Wer ist denn dahinter?
Wer ist denn hinter dem Vorhang? – Winter?
Mutter: Sturm? Mutter: Nacht? Sag!
Oder: Tag? ... Tag!
Ohne mich! Wie kann es denn ohne mich Tag sein?
Fehl ich denn nirgends?
Fragt denn niemand nach mir?
Sind wir denn ganz vergessen?
Wir? ... Aber du bist ja dort;
du hast ja noch alles, nicht?
Um dein Gesicht sind noch alle Dinge bemüht,
ihm wohlzutun.
Wenn deine Augen ruhn
und wenn sie noch so müd waren,
sie können wieder steigen.
... Meine schweigen.
Meine Blumen werden die Farbe verlieren.
Meine Spiegel werden zufrieren.
In meinen Büchern werden die Zeilen verwachsen.
Meine Vögel werden in den Gassen
herumflattern und sich an fremden Fenstern verwunden.
Nichts ist mehr mit mir verbunden.
Ich bin von allem verlassen. –
Ich bin eine Insel.

*Der Fremde:*

Und ich bin über das Meer gekommen.

*Die Blinde:*

Wie? Auf die Insel? ... Hergekommen?

*Der Fremde:*

Ich bin noch im Kahne.
Ich habe ihn leise angelegt –
an dich. Er ist bewegt:
seine Fahne weht landein.

*Die Blinde:*

Ich bin eine Insel und allein.
Ich bin reich. –
Zuerst, als die alten Wege noch waren
in meinen Nerven, ausgefahren
von vielem Gebrauch:
da litt ich auch.
Alles ging mir aus dem Herzen fort,
ich wusste erst nicht wohin;
aber dann fand ich sie alle dort,
alle Gefühle, das, was ich bin,
stand versammelt und drängte und schrie
an den vermauerten Augen, die sich nicht rührten.
Alle meine verführten Gefühle ...
Ich weiß nicht, ob sie Jahre so standen,
aber ich weiß von den Wochen,
da sie alle zurückkamen gebrochen
und niemanden erkannten.

Dann wuchs der Weg zu den Augen zu.
Ich weiß ihn nicht mehr.
Jetzt geht alles in mir umher,
sicher und sorglos; wie Genesende
gehn die Gefühle, genießend das Gehn,
durch meines Leibes dunkles Haus.
Einige sind Lesende
über Erinnerungen;
aber die jungen
sehn alle hinaus.
Denn wo sie hintreten an meinen Rand,
ist mein Gewand von Glas.
Meine Stirne sieht, meine Hand las
Gedichte in anderen Händen.
Mein Fuß spricht mit den Steinen, die er betritt,
meine Stimme nimmt jeder Vogel mit
aus den täglichen Wänden.
Ich muss nichts mehr entbehren jetzt,
alle Farben sind übersetzt
in Geräusch und Geruch.
Und sie klingen unendlich schön
als Töne.
Was soll mir ein Buch?
In den Bäumen blättert der Wind;
und ich weiß, was dorten für Worte sind,

und wiederhole sie manchmal leis.
Und der Tod, der Augen wie Blumen bricht,
findet meine Augen nicht …

*Der Fremde leise:*
Ich weiß.

## Requiem
Clara Westhoff gewidmet

Seit einer Stunde ist um ein Ding mehr
auf Erden. Mehr um einen Kranz.
Vor einer Weile war das leichtes Laub … Ich wands:
Und jetzt ist dieser Efeu seltsam schwer
und so von Dunkel voll, als tränke er
aus meinen Dingen zukünftige Nächte.
Jetzt graut mir fast vor dieser nächsten Nacht,
allein mit diesem Kranz, den ich gemacht,
nicht ahnend, dass da etwas wird,
wenn sich die Ranken ründen um den Reifen;
ganz nur bedürftig, dieses zu begreifen:
*dass etwas nicht mehr sein kann.* Wie verirrt
in nie betretene Gedanken, darinnen wunderliche Dinge stehn,
die ich schon einmal gesehen haben muss …

… Flussabwärts treiben die Blumen, welche die Kinder gerissen haben im Spiel;
aus den offenen Fingern fiel eine und eine, bis dass der Strauß nicht mehr zu
erkennen war. Bis der Rest, den sie nach Haus gebracht, gerade gut zum
Verbrennen war. Dann konnte man ja die ganze Nacht, wenn einen alle schlafen
meinen, um die gebrochenen Blumen weinen.

Gretel, von allem Anbeginn
war dir bestimmt, sehr zeitig zu sterben,
blond zu sterben.
Lange schon, eh dir zu leben bestimmt war.
Darum stellte der Herr eine Schwester vor dich
und dann einen Bruder,
damit vor dir wären zwei Nahe, zwei Reine,
welche das Sterben dir zeigten,
das deine:
dein Sterben.
Deine Geschwister wurden erfunden,
nur, damit du dich dran gewöhntest,
und dich an zweien Sterbestunden
mit der dritten versöhntest,

die dir seit Jahrtausenden droht.
Für deinen Tod
sind Leben erstanden;
Hände, welche Blüten banden,
Blicke, welche die Rosen rot
und die Menschen mächtig empfanden,
hat man gebildet und wieder vernichtet
und hat zweimal das Sterben *gedichtet*,
eh es, gegen dich selbst gerichtet,
aus der verloschenen Bühne trat.
... Nahte es dir schrecklich, geliebte Gespielin?
war es dein Feind?
Hast du dich ihm ans Herz geweint?
Hat es dich aus den heißen Kissen
in die flackernde Nacht gerissen,
in der niemand schlief im ganzen Haus ...?
Wie sah es aus?
Du musst es wissen ...
Du bist dazu in die Heimat gereist.

––––––––––––––––––––––––––––

Du weißt
wie die Mandeln blühn
und dass Seen blau sind.
Viele Dinge, die nur im Gefühle der Frau sind
welche die erste Liebe erfuhr, –
weißt du. Dir flüsterte die Natur
in des Südens spätdämmernden Tagen
so unendliche Schönheit ein,
wie sonst nur selige Lippen sie sagen
seliger Menschen, die zu zwein
*eine* Welt haben und *eine* Stimme –
leiser hast du das alles gespürt, –
(o wie hat das unendlich Grimme
deine unendliche Demut berührt).
Deine Briefe kamen von Süden,
warm noch von Sonne, aber verwaist, –
endlich bist du selbst deinen müden
bittenden Briefen nachgereist;
denn du warst nicht gerne im Glanze,
jede Farbe lag auf dir wie Schuld,
und du lebtest in Ungeduld,
denn du wusstest: das ist nicht *das Ganze*.
Leben ist nur ein Teil ... Wovon?

Leben ist nur ein Ton ... Worin?
Leben hat Sinn nur, verbunden mit vielen
Kreisen des weithin wachsenden Raumes, –
Leben ist so nur der Traum eines Traumes,
aber Wachsein ist anderswo.
So ließest du's los.
Groß ließest du's los.
Und wir kannten dich klein.
Dein war so wenig: ein Lächeln, ein kleines,
ein bisschen melancholisch schon immer,
sehr sanftes Haar und ein kleines Zimmer,
das dir seit dem Tode der Schwester weit war.
Als ob alles andere nur dein Kleid war
so scheint es mir jetzt, du stilles Gespiel.
Aber *sehr viel*
*warst du.* Und wir wusstens manchmal,
wenn du am Abend kamst in den Saal;
wussten manchmal: jetzt müsste man beten;
eine Menge ist eingetreten,
eine Menge, welche dir nachgeht,
weil du den Weg weißt.
Und du hast ihn wissen gemusst
und hast ihn gewusst
gestern ... jüngste der Schwestern.

Sieh her,
dieser Kranz ist so schwer.
Und sie werden ihn auf dich legen,
diesen schweren Kranz.
Kanns dein Sarg aushalten?
Wenn er bricht
unter dem schwarzen Gewicht,
kriecht in die Falten
von deinem Kleid
Efeu.
Weit rankt er hinauf,
rings rankt er dich um,
und der Saft, der sich in seinen Ranken bewegt,
regt dich auf mit seinem Geräusch;
so keusch bist du.
Aber du bist nicht mehr zu.
Langgedehnt bist du und lass.
Deines Leibes Türen sind angelehnt,
und nass

tritt der Efeu ein ...

_____

*wie Reihn*
von Nonnen,
die sich führen
an schwarzem Seil,
weil es dunkel ist in dir, du Bronnen.
In den leeren Gängen
deines Blutes drängen sie zu deinem Herzen;
wo sonst deine sanften Schmerzen
sich begegneten mit bleichen
*Freuden und Erinnerungen, –*
*wandeln sie*, wie im Gebet,
in das Herz, das, ganz verklungen,
*dunkel, allen offen* steht.

Aber dieser Kranz ist schwer
mir im Licht,
nur unter Lebenden, hier bei mir;
und sein Gewicht
ist nicht mehr
wenn ich ihn, zu dir legen werde.
*Die Erde ist voller Gleichgewicht,*
*Deine Erde.*
Er ist schwer von meinen Augen, die daran hängen,
schwer von den Gängen,
die ich um ihn getan;
Ängste aller, welche ihn sahn,
haften daran.
Nimm ihn zu dir, denn er ist dein
seit er ganz fertig ist.
Nimm ihn von mir.
Lass mich allein! Er ist wie ein Gast ...
fast schäm ich mich seiner.
Hast du auch Furcht, Gretel?

Du kannst nicht mehr gehn?
Kannst nicht mehr bei mir in der Stube stehn?
Tun dir die Füße weh?
So bleib wo jetzt alle beisammen sind,
man wird ihn dir morgen bringen, mein Kind,
durch die entlaubte Allee.
Man wird ihn dir bringen, warte getrost, –
man bringt dir morgen noch mehr.
Wenn es auch morgen tobt und tost,

das schadet den Blumen nicht sehr.
Man wird sie dir bringen. Du hast das Recht,
sie sicher zu haben, mein Kind,
und wenn sie auch morgen schwarz und schlecht
und lange vergangen sind.
Sei deshalb nicht bange. Du wirst nicht mehr
unterscheiden, was steigt oder sinkt;
die Farben sind zu und die Töne sind leer,
und du wirst auch gar nicht mehr wissen, wer
dir alle die Blumen bringt.

Jetzt weißt du *das Andre*, das uns verstößt,
so oft wir's im Dunkel erfasst;
von dem, was du *sehntest*, bist du erlöst
zu etwas, was du *hast*.
Unter uns warst du von kleiner Gestalt,
vielleicht bist du jetzt ein erwachsener Wald
mit Winden und Stimmen im Laub. –
Glaub mir, Gespiel, dir geschah nicht Gewalt:
*Dein Tod war schon alt,*
alt dein Leben begann;
drum griff er es an,
*damit es ihn nicht überlebte.*

Schwebte etwas um mich?
Trat Nachtwind herein?
Ich bebte nicht.
Ich bin stark und allein. –
Was hab ich heute geschafft?
… Efeulaub holt ich am Abend und wands
und bog es zusammen, bis es ganz gehorchte.
Noch glänzt es mit schwarzem Glanz.
Und meine Kraft
kreist in dem Kranz.


### Schlussstück

Der Tod ist groß.
Wir sind die Seinen
lachenden Munds.
Wenn wir uns mitten im Leben meinen,
wagt er zu weinen
mitten in uns.

# *Neue Gedichte*

Karl und Elisabeth von der Heydt in Freundschaft

Entstanden zwischen 1903 und 1907; Erstdruck beim Insel-Verlag, 1907.

### Früher Apollo

Wie manches Mal durch das noch unbelaubte
Gezweig ein Morgen durchsieht, der schon ganz
im Frühling ist: so ist in seinem Haupte
nichts was verhindern könnte, dass der Glanz

aller Gedichte uns fast tödlich träfe;
denn noch kein Schatten ist in seinem Schaun,
zu kühl für Lorbeer sind noch seine Schläfe
und später erst wird aus den Augenbraun

hochstämmig sich der Rosengarten heben,
aus welchem Blätter, einzeln, ausgelöst
hintreiben werden auf des Mundes Beben,

der jetzt noch still ist, niegebraucht und blinkend
und nur mit seinem Lächeln etwas trinkend
als würde ihm sein Singen eingeflößt.

### Mädchen-Klage

Diese Neigung, in den Jahren,
da wir alle Kinder waren,
viel allein zu sein, war mild;
andern ging die Zeit im Streite,
und man hatte seine Seite,
seine Nähe, seine Weite,
einen Weg, ein Tier, ein Bild.

Und ich dachte noch, das Leben
hörte niemals auf zu geben,
dass man sich in sich besinnt.
Bin ich in mir nicht im Größten?
Will mich Meines nicht mehr trösten
und verstehen wie als Kind?

Plötzlich bin ich wie verstoßen,
und zu einem Übergroßen
wird mir diese Einsamkeit,
wenn, auf meiner Brüste Hügeln
stehend, mein Gefühl nach Flügeln
oder einem Ende schreit.

### Liebes-Lied

Wie soll ich meine Seele halten, dass
sie nicht an deine rührt? Wie soll ich sie

hinheben über dich zu andern Dingen?
Ach gerne möcht ich sie bei irgendwas
Verlorenem im Dunkel unterbringen
an einer fremden stillen Stelle, die
nicht weiterschwingt, wenn deine Tiefen schwingen.
Doch alles, was uns anrührt, dich und mich,
nimmt uns zusammen wie ein Bogenstrich,
der aus zwei Saiten *eine* Stimme zieht.
Auf welches Instrument sind wir gespannt?
Und welcher Geiger hat uns in der Hand?
O süßes Lied.

### Eranna an Sappho

O du wilde weite Werferin:
Wie ein Speer bei andern Dingen
lag ich bei den Meinen. Dein Erklingen
warf mich weit. Ich weiß nicht *wo* ich bin.
Mich kann keiner wiederbringen.

Meine Schwestern denken mich und weben,
und das Haus ist voll vertrauter Schritte.
Ich allein bin fern und fortgegeben,
und ich zittere wie eine Bitte;
denn die schöne Göttin in der Mitte
ihrer Mythen glüht und lebt mein Leben.

### Sappho an Eranna

Unruh will ich über dich bringen,
schwingen will ich dich, umrankter Stab.
Wie das Sterben will ich dich durchdringen
und dich weitergeben wie das Grab
an das Alles: allen diesen Dingen.

### Sappho an Alkaïos

*Fragment*

Und was hättest du mir denn zu sagen,
und was gehst du meine Seele an,
wenn sich deine Augen niederschlagen
vor dem nahen Nichtgesagten? Mann,

sieh, uns hat das Sagen dieser Dinge
hingerissen und bis in den Ruhm.

Wenn ich denke: unter euch verginge
dürftig unser süßes Mädchentum,

welches wir, ich Wissende und jene
mit mir Wissenden, vom Gott bewacht,
trugen unberührt, dass Mytilene
wie ein Apfelgarten in der Nacht
duftete vom Wachsen unsrer Brüste –.

Ja, auch dieser Brüste, die du nicht
wähltest wie zu Fruchtgewinden, Freier
mit dem weggesenkten Angesicht.
Geh und lass mich, dass zu meiner Leier
komme, was du abhältst: alles steht.

Dieser Gott ist nicht der Beistand Zweier,
aber wenn er durch den Einen geht
– – – – – – – – – – – – – – – – – –


### Grabmal eines jungen Mädchens

Wir gedenkens noch. Das ist, als müsste
alles dieses einmal wieder sein.
Wie ein Baum an der Limonenküste
trugst du deine kleinen leichten Brüste
in das Rauschen seines Bluts hinein:

– jenes Gottes.
Und es war der schlanke
Flüchtling, der Verwöhnende der Fraun.
Süß und glühend, warm wie dein Gedanke,
überschattend deine frühe Flanke
und geneigt wie deine Augenbraun.


### Opfer

O wie blüht mein Leib aus jeder Ader
duftender, seitdem ich dich erkenn;
sieh, ich gehe schlanker und gerader,
und du wartest nur –: wer bist du denn?

Sieh: ich fühle, wie ich mich entferne,
wie ich Altes, Blatt um Blatt, verlier.
Nur dein Lächeln steht wie lauter Sterne
über dir und bald auch über mir.

Alles was durch meine Kinderjahre
namenlos noch und wie Wasser glänzt,

will ich nach dir nennen am Altare,
der entzündet ist von deinem Haare
und mit deinen Brüsten leicht bekränzt.

## Östliches Taglied

Ist dieses Bette nicht wie eine Küste,
ein Küstenstreifen nur, darauf wir liegen?
Nichts ist gewiss als deine hohen Brüste,
die mein Gefühl in Schwindeln überstiegen.

Denn diese Nacht, in der so vieles schrie,
in der sich Tiere rufen und zerreißen,
ist sie uns nicht entsetzlich fremd? Und wie:
was draußen langsam anhebt, Tag geheißen,
ist das uns denn verständlicher als sie?

Man müsste so sich ineinanderlegen
wie Blütenblätter um die Staubgefäße:
so sehr ist überall das Ungemäße
und häuft sich an und stürzt sich uns entgegen.

Doch während wir uns aneinander drücken,
um nicht zu sehen, wie es ringsum naht,
kann es aus dir, kann es aus mir sich zücken:
denn unsre Seelen leben von Verrat.

## Abisag

*1.*

Sie lag. Und ihre Kinderarme waren
von Dienern um den Welkenden gebunden,
auf dem sie lag die süßen langen Stunden,
ein wenig bang vor seinen vielen Jahren.

Und manchmal wandte sie in seinem Barte
ihr Angesicht, wenn eine Eule schrie;
und alles, was die Nacht war, kam und scharte
mit Bangen und Verlangen sich um sie.

Die Sterne zitterten wie ihresgleichen,
ein Duft ging suchend durch das Schlafgemach,
der Vorhang rührte sich und gab ein Zeichen,
und leise ging ihr Blick dem Zeichen nach –.

Aber sie hielt sich an dem dunkeln Alten
und, von der Nacht der Nächte nicht erreicht,
lag sie auf seinem fürstlichen Erkalten

jungfräulich und wie eine Seele leicht.

*2.*

Der König saß und sann den leeren Tag
getaner Taten, ungefühlter Lüste
und seiner Lieblingshündin, der er pflag –.
Aber am Abend wölbte Abisag
sich über ihm. Sein wirres Leben lag
verlassen wie verrufne Meeresküste
unter dem Sternbild ihrer stillen Brüste.

Und manchmal, als ein Kundiger der Frauen,
erkannte er durch seine Augenbrauen
den unbewegten, küsselosen Mund;
und sah: ihres Gefühles grüne Rute
neigte sich nicht herab zu seinem Grund.
Ihn fröstelte. Er horchte wie ein Hund
und suchte sich in seinem letzten Blute.

### David singt vor Saul

*1.*

König, hörst du, wie mein Saitenspiel
Fernen wirft, durch die wir uns bewegen:
Sterne treiben uns verwirrt entgegen,
und wir fallen endlich wie ein Regen,
und es blüht, wo dieser Regen fiel.

Mädchen blühen, die du noch erkannt,
die jetzt Frauen sind und mich verführen;
den Geruch der Jungfraun kannst du spüren,
und die Knaben stehen, angespannt
schlank und atmend, an verschwiegnen Türen.

Dass mein Klang dir alles wiederbrächte.
Aber trunken taumelt mein Getön:
Deine Nächte, König, deine Nächte –,
und wie waren, die dein Schaffen schwächte,
o wie waren alle Leiber schön.

Dein Erinnern glaub ich zu begleiten,
weil ich ahne. Doch auf welchen Saiten
greif ich dir ihr dunkles Lustgestöhn? –

König, der du alles dieses hattest
und der du mit lauter Leben mich
überwältigest und überschattest:
komm aus deinem Throne und zerbrich
meine Harfe, die du so ermattest.

Sie ist wie ein abgenommner Baum:
durch die Zweige, die dir Frucht getragen,
schaut jetzt eine Tiefe wie von Tagen
welche kommen –, und ich kenn sie kaum.

Lass mich nicht mehr bei der Harfe schlafen;
sieh dir diese Knabenhand da an:
glaubst du, König, dass sie die Oktaven
eines Leibes noch nicht greifen kann?

*3.*

König, birgst du dich in Finsternissen,
und ich hab dich doch in der Gewalt.
Sieh, mein festes Lied ist nicht gerissen,
und der Raum wird um uns beide kalt.
Mein verwaistes Herz und dein verworrnes
hängen in den Wolken deines Zornes,
wütend ineinander eingebissen
und zu einem einzigen verkrallt.

Fühlst du jetzt, wie wir uns umgestalten?
König, König, das Gewicht wird Geist.
Wenn wir uns nur aneinander halten,
du am Jungen, König, ich am Alten,
sind wir fast wie ein Gestirn das kreist.

### Josuas Landtag

So wie der Strom am Ausgang seine Dämme
durchbricht mit seiner Mündung Übermaß,
so brach nun durch die Ältesten der Stämme
zum letzten Mal die Stimme Josuas.

Wie waren die geschlagen, welche lachten,
wie hielten alle Herz und Hände an,
als hübe sich der Lärm von dreißig Schlachten
in einem Mund; und dieser Mund begann.

Und wieder waren Tausende voll Staunen

wie an dem großen Tag vor Jericho,
nun aber waren in ihm die Posaunen,
und ihres Lebens Mauern schwankten so,

dass sie sich wälzten von Entsetzen trächtig
und wehrlos schon und überwältigt, eh
sie's noch gedachten, wie er eigenmächtig
zu Gibeon die Sonne anschrie: steh:

Und Gott ging hin, erschrocken wie ein Knecht,
und hielt die Sonne, bis ihm seine Hände
wehtaten, ob dem schlachtenden Geschlecht,
nur weil da einer wollte, dass sie stände.

Und das war dieser; dieser Alte war's,
von dem sie meinten, dass er nicht mehr gelte
inmitten seines hundertzehnten Jahrs.
Da stand er auf und brach in ihre Zelte.

Er ging wie Hagel nieder über Halmen:
Was wollt ihr Gott versprechen? Ungezählt
stehn um euch Götter, wartend dass ihr wählt.
Doch wenn ihr wählt, wird euch der Herr zermalmen.

Und dann, mit einem Hochmut ohnegleichen:
Ich und mein Haus, wir bleiben ihm vermählt.

Da schrien sie alle: Hilf uns, gib ein Zeichen
und stärke uns zu unserer schweren Wahl.

Aber sie sahn ihn, wie seit Jahren schweigend,
zu seiner festen Stadt am Berge steigend;
und dann nicht mehr. Es war das letzte Mal.

### Der Auszug des verlorenen Sohnes

Nun fortzugehn von alledem Verworrnen,
das unser ist und uns doch nicht gehört,
das, wie das Wasser in den alten Bornen,
uns zitternd spiegelt und das Bild zerstört;
von allem diesen, das sich wie mit Dornen
noch einmal an uns anhängt – fortzugehn
und Das und Den,
die man schon nicht mehr sah
(so täglich waren sie und so gewöhnlich),
auf einmal anzuschauen: sanft, versöhnlich
und wie an einem Anfang und von nah;
und ahnend einzusehn, wie unpersönlich,
wie über alle hin das Leid geschah,

von dem die Kindheit voll war bis zum Rand –:
Und dann doch fortzugehen, Hand aus Hand,
als ob man ein Geheiltes neu zerrisse,
und fortzugehn: wohin? Ins Ungewisse,
weit in ein unverwandtes warmes Land,
das hinter allem Handeln wie Kulisse
gleichgültig sein wird: Garten oder Wand;
und fortzugehn: warum? Aus Drang, aus Artung,
aus Ungeduld, aus dunkler Erwartung,
aus Unverständlichkeit und Unverstand:

Dies alles auf sich nehmen und vergebens
vielleicht Gehaltnes fallen lassen, um
allein zu sterben, wissend nicht warum –

Ist das der Eingang eines neuen Lebens?

### Der Ölbaum-Garten

Er ging hinauf unter dem grauen Laub
ganz grau und aufgelöst im Ölgelände
und legte seine Stirne voller Staub
tief in das Staubigsein der heißen Hände.

Nach allem dies. Und dieses war der Schluss.
Jetzt soll ich gehen, während ich erblinde,
und warum willst Du, dass ich sagen muss
Du seist, wenn ich Dich selber nicht mehr finde.

Ich finde Dich nicht mehr. Nicht in mir, nein.
Nicht in den andern. Nicht in diesem Stein.
Ich finde Dich nicht mehr. Ich bin allein.

Ich bin allein mit aller Menschen Gram,
den ich durch Dich zu lindern unternahm,
der Du nicht bist. O namenlose Scham ...

Später erzählte man: ein Engel kam –.

Warum ein Engel? Ach es kam die Nacht
und blätterte gleichgültig in den Bäumen.
Die Jünger rührten sich in ihren Träumen.
Warum ein Engel? Ach es kam die Nacht.

Die Nacht, die kam, war keine ungemeine;
so gehen hunderte vorbei.
Da schlafen Hunde und da liegen Steine.
Ach eine traurige, ach irgendeine,
die wartet, bis es wieder Morgen sei.

Denn Engel kommen nicht zu solchen Betern,
und Nächte werden nicht um solche groß.
Die Sich-Verlierenden lässt alles los,
und sie sind preisgegeben von den Vätern
und ausgeschlossen aus der Mütter Schoß.

### Pietà

So seh ich, Jesus, deine Füße wieder,
die damals eines Jünglings Füße waren,
da ich sie bang entkleidete und wusch;
wie standen sie verwirrt in meinen Haaren
und wie ein weißes Wild im Dornenbusch.

So seh ich deine niegeliebten Glieder
zum ersten Mal in dieser Liebesnacht.
Wir legten uns noch nie zusammen nieder,
und nun wird nur bewundert und gewacht.

Doch, siehe, deine Hände sind zerrissen –:
Geliebter, nicht von mir, von meinen Bissen.
Dein Herz steht offen und man kann hinein:
das hätte dürfen nur mein Eingang sein.

Nun bist du müde, und dein müder Mund
hat keine Lust zu meinem wehen Munde –.
O Jesus, Jesus, wann war unsre Stunde?
Wie gehn wir beide wunderlich zugrund.

### Gesang der Frauen an den Dichter

Sieh, wie sich alles auftut: so sind wir;
denn wir sind nichts als solche Seligkeit.
Was Blut und Dunkel war in einem Tier,
das wuchs in uns zur Seele an und schreit

als Seele weiter. Und es schreit nach dir.
Du freilich nimmst es nur in dein Gesicht
als sei es Landschaft: sanft und ohne Gier.
Und darum meinen wir, du bist es nicht,

nach dem es schreit. Und doch, bist du nicht der,
an den wir uns ganz ohne Rest verlören?
Und werden wir in irgend einem *mehr?*

Mit uns geht das Unendliche *vorbei.*
Du aber sei, du Mund, dass wir es hören,
du aber, du Uns-Sagender: du sei.

### Der Tod des Dichters

Er lag. Sein aufgestelltes Antlitz war
bleich und verweigernd in den steilen Kissen,
seitdem die Welt und dieses von-ihr-Wissen,
von seinen Sinnen abgerissen,
zurückfiel an das teilnahmslose Jahr.

Die, so ihn leben sahen, wussten nicht,
wie sehr er Eines war mit allem diesen;
denn Dieses: diese Tiefen, diese Wiesen
und diese Wasser *waren* sein Gesicht.

O sein Gesicht war diese ganze Weite,
die jetzt noch zu ihm will und um ihn wirbt;
und seine Maske, die nun bang verstirbt,
ist zart und offen wie die Innenseite
von einer Frucht, die an der Luft verdirbt.

### Buddha

Als ob er horchte. Stille: eine Ferne ...
Wir halten ein und hören sie nicht mehr.
Und er ist Stern. Und andre große Sterne,
die wir nicht sehen, stehen um ihn her.

O er ist Alles. Wirklich, warten wir,
dass er uns sähe? Sollte er bedürfen?
Und wenn wir hier uns vor ihm niederwürfen,
er bliebe tief und träge wie ein Tier.

Denn das, was uns zu seinen Füßen reißt,
das kreist in ihm seit Millionen Jahren.
Er, der vergisst was wir erfahren
und der erfährt was uns verweist.

### L'Ange du Méridien
*Chartres*

Im Sturm, der um die starke Kathedrale
wie ein Verneiner stürzt der denkt und denkt,
fühlt man sich zärtlicher mit einem Male
von deinem Lächeln zu dir hingelenkt:

lächelnder Engel, fühlende Figur,
mit einem Mund, gemacht aus hundert Munden:
gewahrst du gar nicht, wie dir unsre Stunden
abgleiten von der vollen Sonnenuhr,

auf der des Tages ganze Zahl zugleich,
gleich wirklich, steht in tiefem Gleichgewichte,
als wären alle Stunden reif und reich.

Was weißt du, Steinerner, von unserm Sein?
und hältst du mit noch seligerm Gesichte
vielleicht die Tafel in die Nacht hinein?

### Die Kathedrale

In jenen kleinen Städten, wo herum
die alten Häuser wie ein Jahrmarkt hocken,
der *sie* bemerkt hat plötzlich und, erschrocken,
die Buden zumacht und, ganz zu und stumm,
die Schreier still, die Trommeln angehalten,
zu ihr hinaufhorcht aufgeregten Ohrs –:
dieweil sie ruhig immer in dem alten
Faltenmantel ihrer Contreforts
dasteht und von den Häusern gar nicht weiß:

in jenen kleinen Städten kannst du sehn,
wie sehr entwachsen ihrem Umgangskreis
die Kathedralen waren. Ihr Erstehn
ging über alles fort, so wie den Blick
des eignen Lebens viel zu große Nähe
fortwährend übersteigt, und als geschähe
nichts anderes; als wäre Das Geschick,
was sich in ihnen aufhäuft ohne Maßen,
versteinert und zum Dauernden bestimmt,
nicht Das, was unten in den dunkeln Straßen
vom Zufall irgendwelche Namen nimmt
und darin geht, wie Kinder Grün und Rot
und was der Krämer hat als Schürze tragen.
Da war Geburt in diesen Unterlagen,
und Kraft und Andrang war in diesem Ragen
und Liebe überall wie Wein und Brot,
und die Portale voller Liebesklagen.
Das Leben zögerte im Stundenschlagen,
und in den Türmen, welche voll Entsagen
auf einmal nicht mehr stiegen, war der Tod.

## Das Portal

### 1.

Da blieben sie, als wäre jene Flut
zurückgetreten, deren großes Branden
an diesen Steinen wusch, bis sie entstanden;
sie nahm im Fallen manches Attribut

aus ihren Händen, welche viel zu gut
und gebend sind, um etwas festzuhalten.
Sie blieben, von den Formen in Basalten
durch einen Nimbus, einen Bischofshut,

bisweilen durch ein Lächeln unterschieden,
für das ein Antlitz seiner Stunden Frieden
bewahrt hat als ein stilles Zifferblatt;

jetzt fortgerückt ins Leere ihres Tores,
waren sie einst die Muschel eines Ohres
und fingen jedes Stöhnen dieser Stadt.

### 2.

Sehr viele Weite ist gemeint damit:
so wie mit den Kulissen einer Szene
die Welt gemeint ist; und so wie durch jene
der Held im Mantel seiner Handlung tritt: –

so tritt das Dunkel dieses Tores handelnd
auf seiner Tiefe tragisches Theater,
so grenzenlos und wallend wie Gott-Vater
und so wie Er sich wunderlich verwandelnd

in einen Sohn, der aufgeteilt ist hier
auf viele kleine beinah stumme Rollen,
genommen aus des Elends Zubehör.

Denn nur noch so entsteht (das wissen wir)
aus Blinden, Fortgeworfenen und Tollen
der Heiland wie ein einziger Akteur.

### 3.

So ragen sie, die Herzen angehalten
(sie stehn auf Ewigkeit und gingen nie);
nur selten tritt aus dem Gefäll der Falten
eine Gebärde, aufrecht, steil wie sie,

und bleibt nach einem halben Schritte stehn

wo die Jahrhunderte sie überholen.
Sie sind im Gleichgewicht auf den Konsolen,
in denen eine Welt, die sie nicht sehn,

die Welt der Wirrnis, die sie nicht zertraten,
Figur und Tier, wie um sie zu gefährden,
sich krümmt und schüttelt und sie dennoch hält:

weil die Gestalten dort wie Akrobaten
sich nur so zuckend und so wild gebärden,
damit der Stab auf ihrer Stirn nicht fällt.

## Die Fensterrose

Da drin: das träge Treten ihrer Tatzen
macht eine Stille, die dich fast verwirrt;
und wie dann plötzlich eine von den Katzen
den Blick an ihr, der hin und wieder irrt,

gewaltsam in ihr großes Auge nimmt, –
den Blick, der, wie von eines Wirbels Kreis
ergriffen, eine kleine Weile schwimmt
und dann versinkt und nichts mehr von sich weiß,

wenn dieses Auge, welches scheinbar ruht,
sich auftut und zusammenschlägt mit Tosen
und ihn hineinreißt bis ins rote Blut –:

So griffen einstmals aus dem Dunkelsein
der Kathedralen große Fensterrosen
ein Herz und rissen es in Gott hinein.

## Das Kapitäl

Wie sich aus eines Traumes Ausgeburten
aufsteigend aus verwirrendem Gequäl
der nächste Tag erhebt: so gehn die Gurten
der Wölbung aus dem wirren Kapitäl

und lassen drin, gedrängt und rätselhaft
verschlungen, flügelschlagende Geschöpfe:
ihr Zögern und das Plötzliche der Köpfe
und jene starken Blätter, deren Saft

wie Jähzorn steigt, sich schließlich überschlagend
in einer schnellen Geste, die sich ballt
und sich heraushält –: alles aufwärtsjagend,

was immer wieder mit dem Dunkel kalt
herunterfällt, wie Regen Sorge tragend

für dieses alten Wachstums Unterhalt.

## Gott im Mittelalter

Und sie hatten Ihn in sich erspart
und sie wollten, dass er sei und richte,
und sie hängten schließlich wie Gewichte
(zu verhindern seine Himmelfahrt)

an ihn ihrer großen Kathedralen
Last und Masse. Und er sollte nur
über seine grenzenlosen Zahlen
zeigend kreisen und wie eine Uhr

Zeichen geben ihrem Tun und Tagwerk.
Aber plötzlich kam er ganz in Gang,
und die Leute der entsetzten Stadt

ließen ihn, vor seiner Stimme bang,
weitergehn mit ausgehängtem Schlagwerk
und entflohn vor seinem Zifferblatt.

## Morgue

Da liegen sie bereit, als ob es gälte,
nachträglich eine Handlung zu erfinden,
die mit einander und mit dieser Kälte
sie zu versöhnen weiß und zu verbinden;

denn das ist alles noch wie ohne Schluss.
Was für ein Name hätte in den Taschen
sich finden sollen? An dem Überdruss
um ihren Mund hat man herumgewaschen:

er ging nicht ab; er wurde nur ganz rein.
Die Bärte stehen, noch ein wenig härter,
doch ordentlicher im Geschmack der Wärter,

nur um die Gaffenden nicht anzuwidern.
Die Augen haben hinter ihren Lidern
sich umgewandt und schauen jetzt hinein.

## Der Gefangene

*1.*

Meine Hand hat nur noch eine
Gebärde, mit der sie verscheucht;
auf die alten Steine

fällt es aus Felsen feucht.

Ich höre nur dieses Klopfen
und mein Herz hält Schritt
mit dem Gehen der Tropfen
und vergeht damit.

Tropften sie doch schneller,
käme doch wieder ein Tier.
Irgendwo war es heller –.
Aber was wissen wir.

2.

Denk dir, das was jetzt Himmel ist und Wind,
Luft deinem Mund und deinem Auge Helle,
das würde Stein bis um die kleine Stelle
an der dein Herz und deine Hände sind.

Und was jetzt in dir morgen heißt und: dann
und: späterhin und nächstes Jahr und weiter –
das würde wund in dir und voller Eiter
und schwäre nur und bräche nicht mehr an.

Und das was war, das wäre irre und
raste in dir herum, den lieben Mund
der niemals lachte, schäumend von Gelächter.

Und das was Gott war, wäre nur dein Wächter
und stopfte boshaft in das letzte Loch
ein schmutziges Auge. Und du lebtest doch.

### Der Panther

*Im Jardin des Plantes, Paris*

Sein Blick ist vom Vorübergehn der Stäbe
so müd geworden, dass er nichts mehr hält.
Ihm ist, als ob es tausend Stäbe gäbe
und hinter tausend Stäben keine Welt.

Der weiche Gang geschmeidig starker Schritte,
der sich im allerkleinsten Kreise dreht,
ist wie ein Tanz von Kraft um eine Mitte,
in der betäubt ein großer Wille steht.

Nur manchmal schiebt der Vorhang der Pupille
sich lautlos auf –. Dann geht ein Bild hinein,
geht durch der Glieder angespannte Stille –
und hört im Herzen auf zu sein.

### Die Gazelle

*Gazella Dorcas*

Verzauberte: wie kann der Einklang zweier
erwählter Worte je den Reim erreichen,
der in dir kommt und geht, wie auf ein Zeichen.
Aus deiner Stirne steigen Laub und Leier,

und alles Deine geht schon im Vergleich
durch Liebeslieder, deren Worte, weich
wie Rosenblätter, dem, der nicht mehr liest,
sich auf die Augen legen, die er schließt:

um dich zu sehen: hingetragen, als
wäre mit Sprüngen jeder Lauf geladen
und schösse nur nicht ab, solang der Hals

das Haupt ins Horchen hält: wie wenn beim Baden
im Wald die Badende sich unterbricht:
den Waldsee im gewendeten Gesicht.

### Das Einhorn

Der Heilige hob das Haupt, und das Gebet
fiel wie ein Helm zurück von seinem Haupte:
denn lautlos nahte sich das niegeglaubte,
das weiße Tier, das wie eine geraubte
hilflose Hindin mit den Augen fleht.

Der Beine elfenbeinernes Gestell
bewegte sich in leichten Gleichgewichten,
ein weißer Glanz glitt selig durch das Fell,
und auf der Tierstirn, auf der stillen, lichten,
stand, wie ein Turm im Mond, das Horn so hell,
und jeder Schritt geschah, es aufzurichten.

Das Maul mit seinem rosagrauen Flaum
war leicht gerafft, so dass ein wenig Weiß
(weißer als alles) von den Zähnen glänzte;
die Nüstern nahmen auf und lechzten leis.
Doch seine Blicke, die kein Ding begrenzte,
warfen sich Bilder in den Raum
und schlossen einen blauen Sagenkreis.

### Sankt Sebastian

Wie ein Liegender so steht er; ganz
hingehalten von dem großen Willen.

Weitentrückt wie Mütter, wenn sie stillen,
und in sich gebunden wie ein Kranz.

Und die Pfeile kommen: jetzt und jetzt
und als sprängen sie aus seinen Lenden,
eisern bebend mit den freien Enden.
Doch er lächelt dunkel, unverletzt.

Einmal nur wird seine Trauer groß,
und die Augen liegen schmerzlich bloß,
bis sie etwas leugnen, wie Geringes,
und als ließen sie verächtlich los
die Vernichter eines schönen Dinges.

### Der Stifter

Das war der Auftrag an die Malergilde.
Vielleicht dass ihm der Heiland nie erschien;
vielleicht trat auch kein heiliger Bischof milde
an seine Seite wie in diesem Bilde
und legte leise seine Hand auf ihn.

Vielleicht war dieses alles: *so* zu knien
(so wie es alles ist was wir erfuhren):
zu knien: dass man die eigenen Konturen,
die auswärtswollenden, ganz angespannt
im Herzen hält, wie Pferde in der Hand.

Dass wenn ein Ungeheueres geschähe,
das nicht versprochen ist und nie verbrieft,
wir hoffen könnten, dass es uns nicht sähe
und näher käme, ganz in unsre Nähe,
mit sich beschäftigt und in sich vertieft.

### Der Engel

Mit einem Neigen seiner Stirne weist
er weit von sich was einschränkt und verpflichtet;
denn durch sein Herz geht riesig aufgerichtet
das ewig Kommende das kreist.

Die tiefen Himmel stehn ihm voll Gestalten,
und jede kann ihm rufen: komm, erkenn –.
Gib seinen leichten Händen nichts zu halten
aus deinem Lastenden. Sie kämen denn

bei Nacht zu dir, dich ringender zu prüfen,
und gingen wie Erzürnte durch das Haus

und griffen dich als ob sie dich erschüfen
und brächen dich aus deiner Form heraus.

## Römische Sarkophage

Was aber hindert uns zu glauben, dass
(so wie wir hingestellt sind und verteilt)
nicht eine kleine Zeit nur Drang und Hass
und dies Verwirrende in uns verweilt,

wie einst in dem verzierten Sarkophag
bei Ringen, Götterbildern, Gläsern, Bändern,
in langsam sich verzehrenden Gewändern
ein langsam Aufgelöstes lag –

bis es die unbekannten Munde schluckten,
die niemals reden. (Wo besteht und denkt
ein Hirn, um ihrer einst sich zu bedienen?)
Da wurde von den alten Aquädukten
ewiges Wasser in sie eingelenkt –:
das spiegelt jetzt und geht und glänzt in ihnen.

## Der Schwan

Diese Mühsal, durch noch Ungetanes
schwer und wie gebunden hinzugehn,
gleicht dem ungeschaffnen Gang des Schwanes.

Und das Sterben, dieses Nichtmehrfassen
jenes Grunds, auf dem wir täglich stehn,
seinem ängstlichen Sich-Niederlassen –:

in die Wasser, die ihn sanft empfangen
und die sich, wie glücklich und vergangen,
unter ihm zurückziehn, Flut um Flut;
während er unendlich still und sicher
immer mündiger und königlicher
und gelassener zu ziehn geruht.

## Kindheit

Es wäre gut viel nachzudenken, um
von so Verlornem etwas auszusagen,
von jenen langen Kindheit-Nachmittagen,
die so nie wiederkamen – und warum?
Noch mahnt es uns –: vielleicht in einem Regnen,

167

aber wir wissen nicht mehr was das soll;
nie wieder war das Leben von Begegnen,
von Wiedersehn und Weitergehn so voll

wie damals, da uns nichts geschah als nur
was einem Ding geschieht und einem Tiere:
da lebten wir, wie Menschliches, das Ihre
und wurden bis zum Rande voll Figur.

Und wurden so vereinsamt wie ein Hirt
und so mit großen Fernen überladen
und wie von weit berufen und berührt
und langsam wie ein langer neuer Faden
in jene Bilder-Folgen eingeführt,
in welchen nun zu dauern uns verwirrt.

### Der Dichter

Du entfernst dich von mir, du Stunde.
Wunden schlägt mir dein Flügelschlag.
Allein: was soll ich mit meinem Munde?
mit meiner Nacht? mit meinem Tag?

Ich habe keine Geliebte, kein Haus,
keine Stelle auf der ich lebe.
Alle Dinge, an die ich mich gebe,
werden reich und geben mich aus.

### Die Spitze

*1.*

Menschlichkeit: Namen schwankender Besitze,
noch unbestätigter Bestand von Glück:
ist das unmenschlich, dass zu dieser Spitze,
zu diesem kleinen dichten Spitzenstück
zwei Augen wurden? – Willst du sie zurück?

Du Langvergangene und schließlich Blinde,
ist deine Seligkeit in diesem Ding,
zu welcher hin, wie zwischen Stamm und Rinde,
dein großes Fühlen, kleinverwandelt, ging?

Durch einen Riss im Schicksal, eine Lücke
entzogst du deine Seele deiner Zeit;
und sie ist so in diesem lichten Stücke,
dass es mich lächeln macht vor Nützlichkeit.

Und wenn uns eines Tages dieses Tun
und was an uns geschieht gering erschiene
und uns so fremd, als ob es nicht verdiene,
dass wir so mühsam aus den Kinderschuhn
um seinetwillen wachsen –: Ob die Bahn
vergilbter Spitze, diese dichtgefügte
blumige Spitzenbahn, dann nicht genügte,
uns hier zu halten? Sieh: sie ward *getan.*
Ein Leben ward vielleicht verschmäht, wer weiß?
Ein Glück war da und wurde hingegeben,
und endlich wurde doch, um jeden Preis,
dies Ding daraus, nicht leichter als das Leben
und doch vollendet und so schön als sei's
nicht mehr zu früh, zu lächeln und zu schweben.

### Ein Frauen-Schicksal

So wie der König auf der Jagd ein Glas
ergreift, daraus zu trinken, irgendeines, –
und wie hernach der welcher es besaß
es fortstellt und verwahrt als wär es keines:

so hob vielleicht das Schicksal, durstig auch,
bisweilen Eine an den Mund und trank,
die dann ein kleines Leben, viel zu bang
sie zu zerbrechen, abseits vom Gebrauch

hinstellte in die ängstliche Vitrine,
in welcher seine Kostbarkeiten sind
(oder die Dinge, die für kostbar gelten).

Da stand sie fremd wie eine Fortgeliehne
und wurde einfach alt und wurde blind
und war nicht kostbar und war niemals selten.

### Die Genesende

Wie ein Singen kommt und geht in Gassen
und sich nähert und sich wieder scheut,
flügelschlagend, manchmal fast zu fassen
und dann wieder weit hinausgestreut:

spielt mit der Genesenden das Leben;
während sie, geschwächt und ausgeruht,
unbeholfen, um sich hinzugeben,

eine ungewohnte Geste tut.

Und sie fühlt es beinah wie Verführung,
wenn die hartgewordne Hand, darin
Fieber waren voller Widersinn,
fernher, wie mit blühender Berührung,
zu liebkosen kommt ihr hartes Kinn.

### Die Erwachsene

Das alles stand auf ihr und war die Welt
und stand auf ihr mit allem, Angst und Gnade,
wie Bäume stehen, wachsend und gerade,
ganz Bild und bildlos wie die Bundeslade
und feierlich, wie auf ein Volk gestellt.

Und sie ertrug es; trug bis obenhin
das Fliegende, Entfliehende, Entfernte,
das Ungeheuere, noch Unerlernte
gelassen wie die Wasserträgerin
den vollen Krug. Bis mitten unterm Spiel,
verwandelnd und auf andres vorbereitend,
der erste weiße Schleier, leise gleitend,
über das aufgetane Antlitz fiel

fast undurchsichtig und sich nie mehr hebend
und irgendwie auf alle Fragen ihr
nur eine Antwort vage wiedergebend:
In dir, du Kindgewesene, in dir.

### Tanagra

Ein wenig gebrannter Erde,
wie von großer Sonne gebrannt.
Als wäre die Gebärde
einer Mädchenhand
auf einmal nicht mehr vergangen;
ohne nach etwas zu langen,
zu keinem Dinge hin
aus ihrem Gefühle führend,
nur an sich selber rührend
wie eine Hand ans Kinn.

Wir heben und wir drehen
eine und eine Figur;
wir können fast verstehen
weshalb sie nicht vergehen, –

aber wir sollen nur
tiefer und wunderbarer
hängen an dem was war
und lächeln: ein wenig klarer
vielleicht als vor einem Jahr.

### Die Erblindende

Sie saß so wie die anderen beim Tee.
Mir war zuerst, als ob sie ihre Tasse
ein wenig anders als die andern fasse.
Sie lächelte einmal. Es tat fast weh.

Und als man schließlich sich erhob und sprach
und langsam und wie es der Zufall brachte
durch viele Zimmer ging (man sprach und lachte),
da sah ich sie. Sie ging den andern nach,

verhalten, so wie eine, welche gleich
wird singen müssen und vor vielen Leuten;
auf ihren hellen Augen die sich freuten
war Licht von außen wie auf einem Teich.

Sie folgte langsam und sie brauchte lang
als wäre etwas noch nicht überstiegen;
und doch: als ob, nach einem Übergang,
sie nicht mehr gehen würde, sondern fliegen.

### In einem fremden Park
*Borgeby-Gård*

Zwei Wege sind's. Sie führen keinen hin.
Doch manchmal, in Gedanken, lässt der eine
dich weitergehn. Es ist, als gingst du fehl;
aber auf einmal bist du im Rondel
alleingelassen wieder mit dem Steine
und wieder auf ihm lesend: Freiherrin
Brite Sophie – und wieder mit dem Finger
abfühlend die zerfallne Jahreszahl –.
Warum wird dieses Finden nicht geringer?

Was zögerst du ganz wie zum ersten Mal
erwartungsvoll auf diesem Ulmenplatz,
der feucht und dunkel ist und nie betreten?

Und was verlockt dich für ein Gegensatz,
etwas zu suchen in den sonnigen Beeten,
als wär's der Name eines Rosenstocks?

Was stehst du oft? Was hören deine Ohren?
Und warum siehst du schließlich, wie verloren,
die Falter flimmern um den hohen Phlox.

### Abschied

Wie hab ich das gefühlt was Abschied heißt.
Wie weiß ich's noch: ein dunkles unverwundnes
grausames Etwas, das ein Schönverbundnes
noch einmal zeigt und hinhält und zerreißt.

Wie war ich ohne Wehr, dem zuzuschauen,
das, da es mich, mich rufend, gehen ließ,
zurückblieb, so als wären's alle Frauen
und dennoch klein und weiß und nichts als dies:

Ein Winken, schon nicht mehr auf mich bezogen,
ein leise Weiterwinkendes – , schon kaum
erklärbar mehr: vielleicht ein Pflaumenbaum,
von dem ein Kuckuck hastig abgeflogen.

### Todes-Erfahrung

Wir wissen nichts von diesem Hingehn, das
nicht mit uns teilt. Wir haben keinen Grund,
Bewunderung und Liebe oder Hass
dem Tod zu zeigen, den ein Maskenmund

tragischer Klage wunderlich entstellt.
Noch ist die Welt voll Rollen, die wir spielen.
Solang wir sorgen, ob wir auch gefielen,
spielt auch der Tod, obwohl er nicht gefällt.

Doch als du gingst, da brach in diese Bühne
ein Streifen Wirklichkeit durch jenen Spalt
durch den du hingingst: Grün wirklicher Grüne,
wirklicher Sonnenschein, wirklicher Wald.

Wir spielen weiter. Bang und schwer Erlerntes
hersagend und Gebärden dann und wann
aufhebend; aber dein von uns entferntes,
aus unserm Stück entrücktes Dasein kann

uns manchmal überkommen, wie ein Wissen
von jener Wirklichkeit sich niedersenkend,
so dass wir eine Weile hingerissen
das Leben spielen, nicht an Beifall denkend.

## Blaue Hortensie

So wie das letzte Grün in Farbentiegeln
sind diese Blätter, trocken, stumpf und rau,
hinter den Blütendolden, die ein Blau
nicht auf sich tragen, nur von ferne spiegeln.

Sie spiegeln es verweint und ungenau,
als wollten sie es wiederum verlieren,
und wie in alten blauen Briefpapieren
ist Gelb in ihnen, Violett und Grau;

Verwaschnes wie an einer Kinderschürze,
Nichtmehrgetragnes, dem nichts mehr geschieht:
wie fühlt man eines kleinen Lebens Kürze.

Doch plötzlich scheint das Blau sich zu verneuen
in einer von den Dolden, und man sieht
ein rührend Blaues sich vor Grünem freuen.

## Vor dem Sommerregen

Auf einmal ist aus allem Grün im Park
man weiß nicht was, ein Etwas, fortgenommen;
man fühlt ihn näher an die Fenster kommen
und schweigsam sein. Inständig nur und stark

ertönt aus dem Gehölz der Regenpfeifer,
man denkt an einen Hieronymus:
so sehr steigt irgend Einsamkeit und Eifer
aus dieser einen Stimme, die der Guss

erhören wird. Des Saales Wände sind
mit ihren Bildern von uns fortgetreten,
als dürften sie nicht hören was wir sagen.

Es spiegeln die verblichenen Tapeten
das ungewisse Licht von Nachmittagen,
in denen man sich fürchtete als Kind.

## Im Saal

Wie sind sie alle um uns, diese Herrn
in Kammerherrentrachten und Jabots,
wie eine Nacht um ihren Ordensstern
sich immer mehr verdunkelnd, rücksichtslos,
und diese Damen, zart, fragile, doch groß
von ihren Kleidern, eine Hand im Schoß,
klein wie ein Halsband für den Bologneser;

173

wie sind sie da um jeden: um den Leser,
um den Betrachter dieser Bibelots,
darunter manches ihnen noch gehört.

Sie lassen, voller Takt, uns ungestört
das Leben leben wie wir es begreifen
und wie sie's nicht verstehn. Sie wollten blühn,
und blühn ist schön sein; doch wir wollen reifen,
und das heißt dunkel sein und sich bemühn.

### Letzter Abend

*(Aus dem Besitze Frau Nonnas)*

Und Nacht und fernes Fahren; denn der Train
des ganzen Heeres zog am Park vorüber.
Er aber hob den Blick vom Clavecin
und spielte noch und sah zu ihr hinüber

beinah wie man in einen Spiegel schaut:
so sehr erfüllt von seinen jungen Zügen
und wissend, wie sie seine Trauer trügen,
schön und verführender bei jedem Laut.

Doch plötzlich war's, als ob sich das verwische:
sie stand wie mühsam in der Fensternische
und hielt des Herzens drängendes Geklopf.

Sein Spiel gab nach. Von draußen wehte Frische.
Und seltsam fremd stand auf dem Spiegeltische
der schwarze Tschako mit dem Totenkopf.

### Jugend-Bildnis meines Vaters

Im Auge Traum. Die Stirn wie in Berührung
mit etwas Fernem. Um den Mund enorm
viel Jugend, ungelächelte Verführung,
und vor der vollen schmückenden Verschnürung
der schlanken adeligen Uniform
der Säbelkorb und beide Hände –, die
abwarten, ruhig, zu nichts hingedrängt.
Und nun fast nicht mehr sichtbar: als ob sie
zuerst, die Fernes greifenden, verschwänden.
Und alles andre mit sich selbst verhängt
und ausgelöscht als ob wir's nicht verständen
und tief aus seiner eignen Tiefe trüb –.

Du schnell vergehendes Daguerreotyp

in meinen langsamer vergehenden Händen.

## Selbstbildnis aus dem Jahre 1906

Des alten lange adligen Geschlechtes
Feststehendes im Augenbogenbau.
Im Blicke noch der Kindheit Angst und Blau
und Demut da und dort, nicht eines Knechtes
doch eines Dienenden und einer Frau.
Der Mund als Mund gemacht, groß und genau,
nicht überredend, aber ein Gerechtes
Aussagendes. Die Stirne ohne Schlechtes
und gern im Schatten stiller Niederschau.

Das, als Zusammenhang, erst nur geahnt;
noch nie im Leiden oder im Gelingen
zusammgefasst zu dauerndem Durchdringen,
doch so, als wäre mit zerstreuten Dingen
von fern ein Ernstes, Wirkliches geplant.

## Der König

Der König ist sechzehn Jahre alt.
Sechzehn Jahre und schon der Staat.
Er schaut, wie aus einem Hinterhalt,
vorbei an den Greisen vom Rat

in den Saal hinein und irgendwohin
und fühlt vielleicht nur dies:
an dem schmalen langen harten Kinn
die kalte Kette vom Vlies.

Das Todesurteil vor ihm bleibt
lang ohne Namenszug.
Und sie denken: wie er sich quält.

Sie wüssten, kennten sie ihn genug,
dass er nur langsam bis siebzig zählt
eh er es unterschreibt.

## Auferstehung

Der Graf vernimmt die Töne,
er sieht einen lichten Riss;
er weckt seine dreizehn Söhne
im Erb-Begräbnis.
Er grüßt seine beiden Frauen

ehrerbietig von weit –;
und alle, voll Vertrauen,
stehn auf zur Ewigkeit

und warten nur noch auf Erich
und Ulriken Dorotheen,
die, sieben- und dreizehnjährig,

(sechzehnhundertzehn)

verstorben sind in Flandern,
um heute vor den andern
unbeirrt herzugehn.

### Der Fahnenträger

Die Andern fühlen alles an sich rau
und ohne Anteil: Eisen, Zeug und Leder.
Zwar manchmal schmeichelt eine weiche Feder,
doch sehr allein und lieb-los ist ein jeder;
er aber trägt – als trüg er eine Frau –
die Fahne in dem feierlichen Kleide.

Dicht hinter ihm geht ihre schwere Seide,
die manchmal über seine Hände fließt.

Er kann allein, wenn er die Augen schließt,
ein Lächeln sehn: er darf sie nicht verlassen. –

Und wenn es kommt in blitzenden Kürassen
und nach ihr greift und ringt und will sie fassen –:

dann darf er sie abreißen von dem Stocke
als riss er sie aus ihrem Mädchentum,
um sie zu halten unterm Waffenrocke.
Und für die andern ist das Mut und Ruhm.

### Der letzte Graf von Brederode entzieht sich türkischer Gefangenschaft

Sie folgten furchtbar; ihren bunten Tod
von ferne nach ihm werfend, während er
verloren floh, nichts weiter als: bedroht.
Die Ferne seiner Väter schien nicht mehr

für ihn zu gelten; denn um so zu fliehn,
genügt ein Tier vor Jägern. Bis der Fluss
aufrauschte nah und blitzend. Ein Entschluss
hob ihn samt seiner Not und machte ihn

wieder zum Knaben fürstlichen Geblütes.

Ein Lächeln adeliger Frauen goss
noch einmal Süßigkeit in sein verfrühtes

vollendetes Gesicht. Er zwang sein Ross,
groß wie sein Herz zu gehn, sein blutdurchglühtes:
es trug ihn in den Strom wie in sein Schloss.

## Die Kurtisane

Venedigs Sonne wird in meinem Haar
ein Gold bereiten: aller Alchemie
erlauchten Ausgang. Meine Brauen, die
den Brücken gleichen, siehst du sie

hinführen ob der lautlosen Gefahr
der Augen, die ein heimlicher Verkehr
an die Kanäle schließt, so dass das Meer
in ihnen steigt und fällt und wechselt. Wer

mich einmal sah, beneidet meinen Hund,
weil sich auf ihm oft in zerstreuter Pause
die Hand, die nie an keiner Glut verkohlt,

die unverwundbare, geschmückt, erholt –.
Und Knaben, Hoffnungen aus altem Hause,
gehn wie an Gift an meinem Mund zugrund.

## Die Treppe der Orangerie
*Versailles*

Wie Könige die schließlich nur noch schreiten
fast ohne Ziel, nur um von Zeit zu Zeit
sich den Verneigenden auf beiden Seiten
zu zeigen in des Mantels Einsamkeit –:

so steigt, allein zwischen den Balustraden,
die sich verneigen schon seit Anbeginn,
die Treppe: langsam und von Gottes Gnaden
und auf den Himmel zu und nirgends hin;

als ob sie allen Folgenden befahl
zurückzubleiben, – so dass sie nicht wagen
von ferne nachzugehen; nicht einmal
die schwere Schleppe durfte einer tragen.

### Der Marmor-Karren

*Paris*

Auf Pferde, sieben ziehende, verteilt,
verwandelt Niebewegtes sich in Schritte;
denn was hochmütig in des Marmors Mitte
an Alter, Widerstand und All verweilt,

das zeigt sich unter Menschen. Siehe, nicht
unkenntlich, unter irgend einem Namen,
nein: wie der Held das Drängen in den Dramen
erst sichtbar macht und plötzlich unterbricht:

so kommt es durch den stauenden Verlauf
des Tages, kommt in seinem ganzen Staate,
als ob ein großer Triumphator nahte

langsam zuletzt; und langsam vor ihm her
Gefangene, von seiner Schwere schwer.
Und naht noch immer und hält alles auf.


### Buddha

Schon von ferne fühlt der fremde scheue
Pilger, wie es golden von ihm träuft;
so als hätten Reiche voller Reue
ihre Heimlichkeiten aufgehäuft.

Aber näher kommend wird er irre
vor der Hoheit dieser Augenbraun:
denn das sind nicht ihre Trinkgeschirre
und die Ohrgehänge ihrer Fraun.

Wüsste einer denn zu sagen, welche
Dinge eingeschmolzen wurden, um
dieses Bild auf diesem Blumenkelche

aufzurichten: stummer, ruhiggelber
als ein goldenes und rundherum
auch den Raum berührend wie sich selber.


### Römische Fontäne

*Borghese*

Zwei Becken, eins das andre übersteigend
aus einem alten runden Marmorrand,
und aus dem oberen Wasser leis sich neigend
zum Wasser, welches unten wartend stand,

dem leise redenden entgegenschweigend
und heimlich, gleichsam in der hohlen Hand,
ihm Himmel hinter Grün und Dunkel zeigend
wie einen unbekannten Gegenstand;

sich selber ruhig in der schönen Schale
verbreitend ohne Heimweh, Kreis aus Kreis,
nur manchmal träumerisch und tropfenweis

sich niederlassend an den Moosbehängen
zum letzten Spiegel, der sein Becken leis
von unten lächeln macht mit Übergängen.

### Das Karussell
*Jardin du Luxembourg*

Mit einem Dach und seinem Schatten dreht
sich eine kleine Weile der Bestand
von bunten Pferden, alle aus dem Land,
das lange zögert, eh es untergeht.
Zwar manche sind an Wagen angespannt,
doch alle haben Mut in ihren Mienen;
ein böser roter Löwe geht mit ihnen
und dann und wann ein weißer Elefant.

Sogar ein Hirsch ist da, ganz wie im Wald,
nur dass er einen Sattel trägt und drüber
ein kleines blaues Mädchen aufgeschnallt.

Und auf dem Löwen reitet weiß ein Junge
und hält sich mit der kleinen heißen Hand,
dieweil der Löwe Zähne zeigt und Zunge.

Und dann und wann ein weißer Elefant.

Und auf den Pferden kommen sie vorüber,
auch Mädchen, helle, diesem Pferdesprunge
fast schon entwachsen; mitten in dem Schwunge
schauen sie auf, irgendwohin, herüber –

Und dann und wann ein weißer Elefant.

Und das geht hin und eilt sich, dass es endet,
und kreist und dreht sich nur und hat kein Ziel.
Ein Rot, ein Grün, ein Grau vorbeigesendet,
ein kleines kaum begonnenes Profil –.
Und manchesmal ein Lächeln, hergewendet,
ein seliges, das blendet und verschwendet
an dieses atemlose blinde Spiel ...

## Spanische Tänzerin

Wie in der Hand ein Schwefelzündholz, weiß,
eh es zur Flamme kommt, nach allen Seiten
zuckende Zungen streckt –: beginnt im Kreis
naher Beschauer hastig, hell und heiß
ihr runder Tanz sich zuckend auszubreiten.

Und plötzlich ist er Flamme, ganz und gar.

Mit einem Blick entzündet sie ihr Haar
und dreht auf einmal mit gewagter Kunst
ihr ganzes Kleid in diese Feuersbrunst,
aus welcher sich, wie Schlangen die erschrecken,
die nackten Arme wach und klappernd strecken.

Und dann: als würde ihr das Feuer knapp,
nimmt sie es ganz zusamm und wirft es ab
sehr herrisch, mit hochmütiger Gebärde
und schaut: da liegt es rasend auf der Erde
und flammt noch immer und ergibt sich nicht –.

Doch sieghaft, sicher und mit einem süßen
grüßenden Lächeln hebt sie ihr Gesicht
und stampft es aus mit kleinen festen Füßen.

## Der Turm

*Tour St.-Nicolas, Furnes*

Erd-Inneres. Als wäre dort, wohin
du blindlings steigst, erst Erdenoberfläche,
zu der du steigst im schrägen Bett der Bäche,
die langsam aus dem suchenden Gerinn

der Dunkelheit entsprungen sind, durch die
sich dein Gesicht, wie auferstehend, drängt
und die du plötzlich *siehst,* als fiele sie
aus diesem Abgrund, der dich überhängt

und den du, wie er riesig über dir
sich umstürzt in dem dämmernden Gestühle,
erkennst, erschreckt und fürchtend, im Gefühle:
o wenn er steigt, behangen wie ein Stier – :

Da aber nimmt dich aus der engen Endung
windiges Licht. Fast fliegend siehst du hier
die Himmel wieder, Blendung über Blendung,
und dort die Tiefen, wach und voll Verwendung,

und kleine Tage wie bei Patenier,

gleichzeitige, mit Stunde neben Stunde,
durch die die Brücken springen wie die Hunde,
dem hellen Wege immer auf der Spur,

den unbeholfne Häuser manchmal nur
verbergen, bis er ganz im Hintergrunde
beruhigt geht durch Buschwerk und Natur.

### Der Platz
*Furnes*

Willkürlich von Gewesnem ausgeweitet:
von Wut und Aufruhr, von dem Kunterbunt
das die Verurteilten zu Tod begleitet,
von Buden, von der Jahrmarktsrufer Mund,
und von dem Herzog der vorüberreitet
und von dem Hochmut von Burgund,

(auf allen Seiten Hintergrund):

ladet der Platz zum Einzug seiner Weite
die fernen Fenster unaufhörlich ein,
während sich das Gefolge und Geleite
der Leere langsam an den Handelsreihn

verteilt und ordnet. In die Giebel steigend,
wollen die kleinen Häuser alles sehn,
die Türme vor einander scheu verschweigend,
die immer maßlos hinter ihnen stehn.

### Quai du Rosaire
*Brügge*

Die Gassen haben einen sachten Gang
(wie manchmal Menschen gehen im Genesen
nachdenkend: was ist früher hier gewesen?)
und die an Plätze kommen, warten lang

auf eine andre, die mit einem Schritt
über das abendklare Wasser tritt,
darin, je mehr sich rings die Dinge mildern,
die eingehängte Welt von Spiegelbildern
so wirklich wird wie diese Dinge nie.

Verging nicht diese Stadt? Nun siehst du, wie
(nach einem unbegreiflichen Gesetz)
sie wach und deutlich wird im Umgestellten,
als wäre dort das Leben nicht so selten;

dort hängen jetzt die Gärten groß und gelten,
dort dreht sich plötzlich hinter schnell erhellten
Fenstern der Tanz in den Estaminets.

Und oben blieb? – Die Stille nur, ich glaube,
und kostet langsam und von nichts gedrängt
Beere um Beere aus der süßen Traube
des Glockenspiels, das in den Himmeln hängt.


## Béguinage

*Béguinage Sainte-Elisabeth, Brügge*

### 1.

Das hohe Tor scheint keine einzuhalten,
die Brücke geht gleich gerne hin und her,
und doch sind sicher alle in dem alten
offenen Ulmenhof und gehn nicht mehr
aus ihren Häusern, als auf jenem Streifen
zur Kirche hin, um besser zu begreifen
warum in ihnen so viel Liebe war.

Dort knien sie, verdeckt mit reinem Leinen,
so gleich, als wäre nur das Bild der einen
tausendmal im Choral, der tief und klar
zu Spiegeln wird an den verteilten Pfeilern;
und ihre Stimmen gehn den immer steilern
Gesang hinan und werfen sich von dort,
wo es nicht weitergeht, vom letzten Wort,
den Engeln zu, die sie nicht wiedergeben.

Drum sind die unten, wenn sie sich erheben
und wenden, still. Drum reichen sie sich schweigend
mit einem Neigen, Zeigende zu zeigend
Empfangenden, geweihtes Wasser, das
die Stirnen kühl macht und die Munde blass.

Und gehen dann, verhangen und verhalten,
auf jenem Streifen wieder überquer –
die Jungen ruhig, ungewiss die Alten
und eine Greisin, weilend, hinterher –
zu ihren Häusern, die sie schnell verschweigen
und die sich durch die Ulmen hin von Zeit
zu Zeit ein wenig reine Einsamkeit,
in einer kleinen Scheibe schimmernd, zeigen.

## 2.

Was aber spiegelt mit den tausend Scheiben
das Kirchenfenster in den Hof hinein,
darin sich Schweigen, Schein und Widerschein
vermischen, trinken, trüben, übertreiben,
phantastisch alternd wie ein alter Wein.

Dort legt sich, keiner weiß von welcher Seite,
Außen auf Inneres und Ewigkeit
auf Immer-Hingehn, Weite über Weite,
erblindend, finster, unbenutzt, verbleit.

Dort bleibt, unter dem schwankenden Dekor
des Sommertags, das Graue alter Winter:
als stünde regungslos ein sanftgesinnter
langmütig lange Wartender dahinter
und eine weinend Wartende davor.

### Die Marien-Prozession

*Gent*

Aus allen Türmen stürzt sich, Fluss um Fluss,
hinwallendes Metall in solchen Massen
als sollte drunten in der Form der Gassen
ein blanker Tag erstehn aus Bronzeguss,

an dessen Rand, gehämmert und erhaben,
zu sehen ist der buntgebundne Zug
der leichten Mädchen und der neuen Knaben,
und wie er Wellen schlug und trieb und trug,
hinabgehalten von dem ungewissen
Gewicht der Fahnen und von Hindernissen
gehemmt, unsichtbar wie die Hand des Herrn;

und drüben plötzlich beinah mitgerissen
vom Aufstieg aufgescheuchter Räucherbecken,
die fliegend, alle sieben, wie im Schrecken
an ihren Silberketten zerrn.

Die Böschung Schauender umschließt die Schiene,
in der das alles stockt und rauscht und rollt:
das Kommende, das Chryselephantine,
aus dem sich zu Balkonen Baldachine
aufbäumen, schwankend im Behang von Gold.

Und sie erkennen über all dem Weißen,
getragen und im spanischen Gewand,

das alte Standbild mit dem kleinen heißen
Gesichte und dem Kinde auf der Hand
und knieen hin, je mehr es naht und naht,
in seiner Krone ahnungslos veraltend
und immer noch das Segnen hölzern haltend
aus dem sich groß gebärdenden Brokat.

Da aber wie es an den Hingeknieten
vorüberkommt, die scheu von unten schaun,
da scheint es seinen Trägern zu gebieten
mit einem Hochziehn seiner Augenbraun,
hochmütig, ungehalten und bestimmt:
so dass sie staunen, stehn und überlegen
und schließlich zögernd gehn. Sie aber nimmt,

in sich die Schritte dieses ganzen Stromes
und geht, allein, wie auf erkannten Wegen
dem Glockendonnern des großoffnen Domes
auf hundert Schultern frauenhaft entgegen.

### Die Insel

*Nordsee*

*1.*

Die nächste Flut verwischt den Weg im Watt,
und alles wird auf allen Seiten gleich;
die kleine Insel draußen aber hat
die Augen zu; verwirrend kreist der Deich

um ihre Wohner, die in einen Schlaf
geboren werden, drin sie viele Welten
verwechseln, schweigend; denn sie reden selten,
und jeder Satz ist wie ein Epitaph

für etwas Angeschwemmtes, Unbekanntes,
das unerklärt zu ihnen kommt und bleibt.
Und so ist alles was ihr Blick beschreibt

von Kindheit an: nicht auf sie Angewandtes,
zu Großes, Rücksichtsloses, Hergesandtes,
das ihre Einsamkeit noch übertreibt.

*2.*

Als läge er in einem Krater-Kreise
auf einem Mond: ist jeder Hof umdämmt,
und drin die Gärten sind auf gleiche Weise

gekleidet und wie Waisen gleich gekämmt

von jenem Sturm, der sie so rau erzieht
und tagelang sie bange macht mit Toden.
Dann sitzt man in den Häusern drin und sieht
in schiefen Spiegeln was auf den Kommoden

Seltsames steht. Und einer von den Söhnen
tritt abends vor die Tür und zieht ein Tönen
aus der Harmonika wie Weinen weich;

so hörte er's in einem fremden Hafen –.
Und draußen formt sich eines von den Schafen
ganz groß, fast drohend, auf dem Außendeich.

3.

Nah ist nur Innres; alles andre fern.
Und dieses Innere gedrängt und täglich
mit allem überfüllt und ganz unsäglich.
Die Insel ist wie ein zu kleiner Stern

welchen der Raum nicht merkt und stumm zerstört
in seinem unbewussten Furchtbarsein,
so dass er, unerhellt und überhört,
allein

damit dies alles doch ein Ende nehme
dunkel auf einer selbsterfundnen Bahn
versucht zu gehen, blindlings, nicht im Plan
der Wandelsterne, Sonnen und Systeme.

**Hetären-Gräber**

In ihren langen Haaren liegen sie
mit braunen, tief in sich gegangenen Gesichtern.
Die Augen zu wie vor zu vieler Ferne.
Skelette, Munde, Blumen. In den Munden
die glatten Zähne wie ein Reise-Schachspiel
aus Elfenbein in Reihen aufgestellt.
Und Blumen, gelbe Perlen, schlanke Knochen,
Hände und Hemden, welkende Gewebe
über dem eingestürzten Herzen. Aber
dort unter jenen Ringen, Talismanen
und augenblauen Steinen (Lieblings-Angedenken)
steht noch die stille Krypta des Geschlechtes,

bis an die Wölbung voll mit Blumenblättern.
Und wieder gelbe Perlen, weitverrollte, –
Schalen gebrannten Tones, deren Bug
ihr eignes Bild geziert hat, grüne Scherben
von Salben-Vasen, die wie Blumen duften,
und Formen kleiner Götter: Hausaltäre,
Hetärenhimmel mit entzückten Göttern.
Gesprengte Gürtel, flache Skarabäen,
kleine Figuren riesigen Geschlechtes,
ein Mund der lacht und Tanzende und Läufer,
goldene Fibeln, kleinen Bogen ähnlich
zur Jagd auf Tier- und Vogelamulette,
und lange Nadeln, zieres Hausgeräte
und eine runde Scherbe roten Grundes,
darauf, wie eines Eingangs schwarze Aufschrift,
die straffen Beine eines Viergespannes.
Und wieder Blumen, Perlen, die verrollt sind,
die hellen Lenden einer kleinen Leier,
und zwischen Schleiern, die gleich Nebeln fallen,
wie ausgekrochen aus des Schuhes Puppe:
des Fußgelenkes leichter Schmetterling.

So liegen sie mit Dingen angefüllt,
kostbaren Dingen, Steinen, Spielzeug, Hausrat,
zerschlagnem Tand (was alles in sie abfiel),
und dunkeln wie der Grund von einem Fluss.

Flussbetten waren sie,
darüber hin in kurzen schnellen Wellen
(die weiter wollten zu dem nächsten Leben)
die Leiber vieler Jünglinge sich stürzten
und in denen der Männer Ströme rauschten.
Und manchmal brachen Knaben aus den Bergen
der Kindheit, kamen zagen Falles nieder
und spielten mit den Dingen auf dem Grunde,
bis das Gefälle ihr Gefühl ergriff:

Dann füllten sie mit flachem klaren Wasser
die ganze Breite dieses breiten Weges
und trieben Wirbel an den tiefen Stellen;
und spiegelten zum ersten Mal die Ufer
und ferne Vogelrufe –, während hoch
die Sternennächte eines süßen Landes
in Himmel wuchsen, die sich nirgends schlossen.

### Orpheus. Eurydike. Hermes

Das war der Seelen wunderliches Bergwerk.
Wie stille Silbererze gingen sie
als Adern durch sein Dunkel. Zwischen Wurzeln
entsprang das Blut, das fortgeht zu den Menschen,
und schwer wie Porphyr sah es aus im Dunkel.
Sonst war nichts Rotes.

Felsen waren da
und wesenlose Wälder. Brücken über Leeres
und jener große graue blinde Teich,
der über seinem fernen Grunde hing
wie Regenhimmel über einer Landschaft.
Und zwischen Wiesen, sanft und voller Langmut,
erschien des einen Weges blasser Streifen,
wie eine lange Bleiche hingelegt.

Und dieses einen Weges kamen sie.

Voran der schlanke Mann im blauen Mantel,
der stumm und ungeduldig vor sich aussah.
Ohne zu kauen fraß sein Schritt den Weg
in großen Bissen; seine Hände hingen
schwer und verschlossen aus dem Fall der Falten
und wussten nicht mehr von der leichten Leier,
die in die Linke eingewachsen war
wie Rosenranken in den Ast des Ölbaums.
Und seine Sinne waren wie entzweit:
indes der Blick ihm wie ein Hund vorauslief,
umkehrte, kam und immer wieder weit
und wartend an der nächsten Wendung stand, –
blieb sein Gehör wie ein Geruch zurück.
Manchmal erschien es ihm als reichte es
bis an das Gehen jener beiden andern,
die folgen sollten diesen ganzen Aufstieg.
Dann wieder war's nur seines Steigens Nachklang
und seines Mantels Wind was hinter ihm war.
Er aber sagte sich, sie kämen doch;
sagte es laut und hörte sich verhallen.
Sie kämen doch, nur wären's zwei
die furchtbar leise gingen. Dürfte er
sich einmal wenden (wäre das Zurückschaun
nicht die Zersetzung dieses ganzen Werkes,
das erst vollbracht wird), müsste er sie sehen,
die beiden Leisen, die ihm schweigend nachgehn:

Den Gott des Ganges und der weiten Botschaft,
die Reisehaube über hellen Augen,
den schlanken Stab hertragend vor dem Leibe
und flügelschlagend an den Fußgelenken;
und seiner linken Hand gegeben: *sie.*

Die So-geliebte, dass aus einer Leier
mehr Klage kam als je aus Klagefrauen;
dass eine Welt aus Klage ward, in der
alles noch einmal da war: Wald und Tal
und Weg und Ortschaft, Feld und Fluss und Tier;
und dass um diese Klage-Welt, ganz so
wie um die andre Erde, eine Sonne
und ein gestirnter stiller Himmel ging,
ein Klage-Himmel mit entstellten Sternen – :
Diese So-geliebte.

Sie aber ging an jenes Gottes Hand,
den Schritt beschränkt von langen Leichenbändern,
unsicher, sanft und ohne Ungeduld.
Sie war in sich, wie Eine hoher Hoffnung,
und dachte nicht des Mannes, der voranging,
und nicht des Weges, der ins Leben aufstieg.
Sie war in sich. Und ihr Gestorbensein
erfüllte sie wie Fülle.
Wie eine Frucht von Süßigkeit und Dunkel,
so war sie voll von ihrem großen Tode,
der also neu war, dass sie nichts begriff.

Sie war in einem neuen Mädchentum
und unberührbar; ihr Geschlecht war zu
wie eine junge Blume gegen Abend,
und ihre Hände waren der Vermählung
so sehr entwöhnt, dass selbst des leichten Gottes
unendlich leise, leitende Berührung
sie kränkte wie zu sehr Vertraulichkeit.

Sie war schon nicht mehr diese blonde Frau,
die in des Dichters Liedern manchmal anklang,
nicht mehr des breiten Bettes Duft und Eiland
und jenes Mannes Eigentum nicht mehr.

Sie war schon aufgelöst wie langes Haar
und hingegeben wie gefallner Regen
und ausgeteilt wie hundertfacher Vorrat.

Sie war schon Wurzel.

Und als plötzlich jäh
der Gott sie anhielt und mit Schmerz im Ausruf
die Worte sprach: Er hat sich umgewendet –,
begriff sie nichts und sagte leise: *Wer?*

Fern aber, dunkel vor dem klaren Ausgang,
stand irgend jemand, dessen Angesicht
nicht zu erkennen war. Er stand und sah,
wie auf dem Streifen eines Wiesenpfades
mit trauervollem Blick der Gott der Botschaft
sich schweigend wandte, der Gestalt zu folgen,
die schon zurückging dieses selben Weges,
den Schritt beschränkt von langen Leichenbändern,
unsicher, sanft und ohne Ungeduld.

## Alkestis

Da plötzlich war der Bote unter ihnen,
hineingeworfen in das Überkochen
des Hochzeitsmahles wie ein neuer Zusatz.
Sie fühlten nicht, die Trinkenden, des Gottes
heimlichen Eintritt, welcher seine Gottheit
so an sich hielt wie einen nassen Mantel
und ihrer einer schien, der oder jener,
wie er so durchging. Aber plötzlich sah
mitten im Sprechen einer von den Gästen
den jungen Hausherrn oben an dem Tische
wie in die Höh gerissen, nicht mehr liegend,
und überall und mit dem ganzen Wesen
ein Fremdes spiegelnd, das ihn furchtbar ansprach.
Und gleich darauf, als klärte sich die Mischung,
war Stille; nur mit einem Satz am Boden
von trübem Lärm und einem Niederschlag
fallenden Lallens, schon verdorben riechend
nach dumpfem umgestandenen Gelächter.
Und da erkannten sie den schlanken Gott,
und wie er dastand, innerlich voll Sendung
und unerbittlich, – wussten sie es beinah.
Und doch, als es gesagt war, war es mehr
als alles Wissen, gar nicht zu begreifen.
Admet muss sterben. Wann? In dieser Stunde.

Der aber brach die Schale seines Schreckens
in Stücken ab und streckte seine Hände
heraus aus ihr, um mit dem Gott zu handeln.

Um Jahre, um ein einzig Jahr noch Jugend,
um Monate, um Wochen, um paar Tage,
ach, Tage nicht, um Nächte, nur um Eine,
um Eine Nacht, um diese nur: um die.
Der Gott verneinte, und da schrie er auf
und schrie's hinaus und hielt es nicht und schrie
wie seine Mutter aufschrie beim Gebären.

Und die trat zu ihm, eine alte Frau,
und auch der Vater kam, der alte Vater,
und beide standen, alt, veraltet, ratlos,
beim Schreienden, der plötzlich, wie noch nie
so nah, sie ansah, abbrach, schluckte, sagte:
Vater,
liegt dir denn viel daran an diesem Rest,
an diesem Satz, der dich beim Schlingen hindert?
Geh, gieß ihn weg. Und du, du alte Frau,
Matrone,
was tust du denn noch hier: du hast geboren.
Und beide hielt er sie wie Opfertiere
in Einem Griff. Auf einmal ließ er los
und stieß die Alten fort, voll Einfall, strahlend
und atemholend, rufend: Kreon, Kreon!
Und nichts als das; und nichts als diesen Namen.
Aber in seinem Antlitz stand das Andere,
das er nicht sagte, namenlos erwartend,
wie er's dem jungen Freunde, dem Geliebten,
erglühend hinhielt übern wirren Tisch.
Die Alten (stand da), siehst du, sind kein Loskauf,
sie sind verbraucht und schlecht und beinah wertlos,
du aber, du, in deiner ganzen Schönheit –

Da aber sah er seinen Freund nicht mehr.
Er blieb zurück, und das, was kam, war *sie,*
ein wenig kleiner fast als er sie kannte
und leicht und traurig in dem bleichen Brautkleid.
Die andern alle sind nur ihre Gasse,
durch die sie kommt und kommt –: (gleich wird sie da sein
in seinen Armen, die sich schmerzhaft auftun).

Doch wie er wartet, spricht sie; nicht zu ihm.
Sie spricht zum Gotte, und der Gott vernimmt sie,
und alle hörens gleichsam erst im Gotte:

Ersatz kann keiner für ihn sein. Ich *bins.*
Ich bin Ersatz. Denn keiner ist zu Ende

wie ich es bin. Was bleibt mir denn von dem
was ich hier war? Das *ist's* ja, dass ich sterbe.
Hat sie dir's nicht gesagt, da sie dir's auftrug,
    dass jenes Lager, das da drinnen wartet,
    zur Unterwelt gehört? Ich nahm ja Abschied.
        Abschied über Abschied.
Kein Sterbender nimmt mehr davon. Ich ging ja,
    damit das Alles, unter Dem begraben
der jetzt mein Gatte ist, zergeht, sich auflöst –.
So führ mich hin: ich sterbe ja für ihn.

Und wie der Wind auf hoher See, der umspringt,
    so trat der Gott fast wie zu einer Toten
und war auf einmal weit von ihrem Gatten,
    dem er, versteckt in einem kleinen Zeichen,
    die hundert Leben dieser Erde zuwarf.
    Der stürzte taumelnd zu den beiden hin
und griff nach ihnen wie im Traum. Sie gingen
    schon auf den Eingang zu, in dem die Frauen
    verweint sich drängten. Aber einmal sah
er noch des Mädchens Antlitz, das sich wandte
    mit einem Lächeln, hell wie eine Hoffnung,
    die beinah ein Versprechen war: erwachsen
    zurückzukommen aus dem tiefen Tode
        zu ihm, dem Lebenden –

        Da schlug er jäh
    die Hände vors Gesicht, wie er so kniete,
um nichts zu sehen mehr nach diesem Lächeln.

### Geburt der Venus

An diesem Morgen nach der Nacht, die bang
    vergangen war mit Rufen, Unruh, Aufruhr, –
brach alles Meer noch einmal auf und schrie.
Und als der Schrei sich langsam wieder schloss
    und von der Himmel blassem Tag und Anfang
    herabfiel in der stummen Fische Abgrund –:
        gebar das Meer.

Von erster Sonne schimmerte der Haarschaum
    der weiten Wogenscham, an deren Rand
das Mädchen aufstand, weiß, verwirrt und feucht.
So wie ein junges grünes Blatt sich rührt,
sich reckt und Eingerolltes langsam aufschlägt,
entfaltete ihr Leib sich in die Kühle

hinein und in den unberührten Frühwind.

Wie Monde stiegen klar die Kniee auf
und tauchten in der Schenkel Wolkenränder;
der Waden schmaler Schatten wich zurück,
die Füße spannten sich und wurden licht,
und die Gelenke lebten wie die Kehlen
von Trinkenden.

Und in dem Kelch des Beckens lag der Leib
wie eine junge Frucht in eines Kindes Hand.
In seines Nabels engem Becher war
das ganze Dunkel dieses hellen Lebens.
Darunter hob sich licht die kleine Welle
und floss beständig über nach den Lenden,
wo dann und wann ein stilles Rieseln war.
Durchschienen aber und noch ohne Schatten,
wie ein Bestand von Birken im April,
warm, leer und unverborgen, lag die Scham.

Jetzt stand der Schultern rege Waage schon
im Gleichgewichte auf dem graden Körper,
der aus dem Becken wie ein Springbrunn aufstieg
und zögernd in den langen Armen abfiel
und rascher in dem vollen Fall des Haars.

Dann ging sehr langsam das Gesicht vorbei:
aus dem verkürzten Dunkel seiner Neigung
in klares, waagrechtes Erhobensein.
Und hinter ihm verschloss sich steil das Kinn.

Jetzt, da der Hals gestreckt war wie ein Strahl
und wie ein Blumenstiel, darin der Saft steigt,
streckten sich auch die Arme aus wie Hälse
von Schwänen, wenn sie nach dem Ufer suchen.

Dann kam in dieses Leibes dunkle Frühe
wie Morgenwind der erste Atemzug.
Im zartesten Geäst der Aderbäume
entstand ein Flüstern, und das Blut begann
zu rauschen über seinen tiefen Stellen.
Und dieser Wind wuchs an: nun warf er sich
mit allem Atem in die neuen Brüste
und füllte sie und drückte sich in sie, –
dass sie wie Segel, von der Ferne voll,
das leichte Mädchen nach dem Strande drängten.
So landete die Göttin.

Hinter ihr,
die rasch dahinschritt durch die jungen Ufer,
erhoben sich den ganzen Vormittag
die Blumen und die Halme, warm, verwirrt,
wie aus Umarmung. Und sie ging und lief.

Am Mittag aber, in der schwersten Stunde,
hob sich das Meer noch einmal auf und warf
einen Delphin an jene selbe Stelle.
Tot, rot und offen.

### Die Rosenschale

Zornige sahst du flackern, sahst zwei Knaben
zu einem Etwas sich zusammenballen,
das Hass war und sich auf der Erde wälzte
wie ein von Bienen überfallnes Tier;
Schauspieler, aufgetürmte Übertreiber,
rasende Pferde, die zusammenbrachen,
den Blick wegwerfend, bläkend das Gebiss
als schälte sich der Schädel aus dem Maule.

Nun aber weißt du, wie sich das vergisst:
denn vor dir steht die volle Rosenschale,
die unvergesslich ist und angefüllt
mit jenem Äußersten von Sein und Neigen,
Hinhalten, Niemals-Gebenkönnen, Dastehn,
das unser sein mag: Äußerstes auch uns.

Lautloses Leben, Aufgehn ohne Ende,
Raum-brauchen ohne Raum von jenem Raum
zu nehmen, den die Dinge rings verringern,
fast nicht Umrissen-sein wie Ausgespartes
und lauter Inneres, viel seltsam Zartes
und Sich-bescheinendes – bis an den Rand:
ist irgend etwas uns bekannt wie dies?

Und dann wie dies: dass ein Gefühl entsteht,
weil Blütenblätter Blütenblätter rühren?
Und dies: dass eins sich aufschlägt wie ein Lid,
und drunter liegen lauter Augenlider,
geschlossene, als ob sie, zehnfach schlafend,
zu dämpfen hätten eines Innern Sehkraft.
Und dies vor allem: dass durch diese Blätter
das Licht hindurch muss. Aus den tausend Himmeln
filtern sie langsam jenen Tropfen Dunkel,
in dessen Feuerschein das wirre Bündel

der Staubgefäße sich erregt und aufbäumt.

Und die Bewegung in den Rosen, sieh:
Gebärden von so kleinem Ausschlagswinkel,
dass sie unsichtbar blieben, liefen ihre
Strahlen nicht auseinander in das Weltall.

Sieh jene weiße, die sich selig aufschlug
und dasteht in den großen offnen Blättern
wie eine Venus aufrecht in der Muschel;
und die errötende, die wie verwirrt
nach einer kühlen sich hinüberwendet,
und wie die kühle fühllos sich zurückzieht,
und wie die kalte steht, in sich gehüllt,
unter den offenen, die alles abtun.
Und was sie abtun, wie das leicht und schwer,
wie es ein Mantel, eine Last, ein Flügel
und eine Maske sein kann, je nach dem,
und *wie* sie's abtun: wie vor dem Geliebten.

Was können sie nicht sein: war jene gelbe,
die hohl und offen daliegt, nicht die Schale
von einer Frucht, darin dasselbe Gelb,
gesammelter, orangeröter, Saft war?
Und war's für diese schon zu viel, das Aufgehn,
weil an der Luft ihr namenloses Rosa
den bittern Nachgeschmack des Lila annahm?
Und die batistene, ist sie kein Kleid,
in dem noch zart und atemwarm das Hemd steckt,
mit dem zugleich es abgeworfen wurde
im Morgenschatten an dem alten Waldbad?
Und diese hier, opalnes Porzellan,
zerbrechlich, eine flache Chinatasse
und angefüllt mit kleinen hellen Faltern, –
und jene da, die nichts enthält als sich.

Und sind nicht alle so, nur sich enthaltend,
wenn Sich-enthalten heißt: die Welt da draußen
und Wind und Regen und Geduld des Frühlings
und Schuld und Unruh und vermummtes Schicksal
und Dunkelheit der abendlichen Erde
bis auf der Wolken Wandel, Flucht und Anflug,
bis auf den vagen Einfluss ferner Sterne
in eine Hand voll Innres zu verwandeln.
Nun liegt es sorglos in den offnen Rosen.

# Der neuen Gedichte anderer Teil

À mon grand Ami Auguste Rodin

Entstanden 1907 bis 1908; Erstdruck beim Insel-Verlag, Leipzig 1908.

## Archaïscher Torso Apollos

Wir kannten nicht sein unerhörtes Haupt,
darin die Augenäpfel reiften. Aber
sein Torso glüht noch wie ein Kandelaber,
in dem sein Schauen, nur zurückgeschraubt,

sich hält und glänzt. Sonst könnte nicht der Bug
der Brust dich blenden, und im leisen Drehen
der Lenden könnte nicht ein Lächeln gehen
zu jener Mitte, die die Zeugung trug.

Sonst stünde dieser Stein entstellt und kurz
unter der Schultern durchsichtigem Sturz
und flimmerte nicht so wie Raubtierfelle;

und bräche nicht aus allen seinen Rändern
aus wie ein Stern: denn da ist keine Stelle,
die dich nicht sieht. Du musst dein Leben ändern.

## Kretische Artemis

Wind der Vorgebirge: war nicht ihre
Stirne wie ein lichter Gegenstand?
Glatter Gegenwind der leichten Tiere,
formtest du sie: ihr Gewand

bildend an die unbewussten Brüste
wie ein wechselvolles Vorgefühl?
Während sie, als ob sie alles wüsste,
auf das Fernste zu, geschürzt und kühl,

stürmte mit den Nymphen und den Hunden,
ihren Bogen probend, eingebunden
in den harten hohen Gurt;

manchmal nur aus fremden Siedelungen
angerufen und erzürnt bezwungen
von dem Schreien um Geburt.

## Leda

Als ihn der Gott in seiner Not betrat,
erschrak er fast, den Schwan so schön zu finden;
er ließ sich ganz verwirrt in ihm verschwinden.
Schon aber trug ihn sein Betrug zur Tat,

bevor er noch des unerprobten Seins
Gefühle prüfte. Und die Aufgetane

196

erkannte schon den Kommenden im Schwane
und wusste schon: er bat um Eins,

das sie, verwirrt in ihrem Widerstand,
nicht mehr verbergen konnte. Er kam nieder
und halsend durch die immer schwächre Hand

ließ sich der Gott in die Geliebte los.
Dann erst empfand er glücklich sein Gefieder
und wurde wirklich Schwan in ihrem Schoß.

### Delphine

Jene Wirklichen, die ihrem Gleichen
überall zu wachsen und zu wohnen
gaben, fühlten an verwandten Zeichen
Gleiche in den aufgelösten Reichen,
die der Gott, mit triefenden Tritonen,
überströmt bisweilen übersteigt;
denn da hatte sich das Tier gezeigt:
anders als die stumme, stumpfgemute
Zucht der Fische, Blut von ihrem Blute
und von fern dem Menschlichen geneigt.

Eine Schar kam, die sich überschlug,
froh, als fühlte sie die Fluten glänzend:
Warme, Zugetane, deren Zug
wie mit Zuversicht die Fahrt bekränzend,
leichtgebunden um den runden Bug
wie um einer Vase Rumpf und Rundung,
selig, sorglos, sicher vor Verwundung,
aufgerichtet, hingerissen, rauschend
und im Tauchen mit den Wellen tauschend
die Trireme heiter weitertrug.

Und der Schiffer nahm den neugewährten
Freund in seine einsame Gefahr
und ersann für ihn, für den Gefährten,
dankbar eine Welt und hielt für wahr,
dass er Töne liebte, Götter, Gärten
und das tiefe, stille Sternenjahr.

### Die Insel der Sirenen

Wenn er denen, die ihm gastlich waren,
spät, nach ihrem Tage noch, da sie
fragten nach den Fahrten und Gefahren,

still berichtete: er wusste nie,

wie sie schrecken und mit welchem jähen
Wort sie wenden, dass sie so wie er
in dem blau gestillten Inselmeer
die Vergoldung jener Inseln sähen,

deren Anblick macht, dass die Gefahr
umschlägt; denn nun ist sie nicht im Tosen
und im Wüten, wo sie immer war.
Lautlos kommt sie über die Matrosen,

welche wissen, dass es dort auf jenen
goldnen Inseln manchmal singt –,
und sich blindlings in die Ruder lehnen,
wie umringt

von der Stille, die die ganze Weite
in sich hat und an die Ohren weht,
so als wäre ihre andre Seite
der Gesang, dem keiner widersteht.


### Klage um Antinous

Keiner begriff mir von euch den bithynischen Knaben
(dass ihr den Strom anfasstet und von ihm hübt ...).
Ich verwöhnte ihn zwar. Und dennoch: wir haben
ihn nur mit Schwere erfüllt und für immer getrübt.

Wer vermag denn zu lieben ? Wer kann es ? – Noch keiner.
Und so hab ich unendliches Weh getan –.
Nun ist er am Nil der stillenden Götter einer,
und ich weiß kaum welcher und kann ihm nicht nahn.

Und ihr warfet ihn noch, Wahnsinnige, bis in die Sterne,
damit ich euch rufe und dränge: meint ihr den?
Was ist er nicht einfach ein Toter. Er wäre es gerne.
Und vielleicht wäre ihm nichts geschehn.


### Der Tod der Geliebten

Er wusste nur vom Tod was alle wissen:
dass er uns nimmt und in das Stumme stößt.
Als aber sie, nicht von ihm fortgerissen,
nein, leis aus seinen Augen ausgelöst,

hinüberglitt zu unbekannten Schatten,
und als er fühlte, dass sie drüben nun
wie einen Mond ihr Mädchenlächeln hatten

und ihre Weise wohlzutun:

da wurden ihm die Toten so bekannt,
als wäre er durch sie mit einem jeden
ganz nah verwandt; er ließ die andern reden

und glaubte nicht und nannte jenes Land
das gutgelegene, das immersüße –
Und tastete es ab für ihre Füße.

### Klage um Jonathan

Ach sind auch Könige nicht von Bestand
und dürfen hingehn wie gemeine Dinge,
obwohl ihr Druck wie der der Siegelringe
sich widerbildet in das weiche Land.

Wie aber konntest du, so angefangen
mit deines Herzens Initial,
aufhören plötzlich: Wärme meiner Wangen.
O dass dich einer noch einmal
erzeugte, wenn sein Samen in ihm glänzt.

Irgend ein Fremder sollte dich zerstören,
und der dir innig war, ist nichts dabei
und muss sich halten und die Botschaft hören;
wie wunde Tiere auf den Lagern löhren,
möcht ich mich legen mit Geschrei:

denn da und da, an meinen scheusten Orten,
bist du mir ausgerissen wie das Haar,
das in den Achselhöhlen wächst und dorten,
wo ich ein Spiel für Frauen war,

bevor du meine dort verfitzten Sinne
aufsträhntest wie man einen Knaul entflicht;
da sah ich auf und wurde deiner inne: –
Jetzt aber gehst du mir aus dem Gesicht.

### Tröstung des Elia

Er hatte das getan und dies, den Bund
wie jenen Altar wieder aufzubauen,
zu dem sein weitgeschleudertes Vertrauen
zurück als Feuer fiel von ferne, und
hatte er dann nicht Hunderte zerhauen,
weil sie ihm stanken mit dem Baal im Mund,
am Bache schlachtend bis ans Abendgrauen,

das mit dem Regengrau sich groß verband.
Doch als ihn von der Königin der Bote
nach solchem Werktag antrat und bedrohte,
da lief er wie ein Irrer in das Land,

so lange bis er unterm Ginsterstrauche
wie weggeworfen aufbrach in Geschrei
das in der Wüste brüllte: Gott, gebrauche
mich länger nicht. Ich bin entzwei.

Doch grade da kam ihn der Engel ätzen
mit einer Speise, die er tief empfing,
so dass er lange dann an Weideplätzen
und Wassern immer zum Gebirge ging,

zu dem der Herr um seinetwillen kam:
Im Sturme nicht und nicht im Sich-Zerspalten
der Erde, der entlang in schweren Falten
ein leeres Feuer ging, fast wie aus Scham
über des Ungeheuren ausgeruhtes
Hinstürzen zu dem angekommnen Alten,
der ihn im sanften Sausen seines Blutes
erschreckt und zugedeckt vernahm.

### Saul unter den Propheten

Meinst du denn, dass man sich sinken sieht?
Nein, der König schien sich noch erhaben,
da er seinen starken Harfenknaben
töten wollte bis ins zehnte Glied.

Erst da ihn der Geist auf solchen Wegen
überfiel und auseinanderriss,
sah er sich im Innern ohne Segen,
und sein Blut ging in der Finsternis
abergläubig dem Gericht entgegen.

Wenn sein Mund jetzt troff und prophezeite,
war es nur, damit der Flüchtling weit
flüchten könne. So war dieses zweite
Mal. Doch einst: er hatte prophezeit

fast als Kind, als ob ihm jede Ader
mündete in einen Mund aus Erz;
Alle schritten, doch er schritt gerader.
Alle schrieen, doch ihm schrie das Herz.

Und nun war er nichts als dieser Haufen
umgestürzter Würden, Last auf Last;

und sein Mund war wie der Mund der Traufen,
der die Güsse, die zusammenlaufen,
fallen lässt, eh er sie fasst.

### Samuels Erscheinung vor Saul

Da schrie die Frau zu Endor auf: Ich sehe –
Der König packte sie am Arme: Wen?
Und da die Starrende beschrieb, noch ehe,
da war ihm schon, er hätte selbst gesehn:

Den, dessen Stimme ihn noch einmal traf:
Was störst du mich? Ich habe Schlaf.
Willst du, weil dir die Himmel fluchen
und weil der Herr sich vor dir schloss und schwieg,
in meinem Mund nach einem Siege suchen?
Soll ich dir meine Zähne einzeln sagen?
Ich habe nichts als sie ... Es schwand. Da schrie
das Weib, die Hände vors Gesicht geschlagen,
als ob sie's sehen müsste: Unterlieg –

Und er, der in der Zeit, die ihm gelang,
das Volk wie ein Feldzeichen überragte,
fiel hin, bevor er noch zu klagen wagte:
so sicher war sein Untergang.

Die aber, die ihn wider Willen schlug,
hoffte, dass er sich fasste und vergäße;
und als sie hörte, dass er nie mehr äße,
ging sie hinaus und schlachtete und buk

und brachte ihn dazu, dass er sich setzte;
er saß wie einer, der zu viel vergisst:
alles was war, bis auf das Eine, Letzte.
Dann aß er wie ein Knecht zu Abend isst.

### Ein Prophet

Ausgedehnt von riesigen Gesichten,
hell vom Feuerschein aus dem Verlauf
der Gerichte, die ihn nie vernichten, –
sind die Augen, schauend unter dichten
Brauen. Und in seinem Innern richten
sich schon wieder Worte auf,

nicht die seinen (denn was wären seine
und wie schonend wären sie vertan)

andre, harte: Eisenstücke, Steine,
die er schmelzen muss wie ein Vulkan,

um sie in dem Ausbruch seines Mundes
auszuwerfen, welcher flucht und flucht;
während seine Stirne, wie des Hundes
Stirne, *das* zu tragen sucht,

was der Herr von seiner Stirne nimmt:
Dieser, Dieser, den sie alle fänden,
folgten sie den großen Zeigehänden,
die Ihn weisen wie Er ist: ergrimmt.

### Jeremia

Einmal war ich weich wie früher Weizen,
doch, du Rasender, du hast vermocht,
mir das hingehaltne Herz zu reizen,
dass es jetzt wie eines Löwen kocht.

Welchen Mund hast du mir zugemutet,
damals, da ich fast ein Knabe war:
eine Wunde wurde er: nun blutet
aus ihm Unglücksjahr um Unglücksjahr.

Täglich tönte ich von neuen Nöten,
die du, Unersättlicher, ersannst,
und sie konnten mir den Mund nicht töten;
sieh du zu, wie du ihn stillen kannst,

wenn, die wir zerstoßen und zerstören,
erst verloren sind und fernverlaufen
und vergangen sind in der Gefahr:
denn dann will ich in den Trümmerhaufen
endlich meine Stimme wiederhören,
die von Anfang an ein Heulen war.

### Eine Sibylle

Einst, vor Zeiten, nannte man sie alt.
Doch sie blieb und kam dieselbe Straße
täglich. Und man änderte die Maße,
und man zählte sie wie einen Wald

nach Jahrhunderten. Sie aber stand
jeden Abend auf derselben Stelle,
schwarz wie eine alte Zitadelle
hoch und hohl und ausgebrannt;

202

von den Worten, die sich unbewacht
wider ihren Willen in ihr mehrten,
immerfort umschrieen und umflogen,
während die schon wieder heimgekehrten
dunkel unter ihren Augenbogen
saßen, fertig für die Nacht.

### Absaloms Abfall

Sie hoben sie mit Geblitz:
der Sturm aus den Hörnern schwellte
seidene, breitgewellte
Fahnen. Der herrlich Erhellte
nahm im hochoffenen Zelte,
das jauchzendes Volk umstellte,
zehn Frauen in Besitz,

die (gewohnt an des alternden Fürsten
sparsame Nacht und Tat)
unter seinem Dürsten
wogten wie Sommersaat.

Dann trat er heraus zum Rate.
wie vermindert um nichts,
und jeder, der ihm nahte,
erblindete seines Lichts.

So zog er auch den Heeren
voran wie ein Stern dem Jahr;
über allen Speeren
wehte sein warmes Haar,
das der Helm nicht fasste,
und das er manchmal hasste,
weil es schwerer war
als seine reichsten Kleider.

Der König hatte geboten,
dass man den Schönen schone.
Doch man sah ihn ohne
Helm an den bedrohten
Orten die ärgsten Knoten
zu roten Stücken von Toten
auseinanderhaun.
Dann wusste lange keiner
von ihm, bis plötzlich einer
schrie: Er hängt dort hinten
an den Terebinthen

mit hochgezogenen Braun.

Das war genug des Winks.
Joab, wie ein Jäger,
erspähte das Haar –: ein schräger
gedrehter Ast: da hing's.
Er durchrannte den schlanken Kläger,
und seine Waffenträger
durchbohrten ihn rechts und links.

## Esther

Die Dienerinnen kämmten sieben Tage
die Asche ihres Grams und ihrer Plage
Neige und Niederschlag aus ihrem Haar,
und trugen es und sonnten es im Freien
und speisten es mit reinen Spezereien
noch diesen Tag und den: dann aber war

die Zeit gekommen, da sie, ungeboten,
zu keiner Frist, wie eine von den Toten
den drohend offenen Palast betrat,
um gleich, gelegt auf ihre Kammerfrauen,
am Ende ihres Weges *Den* zu schauen,
an dem man stirbt, wenn man ihm naht.

Er glänzte so, dass sie die Kronrubine
aufflammen fühlte, die sie an sich trug;
sie füllte sich ganz rasch mit seiner Miene
wie ein Gefäß und war schon voll genug

und floss schon über von des Königs Macht,
bevor sie noch den dritten Saal durchschritt,
der sie mit seiner Wände Malachit
grün überlief. Sie hatte nicht gedacht,

so langen Gang zu tun mit allen Steinen,
die schwerer wurden von des Königs Scheinen
und kalt von ihrer Angst. Sie ging und ging –

Und als sie endlich, fast von nahe, ihn,
aufruhend auf dem Thron von Turmalin,
sich türmen sah, so wirklich wie ein Ding:

empfing die rechte von den Dienerinnen
die Schwindende und hielt sie zu dem Sitze.
Er rührte sie mit seines Szepters Spitze:
... und sie begriff es ohne Sinne, innen.

## Der aussätzige König

Da trat auf seiner Stirn der Aussatz aus
und stand auf einmal unter seiner Krone
als wär er König über allen Graus,
der in die Andern fuhr, die fassungsohne

hinstarrten nach dem furchtbaren Vollzug
an jenem, welcher, schmal wie ein Verschnürter,
erwartete, dass einer nach ihm schlug;
doch noch war keiner Manns genug:
als machte ihn nur immer unberührter
die neue Würde, die sich übertrug.

## Legende von den drei Lebendigen
## und den drei Toten

Drei Herren hatten mit Falken gebeizt
und freuten sich auf das Gelag.
Da nahm sie der Greis in Beschlag
und führte. Die Reiter hielten gespreizt
vor dem dreifachen Sarkophag,

der ihnen dreimal entgegenstank,
in den Mund, in die Nase, ins Sehn;
und sie wussten es gleich: da lagen lang
drei Tote mitten im Untergang
und ließen sich grässlich gehn.

Und sie hatten nur noch ihr Jägergehör
reinlich hinter dem Sturmbandlör;
doch da zischte der Alte sein:
– Sie gingen nicht durch das Nadelöhr
und gehen niemals – hinein.

Nun blieb ihnen noch ihr klares Getast,
das stark war vom Jagen und heiß;
doch das hatte ein Frost von hinten gefasst
und trieb ihm Eis in den Schweiß.

## Der König von Münster

Der König war geschoren;
nun ging ihm die Krone zu weit
und bog ein wenig die Ohren,
in die von Zeit zu Zeit

gehässiges Gelärme

aus Hungermäulern fand.
Er saß, von wegen der Wärme,
auf seiner rechten Hand,

mürrisch und schwergesäßig.
Er fühlte sich nicht mehr echt:
der Herr in ihm war mäßig,
und der Beischlaf war schlecht.

## Toten-Tanz

Sie brauchen kein Tanz-Orchester;
sie hören in sich ein Geheule
als wären sie Eulennester.
Ihr Ängsten nässt wie eine Beule,
und der Vorgeruch ihrer Fäule
ist noch ihr bester Geruch.

Sie fassen den Tänzer fester,
den rippenbetressten Tänzer,
den Galan, den echten Ergänzer
zu einem ganzen Paar.
Und er lockert der Ordensschwester
über dem Haar das Tuch;
sie tanzen ja unter Gleichen.
Und er zieht der wachslichtbleichen
leise die Lesezeichen
aus ihrem Stunden-Buch.

Bald wird ihnen allen zu heiß,
sie sind zu reich gekleidet;
beißender Schweiß verleidet
ihnen Stirne und Steiß
und Schauben und Hauben und Steine;
sie wünschen, sie wären nackt
wie ein Kind, ein Verrückter und Eine:
die tanzen noch immer im Takt.

## Das Jüngste Gericht

So erschrocken, wie sie nie erschraken,
ohne Ordnung, oft durchlocht und locker,
hocken sie in dem geborstnen Ocker
ihres Ackers, nicht von ihren Laken

abzubringen, die sie liebgewannen.
Aber Engel kommen an, um Öle

einzuträufeln in die trocknen Pfannen
und um jedem in die Achselhöhle

das zu legen, was er in dem Lärme
damals seines Lebens nicht entweihte;
denn dort hat es noch ein wenig Wärme,

dass es nicht des Herren Hand erkälte
oben, wenn er es aus jeder Seite
leise greift, zu fühlen, ob es gälte.

## Die Versuchung

Nein, es half nicht, dass er sich die scharfen
Stacheln einhieb in das geile Fleisch;
alle seine trächtigen Sinne warfen
unter kreißendem Gekreisch

Frühgeburten: schiefe, hingeschielte
kriechende und fliegende Gesichte,
Nichte, deren nur auf ihn erpichte
Bosheit sich verband und mit ihm spielte.

Und schon hatten seine Sinne Enkel;
denn das Pack war fruchtbar in der Nacht
und in immer bunterem Gesprenkel
hingehudelt und verhundertfacht.
Aus dem Ganzen ward ein Trank gemacht:
seine Hände griffen lauter Henkel,
und der Schatten schob sich auf wie Schenkel
warm und zu Umarmungen erwacht –.

Und da schrie er nach dem Engel, schrie:
Und der Engel kam in seinem Schein
und war da: und jagte sie
wieder in den Heiligen hinein,

dass er mit Geteufel und Getier
in sich weiterringe wie seit Jahren
und sich Gott, den lange noch nicht klaren,
innen aus dem Jäsen destillier.

## Der Alchimist

Seltsam verlächelnd schob der Laborant
den Kolben fort, der halbberuhigt rauchte.
Er wusste jetzt, was er noch brauchte,
damit der sehr erlauchte Gegenstand

da drin entstände. Zeiten brauchte er,
Jahrtausende für sich und diese Birne
in der es brodelte; im Hirn Gestirne
und im Bewusstsein mindestens das Meer.

Das Ungeheuere, das er gewollt,
er ließ es los in dieser Nacht. Es kehrte
zurück zu Gott und in sein altes Maß;

er aber, lallend wie ein Trunkenbold,
lag über dem Geheimfach und begehrte
den Brocken Gold, den er besaß.

### Der Reliquienschrein

Draußen wartete auf alle Ringe
und auf jedes Kettenglied
Schicksal, das nicht ohne sie geschieht.
Drinnen waren sie nur Dinge, Dinge
die er schmiedete; denn vor dem Schmied
war sogar die Krone, die er bog,
nur ein Ding, ein zitterndes und eines
das er finster wie im Zorn erzog
zu dem Tragen eines reinen Steines.

Seine Augen wurden immer kälter
von dem kalten täglichen Getränk;
aber als der herrliche Behälter
(goldgetrieben, köstlich, vielkarätig)
fertig vor ihm stand, das Weihgeschenk,
dass darin ein kleines Handgelenk
fürder wohne, weiß und wundertätig:

blieb er ohne Ende auf den Knien,
hingeworfen, weinend, nicht mehr wagend,
seine Seele niederschlagend
vor dem ruhigen Rubin,
der ihn zu gewahren schien
und ihn, plötzlich um sein Dasein fragend,
ansah wie aus Dynastien.

### Das Gold

Denk es wäre nicht: es hätte müssen
endlich in den Bergen sich gebären
und sich niederschlagen in den Flüssen
aus dem Wollen, aus dem Gären

ihres Willens; aus der Zwang-Idee,
dass ein Erz ist über allen Erzen.
Weithin warfen sie aus ihren Herzen
immer wieder Meroë

an den Rand der Lande, in den Äther,
über das Erfahrene hinaus;
und die Söhne brachten manchmal später
das Verheißene der Väter,
abgehärtet und verhehrt, nachhaus;

wo es anwuchs eine Zeit, um dann
fortzugehn von den an ihm Geschwächten,
die es niemals liebgewann.
Nur (so sagt man) in den letzten Nächten
steht es auf und sieht sie an.

## Der Stylit

Völker schlugen über ihm zusammen,
die er küren durfte und verdammen;
und erratend, dass er sich verlor,
klomm er aus dem Volksgeruch mit klammen
Händen einen Säulenschaft empor,

der noch immer stieg und nichts mehr hob,
und begann, allein auf seiner Fläche,
ganz von vorne seine eigne Schwäche
zu vergleichen mit des Herren Lob;

und da war kein Ende: er verglich;
und der Andre wurde immer größer.
Und die Hirten, Ackerbauer, Flößer
sahn ihn klein und außer sich

immer mit dem ganzen Himmel reden,
eingeregnet manchmal, manchmal licht;
und sein Heulen stürzte sich auf jeden,
so als heulte er ihm ins Gesicht.
Doch er sah seit Jahren nicht,

wie der Menge Drängen und Verlauf
unten unaufhörlich sich ergänzte,
und das Blanke an den Fürsten glänzte
lange nicht so hoch hinauf.

Aber wenn er oben, fast verdammt
und von ihrem Widerstand zerschunden,
einsam mit verzweifeltem Geschreie

schüttelte die täglichen Dämonen:
fielen langsam auf die erste Reihe
schwer und ungeschickt aus seinen Wunden
große Würmer in die offnen Kronen
und vermehrten sich im Samt.

### Die ägyptische Maria

Seit sie damals, bettheiß, als die Hure
übern Jordan floh und, wie ein Grab
gebend, stark und unvermischt das pure
Herz der Ewigkeit zu trinken gab,

wuchs ihr frühes Hingegebensein
unaufhaltsam an zu solcher Größe,
dass sie endlich, wie die ewige Blöße
Aller, aus vergilbtem Elfenbein

dalag in der dürren Haare Schelfe.
Und ein Löwe kreiste; und ein Alter
rief ihn winkend an, dass er ihm helfe:

(und so gruben sie zu zwein.)

Und der Alte neigte sie hinein.
Und der Löwe, wie ein Wappenhalter,
saß dabei und hielt den Stein.

### Kreuzigung

Längst geübt, zum kahlen Galgenplatze
irgend ein Gesindel hinzudrängen,
ließen sich die schweren Knechte hängen,
dann und wann nur eine große Fratze

kehrend nach den abgetanen Drein.
Aber oben war das schlechte Henkern
rasch getan; und nach dem Fertigsein
ließen sich die freien Männer schlenkern.

Bis der eine (fleckig wie ein Selcher)
sagte: Hauptmann, dieser hat geschrien.
Und der Hauptmann sah vom Pferde: Welcher?
und es war ihm selbst, er hätte ihn

den Elia rufen hören. Alle
waren zuzuschauen voller Lust,
und sie hielten, dass er nicht verfalle,
gierig ihm die ganze Essiggalle

an sein schwindendes Gehust.

Denn sie hofften noch ein ganzes Spiel
und vielleicht den kommenden Elia.
Aber hinten ferne schrie Maria,
und er selber brüllte und verfiel.

## Der Auferstandene

Er vermochte niemals bis zuletzt
ihr zu weigern oder abzuneinen,
dass sie ihrer Liebe sich berühme;
und sie sank ans Kreuz in dem Kostüme
eines Schmerzes, welches ganz besetzt
war mit ihrer Liebe größten Steinen.

Aber da sie dann, um ihn zu salben,
an das Grab kam, Tränen im Gesicht,
war er auferstanden ihrethalben,
dass er seliger ihr sage: Nicht –

Sie begriff es erst in ihrer Höhle,
wie er ihr, gestärkt durch seinen Tod,
endlich das Erleichternde der Öle
und des Rührens Vorgefühl verbot,

um aus ihr die Liebende zu formen
die sich nicht mehr zum Geliebten neigt,
weil sie, hingerissen von enormen
Stürmen, seine Stimme übersteigt.

## Magnificat

Sie kam den Hang herauf, schon schwer, fast ohne
an Trost zu glauben, Hoffnung oder Rat;
doch da die hohe tragende Matrone
ihr ernst und stolz entgegentrat

und alles wusste ohne ihr Vertrauen,
da war sie plötzlich an ihr ausgeruht;
vorsichtig hielten sich die vollen Frauen,
bis dass die junge sprach: Mir ist zumut,

als wär ich, Liebe, von nun an für immer.
Gott schüttet in der Reichen Eitelkeit
fast ohne hinzusehen ihren Schimmer;
doch sorgsam sucht er sich ein Frauenzimmer
und füllt sie an mit seiner fernsten Zeit.

Dass er mich fand. Bedenk nur; und Befehle
um meinetwillen gab von Stern zu Stern –.

Verherrliche und hebe, meine Seele,
so hoch du kannst: den HERRN.


## Adam

Staunend steht er an der Kathedrale
steilem Aufstieg, nah der Fensterrose,
wie erschreckt von der Apotheose,
welche wuchs und ihn mit einem Male

niederstellte über die und die.
Und er ragt und freut sich seiner Dauer
schlicht entschlossen; als der Ackerbauer
der begann, und der nicht wusste, wie

aus dem fertig-vollen Garten Eden
einen Ausweg in die neue Erde
finden. Gott war schwer zu überreden;

und er drohte ihm, statt zu gewähren,
immer wieder, dass er sterben werde.
Doch der Mensch bestand: sie wird gebären.


## Eva

Einfach steht sie an der Kathedrale
großem Aufstieg, nah der Fensterrose,
mit dem Apfel in der Apfelpose,
schuldlos-schuldig ein für alle Male

an dem Wachsenden, das sie gebar,
seit sie aus dem Kreis der Ewigkeiten
liebend fortging, um sich durchzustreiten
durch die Erde, wie ein junges Jahr.

Ach, sie hätte gern in jenem Land
noch ein wenig weilen mögen, achtend
auf der Tiere Eintracht und Verstand.

Doch da sie den Mann entschlossen fand,
ging sie mit ihm, nach dem Tode trachtend;
und sie hatte Gott noch kaum gekannt.

## Irre im Garten

*Dijon*

Noch schließt die aufgegebene Kartause
sich um den Hof, als würde etwas heil.
Auch die sie jetzt bewohnen, haben Pause
und nehmen nicht am Leben draußen teil.

Was irgend kommen konnte, das verlief.
Nun gehn sie gerne mit bekannten Wegen,
und trennen sich und kommen sich entgegen,
als ob sie kreisten, willig, primitiv.

Zwar manche pflegen dort die Frühlingsbeete,
demütig, dürftig, hingekniet;
aber sie haben, wenn es keiner sieht,
eine verheimlichte, verdrehte

Gebärde für das zarte frühe Gras,
ein prüfendes, verschüchtertes Liebkosen:
denn das ist freundlich, und das Rot der Rosen
wird vielleicht drohend sein und Übermaß

und wird vielleicht schon wieder übersteigen,
was ihre Seele wiederkennt und weiß.
Dies aber lässt sich noch verschweigen:
wie gut das Gras ist und wie leis.

## Die Irren

Und sie schweigen, weil die Scheidewände
weggenommen sind aus ihrem Sinn,
und die Stunden, da man sie verstände,
heben an und gehen hin.

Nächtens oft, wenn sie ans Fenster treten:
plötzlich ist es alles gut.
Ihre Hände liegen im Konkreten,
und das Herz ist hoch und könnte beten,
und die Augen schauen ausgeruht

auf den unverhofften, oftentstellten
Garten im beruhigten Geviert,
der im Widerschein der fremden Welten
weiterwächst und niemals sich verliert.

213

### Aus dem Leben eines Heiligen

Er kannte Ängste, deren Eingang schon
wie Sterben war und nicht zu überstehen.
Sein Herz erlernte, langsam durchzugehen;
er zog es groß wie einen Sohn.

Und namenlose Nöte kannte er,
finster und ohne Morgen wie Verschläge;
und seine Seele gab er folgsam her,
da sie erwachsen war, auf dass sie läge

bei ihrem Bräutigam und Herrn; und blieb
allein zurück an einem solchen Orte,
wo das Alleinsein alles übertrieb,
und wohnte weit und wollte niemals Worte.

Aber dafür, nach Zeit und Zeit, erfuhr
er auch das Glück, sich in die eignen Hände,
damit er eine Zärtlichkeit empfände,
zu legen wie die ganze Kreatur.

### Die Bettler

Du wusstest nicht, was den Haufen
ausmacht. Ein Fremder fand
Bettler darin. Sie verkaufen
das Hohle aus ihrer Hand.

Sie zeigen dem Hergereisten
ihren Mund voll Mist,
und er darf (er kann es sich leisten)
sehn, wie ihr Aussatz frisst.

Es zergeht in ihren zerrührten
Augen sein fremdes Gesicht;
und sie freuen sich des Verführten
und speien, wenn er spricht.

### Fremde Familie

So wie der Staub, der irgendwie beginnt
und nirgends ist, zu unerklärtem Zwecke
an einem leeren Morgen in der Ecke
in die man sieht, ganz rasch zu Grau gerinnt,

so bildeten sie sich, wer weiß aus was,
im letzten Augenblick vor deinen Schritten
und waren etwas Ungewisses mitten

im nassen Niederschlag der Gasse, das
nach dir verlangte. Oder nicht nach dir.
Denn eine Stimme, wie vom vorigen Jahr,
sang dich zwar an und blieb doch ein Geweine;
und eine Hand, die wie geliehen war,
kam zwar hervor und nahm doch nicht die deine.
Wer kommt denn noch? Wen meinen diese vier?

### Leichen-Wäsche

Sie hatten sich an ihn gewöhnt. Doch als
die Küchenlampe kam und unruhig brannte
im dunkeln Luftzug, war der Unbekannte
ganz unbekannt. Sie wuschen seinen Hals,

und da sie nichts von seinem Schicksal wussten,
so logen sie ein anderes zusamm,
fortwährend waschend. Eine musste husten
und ließ solang den schweren Essigschwamm

auf dem Gesicht. Da gab es eine Pause
auch für die zweite. Aus der harten Bürste
klopften die Tropfen; während seine grause
gekrampfte Hand dem ganzen Hause
beweisen wollte, dass ihn nicht mehr dürste.

Und er bewies. Sie nahmen wie betreten
eiliger jetzt mit einem kurzen Huster
die Arbeit auf, so dass an den Tapeten
ihr krummer Schatten in dem stummen Muster

sich wand und wälzte wie in einem Netze,
bis dass die Waschenden zu Ende kamen.
Die Nacht im vorhanglosen Fensterrahmen
war rücksichtslos. Und einer ohne Namen
lag bar und reinlich da und gab Gesetze.

### Eine von den Alten
*Paris*

Abends manchmal (weißt du, wie das tut?)
wenn sie plötzlich stehn und rückwärts nicken
und ein Lächeln, wie aus lauter Flicken,
zeigen unter ihrem halben Hut.

Neben ihnen ist dann ein Gebäude,
endlos, und sie locken dich entlang

mit dem Rätsel ihrer Räude,
mit dem Hut, dem Umhang und dem Gang.

Mit der Hand, die hinten unterm Kragen
heimlich wartet und verlangt nach dir:
wie um deine Hände einzuschlagen
in ein aufgehobenes Papier.

### Der Blinde

*Paris*

Sieh, er geht und unterbricht die Stadt,
die nicht ist auf seiner dunkeln Stelle,
wie ein dunkler Sprung durch eine helle
Tasse geht. Und wie auf einem Blatt

ist auf ihm der Widerschein der Dinge
aufgemalt; er nimmt ihn nicht hinein.
Nur sein Fühlen rührt sich, so als finge
es die Welt in kleinen Wellen ein:

eine Stille, einen Widerstand –,
und dann scheint er wartend wen zu wählen:
hingegeben hebt er seine Hand,
festlich fast, wie um sich zu vermählen.

### Eine Welke

Leicht, wie nach ihrem Tode
trägt sie die Handschuh, das Tuch.
Ein Duft aus ihrer Kommode
verdrängte den lieben Geruch,

an dem sie sich früher erkannte.
Jetzt fragte sie lange nicht, wer
sie sei (: eine ferne Verwandte),
und geht in Gedanken umher

und sorgt für ein ängstliches Zimmer,
das sie ordnet und schont,
weil es vielleicht noch immer
dasselbe Mädchen bewohnt.

### Abendmahl

Ewiges will zu uns. Wer hat die Wahl
und trennt die großen und geringen Kräfte?

Erkennst du durch das Dämmern der Geschäfte
im klaren Hinterraum das Abendmahl:

wie sie sichs halten und wie sie sichs reichen
und in der Handlung schlicht und schwer beruhn.
Aus ihren Händen heben sich die Zeichen;
sie wissen nicht, dass sie sie tun

und immer neu mit irgendwelchen Worten
einsetzen, was man trinkt und was man teilt.
Denn da ist keiner, der nicht allerorten
heimlich von hinnen geht, indem er weilt.

Und sitzt nicht immer einer unter ihnen,
der seine Eltern, die ihm ängstlich dienen,
wegschenkt an ihre abgetane Zeit?
(Sie zu verkaufen, ist ihm schon zu weit.)

### Die Brandstätte

Gemieden von dem Frühherbstmorgen, der
misstrauisch war, lag hinter den versengten
Hauslinden, die das Heidehaus beengten,
ein Neues, Leeres. Eine Stelle mehr,

auf welcher Kinder, von Gott weiß woher,
einander zuschrien und nach Fetzen haschten.
Doch alle wurden stille, sooft er,
der Sohn von hier, aus heißen, halbveraschten

Gebälken Kessel und verbogne Tröge
an einem langen Gabelaste zog, –
um dann mit einem Blick als ob er löge
die andern anzusehn, die er bewog

zu glauben, was an dieser Stelle stand.
Denn seit es nicht mehr war, schien es ihm so
seltsam: phantastischer als Pharao.
Und er war anders. Wie aus fernem Land.

### Die Gruppe

*Paris*

Als pflückte einer rasch zu einem Strauß:
ordnet der Zufall hastig die Gesichter,
lockert sie auf und drückt sie wieder dichter,
ergreift zwei ferne, lässt ein nahes aus,

tauscht das mit dem, bläst irgendeines frisch,

wirft einen Hund, wie Kraut, aus dem Gemisch
und zieht, was niedrig schaut, wie durch verworrne
Stiele und Blätter, an dem Kopf nach vorne

und bindet es ganz klein am Rande ein;
und streckt sich wieder, ändert und verstellt
und hat nur eben Zeit, zum Augenschein

zurückzuspringen mitten auf die Matte,
auf der im nächsten Augenblick der glatte
Gewichteschwinger seine Schwere schwellt.

### Schlangen-Beschwörung

Wenn auf dem Markt, sich wiegend, der Beschwörer
die Kürbisflöte pfeift, die reizt und lullt,
so kann es sein, dass er sich einen Hörer
herüberlockt, der ganz aus dem Tumult

der Buden eintritt in den Kreis der Pfeife,
die will und will und will und die erreicht,
dass das Reptil in seinem Korb sich steife
und die das steife schmeichlerisch erweicht,

abwechselnd immer schwindelnder und blinder
mit dem, was schreckt und streckt, und dem, was löst –;
und dann genügt ein Blick: so hat der Inder
dir eine Fremde eingeflößt,

in der du stirbst. Es ist als überstürze
glühender Himmel dich. Es geht ein Sprung
durch dein Gesicht. Es legen sich Gewürze
auf deine nordische Erinnerung,

die dir nichts hilft. Dich feien keine Kräfte,
die Sonne gärt, das Fieber fällt und trifft;
von böser Freude steilen sich die Schäfte,
und in den Schlangen glänzt das Gift.

### Schwarze Katze

Ein Gespenst ist noch wie eine Stelle,
dran dein Blick mit einem Klange stößt;
aber da, an diesem schwarzen Felle
wird dein stärkstes Schauen aufgelöst:

wie ein Tobender, wenn er in vollster
Raserei ins Schwarze stampft,
jählings am benehmenden Gepolster

einer Zelle aufhört und verdampft.

Alle Blicke, die sie jemals trafen,
scheint sie also an sich zu verhehlen,
um darüber drohend und verdrossen
zuzuschauern und damit zu schlafen.
Doch auf einmal kehrt sie, wie geweckt,
ihr Gesicht und mitten in das deine:
und da triffst du deinen Blick im geelen
Amber ihrer runden Augensteine
unerwartet wieder: eingeschlossen
wie ein ausgestorbenes Insekt.

### Vor-Ostern

*Neapel*

Morgen wird in diesen tiefgekerbten
Gassen, die sich durch getürmtes Wohnen
unten dunkel nach dem Hafen drängen,
hell das Gold der Prozessionen rollen;
statt der Fetzen werden die ererbten
Bettbezüge, welche wehen wollen,
von den immer höheren Balkonen
(wie in Fließendem gespiegelt) hängen.

Aber heute hämmert an den Klopfern
jeden Augenblick ein voll Bepackter,
und sie schleppen immer neue Käufe;
dennoch stehen strotzend noch die Stände.
An der Ecke zeigt ein aufgehackter
Ochse seine frischen Innenwände,
und in Fähnchen enden alle Läufe.
Und ein Vorrat wie von tausend Opfern

drängt auf Bänken, hängt sich rings um Pflöcke,
zwängt sich, wölbt sich, wälzt sich aus dem Dämmer
aller Türen, und vor dem Gegähne
der Melonen strecken sich die Brote.
Voller Gier und Handlung ist das Tote;
doch viel stiller sind die jungen Hähne
und die abgehängten Ziegenböcke
und am allerleisesten die Lämmer,

die die Knaben um die Schultern nehmen
und die willig von den Schritten nicken;
während in der Mauer der verglasten

spanischen Madonna die Agraffe
und das Silber in den Diademen
von dem Lichter-Vorgefühl beglänzter
schimmert. Aber drüber in dem Fenster
zeigt sich blickverschwenderisch ein Affe
und führt rasch in einer angemaßten
Haltung Gesten aus, die sich nicht schicken.

### Der Balkon

*Neapel*

Von der Enge, oben, des Balkones
angeordnet wie von einem Maler
und gebunden wie zu einem Strauß
alternder Gesichter und ovaler,
klar im Abend, sehn sie idealer,
rührender und wie für immer aus.

Diese aneinander angelehnten
Schwestern, die, als ob sie sich von weit
ohne Aussicht nacheinander sehnten,
lehnen, Einsamkeit an Einsamkeit;

und der Bruder mit dem feierlichen
Schweigen, zugeschlossen, voll Geschick,
doch von einem sanften Augenblick
mit der Mutter unbemerkt verglichen;

und dazwischen, abgelebt und länglich,
längst mit keinem mehr verwandt,
einer Greisin Maske, unzugänglich,
wie im Fallen von der einen Hand

aufgehalten, während eine zweite
welkere, als ob sie weitergleite,
unten vor den Kleidern hängt zur Seite

von dem Kinder-Angesicht,
das das Letzte ist, versucht, verblichen,
von den Stäben wieder durchgestrichen
wie noch unbestimmbar, wie noch nicht.

### Auswanderer-Schiff

*Neapel*

Denk: dass einer heiß und glühend flüchte,
und die Sieger wären hinterher,

und auf einmal machte der
Flüchtende kurz, unerwartet, Kehr
gegen Hunderte –: so sehr
warf sich das Erglühende der Früchte
immer wieder an das blaue Meer:

als das langsame Orangen-Boot
sie vorübertrug bis an das große
graue Schiff, zu dem, von Stoß zu Stoße,
andre Boote Fische hoben, Brot, –
während es, voll Hohn, in seinem Schoße
Kohlen aufnahm, offen wie der Tod.

## Landschaft

Wie zuletzt, in einem Augenblick
aufgehäuft aus Hängen, Häusern, Stücken
alter Himmel und zerbrochnen Brücken,
und von drüben her, wie vom Geschick,
von dem Sonnenuntergang getroffen,
angeschuldigt, aufgerissen, offen –
ginge dort die Ortschaft tragisch aus:

fiele nicht auf einmal in das Wunde,
drin zerfließend, aus der nächsten Stunde
jener Tropfen kühlen Blaus,
der die Nacht schon in den Abend mischt,
so dass das von ferne Angefachte
sachte, wie erlöst, erlischt.

Ruhig sind die Tore und die Bogen,
durchsichtige Wolken wogen
über blassen Häuserreihn
die schon Dunkel in sich eingesogen;
aber plötzlich ist vom Mond ein Schein
durchgeglitten, licht, als hätte ein
Erzengel irgendwo sein Schwert gezogen.

## Römische Campagna

Aus der vollgestellten Stadt, die lieber
schliefe, träumend von den hohen Thermen,
geht der grade Gräberweg ins Fieber;
und die Fenster in den letzten Fermen

sehn ihm nach mit einem bösen Blick.
Und er hat sie immer im Genick,

wenn er hingeht, rechts und links zerstörend,
bis er draußen atemlos beschwörend

seine Leere zu den Himmeln hebt,
hastig um sich schauend, ob ihn keine
Fenster treffen. Während er den weiten

Aquädukten zuwinkt herzuschreiten,
geben ihm die Himmel für die seine
ihre Leere, die ihn überlebt.

### Lied vom Meer

*Capri. Piccola Marina*

Uraltes Wehn vom Meer,
Meerwind bei Nacht:

du kommst zu keinem her;

wenn einer wacht,
so muss er sehn, wie er
dich übersteht:

uraltes Wehn vom Meer

welches weht
nur wie für Ur-Gestein,
lauter Raum
reißend von weit herein...

O wie fühlt dich ein

treibender Feigenbaum
oben im Mondschein.

### Nächtliche Fahrt

*Sankt Petersburg*

Damals als wir mit den glatten Trabern
(schwarzen, aus dem Orloff'schen Gestüt) –,
während hinter hohen Kandelabern
Stadtnachtfronten lagen, angefrüht,
stumm und keiner Stunde mehr gemäß –,
fuhren, nein: vergingen oder flogen
und um lastende Paläste bogen
in das Wehn der Newa-Quais,

hingerissen durch das wache Nachten,
das nicht Himmel und nicht Erde hat, –
als das Drängende von unbewachten

Gärten gärend aus dem Ljetnij-Ssad
aufstieg, während seine Steinfiguren
schwindend mit ohnmächtigen Konturen
hinter uns vergingen, wie wir fuhren –:
damals hörte diese Stadt
auf zu sein. Auf einmal gab sie zu,
dass sie niemals war, um nichts als Ruh
flehend; wie ein Irrer, dem das Wirrn
plötzlich sich entwirrt, das ihn verriet,
und der einen jahrelangen kranken
gar nicht zu verwandelnden Gedanken,
den er nie mehr denken muss: Granit –
aus dem leeren schwankenden Gehirn
fallen fühlt, bis man ihn nicht mehr sieht.

### Papageien-Park
*Jardin des Plantes, Paris*

Unter türkischen Linden, die blühen, an Rasenrändern,
in leise von ihrem Heimweh geschaukelten Ständern
atmen die Ara und wissen von ihren Ländern,
die sich, auch wenn sie nicht hinsehn, nicht verändern.

Fremd im beschäftigten Grünen wie eine Parade,
zieren sie sich und fühlen sich selber zu schade,
und mit den kostbaren Schnäbeln aus Jaspis und Jade
kauen sie Graues, verschleudern es, finden es fade.

Unten klauben die duffen Tauben, was sie nicht mögen,
während sich oben die höhnischen Vögel verbeugen
zwischen den beiden fast leeren vergeudeten Trögen.

Aber dann wiegen sie wieder und schläfern und äugen,
spielen mit dunkelen Zungen, die gerne lögen,
zerstreut an den Fußfesselringen. Warten auf Zeugen.

### Die Parke

*1.*

Unaufhaltsam heben sich die Parke
aus dem sanft zerfallenden Vergehn;
überhäuft mit Himmeln, überstarke
Überlieferte, die überstehn,

um sich auf den klaren Rasenplänen
auszubreiten und zurückzuziehen,

immer mit demselben souveränen
Aufwand, wie beschützt durch ihn,

und den unerschöpflichen Erlös
königlicher Größe noch vermehrend,
aus sich steigend, in sich wiederkehrend:
huldvoll, prunkend, purpurn und pompös.

### 2.

Leise von den Alleen
ergriffen, rechts und links,
folgend dem Weitergehen
irgend eines Winks,

trittst du mit einem Male
in das Beisammensein
einer schattigen Wasserschale
mit vier Bänken aus Stein;

in eine abgetrennte
Zeit, die allein vergeht.
Auf feuchte Postamente,
auf denen nichts mehr steht,

hebst du einen tiefen
erwartenden Atemzug;
während das silberne Triefen
von dem dunkeln Bug

dich schon zu den Seinen
zählt und weiterspricht.
Und du fühlst dich unter Steinen
die hören, und rührst dich nicht.

### 3.

Den Teichen und den eingerahmten Weihern
verheimlicht man noch immer das Verhör
der Könige. Sie warten unter Schleiern,
und jeden Augenblick kann Monseigneur

vorüberkommen; und dann wollen sie
des Königs Laune oder Trauer mildern
und von den Marmorrändern wieder die
Teppiche mit alten Spiegelbildern

hinunterhängen, wie um einen Platz:
auf grünem Grund, mit Silber, Rosa, Grau,

gewährtem Weiß und leicht gerührtem Blau
und einem Könige und einer Frau
und Blumen in dem wellenden Besatz.

*4.*

Und Natur, erlaucht und als verletze
sie nur unentschlossnes Ungefähr,
nahm von diesen Königen Gesetze,
selber selig, um den Tapis-vert

ihrer Bäume Traum und Übertreibung
aufzutürmen aus gebauschtem Grün
und die Abende nach der Beschreibung
von Verliebten in die Avenün

einzumalen mit dem weichen Pinsel,
der ein firnisklares aufgelöstes
Lächeln glänzend zu enthalten schien:

der Natur ein liebes, nicht ihr größtes,
aber eines, das sie selbst verliehn,
um auf rosenvoller Liebes-Insel
es zu einem größern aufzuziehn.

*5.*

Götter von Alleen und Altanen,
niemals ganzgeglaubte Götter, die
altern in den gradbeschnittnen Bahnen,
höchstens angelächelte Dianen
wenn die königliche Venerie

wie ein Wind die hohen Morgen teilend
aufbrach, übereilt und übereilend – ;
höchstens angelächelte, doch nie

angeflehte Götter. Elegante
Pseudonyme, unter denen man
sich verbarg und blühte oder brannte, –
leichtgeneigte, lächelnd angewandte
Götter, die noch manchmal dann und wann

Das gewähren, was sie einst gewährten,
wenn das Blühen der entzückten Gärten
ihnen ihre kalte Haltung nimmt;
wenn sie ganz von ersten Schatten beben
und Versprechen um Versprechen geben,
alle unbegrenzt und unbestimmt.

*6.*

Fühlst du, wie keiner von allen
Wegen steht und stockt;
von gelassenen Treppen fallen,
durch ein Nichts von Neigung
leise weitergelockt,
über alle Terrassen
die Wege, zwischen den Massen
verlangsamt und gelenkt,
bis zu den weiten Teichen,
wo sie (wie einem Gleichen)
der reiche Park verschenkt

an den reichen Raum: den Einen,
der mit Scheinen und Widerscheinen
seinen Besitz durchdringt,
aus dem er von allen Seiten
Weiten mit sich bringt,
wenn er aus schließenden Weihern
zu wolkigen Abendfeiern
sich in die Himmel schwingt.

*7.*

Aber Schalen sind, drin der Najaden
Spiegelbilder, die sie nicht mehr baden,
wie ertrunken liegen, sehr verzerrt;
die Alleen sind durch Balustraden
in der Ferne wie versperrt.

Immer geht ein feuchter Blätterfall
durch die Luft hinunter wie auf Stufen,
jeder Vogelruf ist wie verrufen,
wie vergiftet jede Nachtigall.

Selbst der Frühling ist da nicht mehr gebend,
diese Büsche glauben nicht an ihn;
ungern duftet trübe, überlebend
abgestandener Jasmin

alt und mit Zerfallendem vermischt.
Mit dir weiter rückt ein Bündel Mücken,
so als würde hinter deinem Rücken
alles gleich vernichtet und verwischt.

## Bildnis

Dass von dem verzichtenden Gesichte
keiner ihrer großen Schmerzen fiele,
trägt sie langsam durch die Trauerspiele
ihrer Züge schönen welken Strauß,
wild gebunden und schon beinah lose;
manchmal fällt, wie eine Tuberose,
ein verlornes Lächeln müd heraus.

Und sie geht gelassen drüber hin,
müde, mit den schönen blinden Händen,
welche wissen, dass sie es nicht fänden, –

und sie sagt Erdichtetes, darin
Schicksal schwankt, gewolltes, irgendeines,
und sie gibt ihm ihrer Seele Sinn,
dass es ausbricht wie ein Ungemeines:
wie das Schreien eines Steines –

und sie lässt, mit hochgehobnem Kinn,
alle diese Worte wieder fallen,
*ohne* bleibend; denn nicht eins von allen
ist der wehen Wirklichkeit gemäß,
ihrem einzigen Eigentum,
das sie, wie ein fußloses Gefäß,
halten muss, hoch über ihren Ruhm
und den Gang der Abende hinaus.

## Venezianischer Morgen

Richard Beer-Hofmann zugeeignet

Fürstlich verwöhnte Fenster sehen immer,
was manchesmal uns zu bemühn geruht:
die Stadt, die immer wieder, wo ein Schimmer
von Himmel trifft auf ein Gefühl von Flut,

sich bildet ohne irgendwann zu sein.
Ein jeder Morgen muss ihr die Opale
erst zeigen, die sie gestern trug, und Reihn
von Spiegelbildern ziehn aus dem Kanale
und sie erinnern an die andern Male:
dann gibt sie sich erst zu und fällt sich ein

wie eine Nymphe, die den Zeus empfing.
Das Ohrgehäng erklingt an ihrem Ohre;
sie aber hebt San Giorgio Maggiore
und lächelt lässig in das schöne Ding.

## Spätherbst in Venedig

Nun treibt die Stadt schon nicht mehr wie ein Köder,
der alle aufgetauchten Tage fängt.
Die gläsernen Paläste klingen spröder
an deinen Blick. Und aus den Gärten hängt

der Sommer wie ein Haufen Marionetten
kopfüber, müde, umgebracht.
Aber vom Grund aus alten Waldskeletten
steigt Willen auf: als sollte über Nacht

der General des Meeres die Galeeren
verdoppeln in dem wachen Arsenal,
um schon die nächste Morgenluft zu teeren

mit einer Flotte, welche ruderschlagend
sich drängt und jäh, mit allen Flaggen tagend,
den großen Wind hat, strahlend und fatal.


## San Marco

*Venedig*

In diesem Innern, das wie ausgehöhlt
sich wölbt und wendet in den goldnen Smalten,
rundkantig, glatt, mit Köstlichkeit geölt,
ward dieses Staates Dunkelheit gehalten

und heimlich aufgehäuft, als Gleichgewicht
des Lichtes, das in allen seinen Dingen
sich so vermehrte, dass sie fast vergingen –.
Und plötzlich zweifelst du: vergehn sie nicht?

und drängst zurück die harte Galerie,
die, wie ein Gang im Bergwerk, nah am Glanz
der Wölbung hängt; und du erkennst die heile

Helle des Ausblicks: aber irgendwie
wehmütig messend ihre müde Weile
am nahen Überstehn des Viergespanns.


## Ein Doge

Fremde Gesandte sahen, wie sie geizten
mit ihm und allem was er tat;
während sie ihn zu seiner Größe reizten,
umstellten sie das goldene Dogat

mit Spähern und Beschränkern immer mehr,

bange, dass nicht die Macht sie überfällt,
die sie in ihm (so wie man Löwen hält)
vorsichtig nährten. Aber er,

im Schutze seiner halbverhängten Sinne,
ward dessen nicht gewahr und hielt nicht inne,
größer zu werden. Was die Signorie

in seinem Innern zu bezwingen glaubte,
bezwang er selbst. In seinem greisen Haupte
war es besiegt. Sein Antlitz zeigte wie.

### Die Laute

Ich bin die Laute. Willst du meinen Leib
beschreiben, seine schön gewölbten Streifen:
sprich so, als sprächest du von einer reifen
gewölbten Feige. Übertreib

das Dunkel, das du in mir siehst. Es war
Tullias Dunkelheit. In ihrer Scham
war nicht so viel, und ihr erhelltes Haar
war wie ein heller Saal. Zuweilen nahm

sie etwas Klang von meiner Oberfläche
in ihr Gesicht und sang zu mir.
Dann spannte ich mich gegen ihre Schwäche,
und endlich war mein Inneres in ihr.

### Der Abenteuerer

*1.*

Wenn er unter jene welche *waren*
trat: der Plötzliche, der *schien,*
war ein Glanz wie von Gefahren
in dem ausgesparten Raum um ihn,

den er lächelnd überschritt, um einer
Herzogin den Fächer aufzuheben:
diesen warmen Fächer, den er eben
wollte fallen sehen. Und wenn keiner

mit ihm eintrat in die Fensternische
(wo die Parke gleich ins Träumerische
stiegen, wenn er nur nach ihnen wies),
ging er lässig an die Kartentische
und gewann. Und unterließ

nicht, die Blicke alle zu behalten,

die ihn zweifelnd oder zärtlich trafen,
und auch die in Spiegel fielen, galten.
Er beschloss, auch heute nicht zu schlafen

wie die letzte lange Nacht, und bog
einen Blick mit seinem rücksichtslosen
welcher war: als hätte er von Rosen
Kinder, die man irgendwo erzog.

2.

In den Tagen – (nein, es waren keine),
da die Flut sein unterstes Verlies
ihm bestritt, als wär es nicht das seine,
und ihn, steigend, an die Steine
der daran gewöhnten Wölbung stieß,

fiel ihm plötzlich einer von den Namen
wieder ein, die er vor Zeiten trug.
Und er wusste wieder: Leben kamen,
wenn er lockte; wie im Flug

kamen sie: noch warme Leben Toter,
die er, ungeduldiger, bedrohter,
weiterlebte mitten drin;
oder die nicht ausgelebten Leben,
und er wusste sie hinaufzuheben,
und sie hatten wieder Sinn.

Oft war keine Stelle an ihm sicher,
und er zitterte: Ich bin – – –
doch im nächsten Augenblicke glich er
dem Geliebten einer Königin.

Immer wieder war ein Sein zu haben:
die Geschicke angefangner Knaben,
die, als hätte man sie nicht gewagt,
abgebrochen waren, abgesagt,
nahm er auf und riss sie in sich hin;
denn er musste einmal nur die Gruft
solcher Aufgegebener durchschreiten,
und die Düfte ihrer Möglichkeiten
lagen wieder in der Luft.

### Falken-Beize

Kaiser sein heißt unverwandelt vieles
überstehen bei geheimer Tat:

wenn der Kanzler nachts den Turm betrat,
fand er *ihn,* des hohen Federspieles
kühnen fürstlichen Traktat

in den eingeneigten Schreiber sagen;
denn er hatte im entlegnen Saale
selber nächtelang und viele Male
das noch ungewohnte Tier getragen,

wenn es fremd war, neu und aufgebräut.
Und er hatte dann sich nie gescheut,
Pläne, welche in ihm aufgesprungen,
oder zärtlicher Erinnerungen
tieftiefinneres Geläut
zu verachten, um des bangen jungen

Falken willen, dessen Blut und Sorgen
zu begreifen er sich nicht erließ.
Dafür war er auch wie mitgehoben,
wenn der Vogel, den die Herren loben,
glänzend von der Hand geworfen, oben
in dem mitgefühlten Frühlingsmorgen
wie ein Engel auf den Reiher stieß.

### Corrida

In memoriam Montez, 1830

Seit er, klein beinah, aus dem Toril
ausbrach, aufgescheuchten Augs und Ohrs,
und den Eigensinn des Picadors
und die Bänderhaken wie im Spiel

hinnahm, ist die stürmische Gestalt
angewachsen – sieh: zu welcher Masse,
aufgehäuft aus altem schwarzen Hasse,
und das Haupt zu einer Faust geballt,

nicht mehr spielend gegen irgendwen,
nein: die blutigen Nackenhaken hissend
hinter den gefällten Hörnern, wissend
und von Ewigkeit her gegen Den,

der in Gold und mauver Rosaseide
plötzlich umkehrt und, wie einen Schwarm
Bienen und als ob er's eben leide,
den Bestürzten unter seinem Arm

durchlässt, – während seine Blicke heiß

231

sich noch einmal heben, leichtgelenkt,
und als schlüge draußen jener Kreis
sich aus ihrem Glanz und Dunkel nieder
und aus jedem Schlagen seiner Lider,

ehe er gleichmütig, ungehässig,
an sich selbst gelehnt, gelassen, lässig
in die wiederhergerollte große
Woge über dem verlornen Stoße
seinen Degen beinah sanft versenkt.

### Don Juans Kindheit

In seiner Schlankheit war, schon fast entscheidend,
der Bogen, der an Frauen nicht zerbricht;
und manchmal, seine Stirne nicht mehr meidend,
ging eine Neigung durch sein Angesicht

zu einer die vorüberkam, zu einer
die ihm ein fremdes altes Bild verschloss:
er lächelte. Er war nicht mehr der Weiner,
der sich ins Dunkel trug und sich vergoss.

Und während ein ganz neues Selbstvertrauen
ihn öfter tröstete und fast verzog,
ertrug er ernst den ganzen Blick der Frauen,
der ihn bewunderte und ihn bewog.

### Don Juans Auswahl

Und der Engel trat ihn an: Bereite
dich mir ganz. Und da ist mein Gebot.
Denn dass einer jene überschreite,
die die Süßesten an ihrer Seite
bitter machen, tut mir not.
Zwar auch du kannst wenig besser lieben,
(unterbrich mich nicht: du irrst),
doch du glühest, und es steht geschrieben,
dass du viele führen wirst
zu der Einsamkeit, die diesen
tiefen Eingang hat. Lass ein
die, die ich dir zugewiesen,
dass sie wachsend Heloïsen
überstehn und überschrein.

## Sankt Georg

Und sie hatte ihn die ganze Nacht
angerufen, hingekniet, die schwache
wache Jungfrau: Siehe, dieser Drache,
und ich weiß es nicht, warum er wacht.

Und da brach er aus dem Morgengraun
auf dem Falben, strahlend Helm und Haubert,
und er sah sie, traurig und verzaubert
aus dem Knieen aufwärtsschaun

zu dem Glanze, der er war.
Und er sprengte glänzend längs der Länder
abwärts mit erhobnem Doppelhänder
in die offene Gefahr,

viel zu furchtbar, aber doch erfleht.
Und sie kniete knieender, die Hände
fester faltend, dass er sie bestände;
denn sie wusste nicht, dass Der besteht,

den ihr Herz, ihr reines und bereites,
aus dem Licht des göttlichen Geleites
niederreißt. Zuseiten seines Streites
stand, wie Türme stehen, ihr Gebet.

## Dame auf einem Balkon

Plötzlich tritt sie, in den Wind gehüllt,
licht in Lichtes, wie herausgegriffen,
während jetzt die Stube wie geschliffen
hinter ihr die Türe füllt

dunkel wie der Grund einer Kamee,
die ein Schimmern durchlässt durch die Ränder;
und du meinst der Abend war nicht, ehe
sie heraustrat, um auf das Geländer

noch ein wenig von sich fortzulegen,
noch die Hände, – um ganz leicht zu sein:
wie dem Himmel von den Häuserreihn
hingereicht, von allem zu bewegen.

## Begegnung in der Kastanien-Allee

Ihm ward des Eingangs grüne Dunkelheit
kühl wie ein Seidenmantel umgegeben
den er noch nahm und ordnete: als eben

am andern transparenten Ende, weit,

aus grüner Sonne, wie aus grünen Scheiben,
weiß eine einzelne Gestalt
aufleuchtete, um lange fern zu bleiben
und schließlich, von dem Lichterniedertreiben
bei jedem Schritte überwallt,

ein helles Wechseln auf sich herzutragen,
das scheu im Blond nach hinten lief.
Aber auf einmal war der Schatten tief,
und nahe Augen lagen aufgeschlagen

in einem neuen deutlichen Gesicht,
das wie in einem Bildnis verweilte
in dem Moment, da man sich wieder teilte:
erst war es immer, und dann war es nicht.


### Die Schwestern

Sieh, wie sie dieselben Möglichkeiten
anders an sich tragen und verstehn,
so als sähe man verschiedne Zeiten
durch zwei gleiche Zimmer gehn.

Jede meint die andere zu stützen,
während sie doch müde an ihr ruht;
und sie können nicht einander nützen,
denn sie legen Blut auf Blut,

wenn sie sich wie früher sanft berühren
und versuchen, die Allee entlang
sich geführt zu fühlen und zu führen:
Ach, sie haben nicht denselben Gang.


### Übung am Klavier

Der Sommer summt. Der Nachmittag macht müde;
sie atmete verwirrt ihr frisches Kleid
und legte in die triftige Etüde
die Ungeduld nach einer Wirklichkeit,

die kommen konnte: morgen, heute Abend –,
die vielleicht da war, die man nur verbarg;
und vor den Fenstern, hoch und alles habend,
empfand sie plötzlich den verwöhnten Park.

Da brach sie ab; schaute hinaus, verschränkte
die Hände; wünschte sich ein langes Buch –

und schob auf einmal den Jasmingeruch
erzürnt zurück. Sie fand, dass er sie kränkte.

### Die Liebende

Das ist mein Fenster. Eben
bin ich so sanft erwacht.
Ich dachte, ich würde schweben.
Bis wohin reicht mein Leben,
und wo beginnt die Nacht?

Ich könnte meinen, alles
wäre noch Ich ringsum;
durchsichtig wie eines Kristalles
Tiefe, verdunkelt, stumm.

Ich könnte auch noch die Sterne
fassen in mir; so groß
scheint mir mein Herz; so gerne
ließ es ihn wieder los

den ich vielleicht zu lieben,
vielleicht zu halten begann.
Fremd, wie nie beschrieben
sieht mich mein Schicksal an.

Was bin ich unter diese
Unendlichkeit gelegt,
duftend wie eine Wiese,
hin und her bewegt,

rufend zugleich und bange,
dass einer den Ruf vernimmt,
und zum Untergange
in einem Andern bestimmt.

### Das Rosen-Innere

Wo ist zu diesem Innen
ein Außen? Auf welches Weh
legt man solches Linnen?
Welche Himmel spiegeln sich drinnen
in dem Binnensee
dieser offenen Rosen,
dieser sorglosen, sieh:
wie sie lose im Losen
liegen, als könnte nie

eine zitternde Hand sie verschütten.
Sie können sich selber kaum
halten; viele ließen
sich überfüllen und fließen
über von Innenraum
in die Tage, die immer
voller und voller sich schließen,
bis der ganze Sommer ein Zimmer
wird, ein Zimmer in einem Traum.

## Damen-Bildnis aus den Achtziger-Jahren

Wartend stand sie an den schwergerafften
dunklen Atlasdraperien,
die ein Aufwand falscher Leidenschaften
über ihr zu ballen schien;

seit den noch so nahen Mädchenjahren
wie mit einer anderen vertauscht:
müde unter den getürmten Haaren,
in den Rüschen-Roben unerfahren
und von allen Falten wie belauscht

bei dem Heimweh und dem schwachen Planen,
wie das Leben weiter werden soll:
anders, wirklicher, wie in Romanen,
hingerissen und verhängnisvoll, –

dass man etwas erst in die Schatullen
legen dürfte, um sich im Geruch
von Erinnerungen einzulullen;
dass man endlich in dem Tagebuch

einen Anfang fände, der nicht schon
unterm Schreiben sinnlos wird und Lüge,
und ein Blatt von einer Rose trüge
in dem schweren leeren Medaillon,

welches liegt auf jedem Atemzug.
Dass man einmal durch das Fenster winkte;
diese schlanke Hand, die neuberingte,
hätte dran für Monate genug.

## Dame vor dem Spiegel

Wie in einem Schlaftrunk Spezerein
löst sie leise in dem flüssigklaren

236

Spiegel ihr ermüdetes Gebaren;
und sie tut ihr Lächeln ganz hinein.

Und sie wartet, dass die Flüssigkeit
davon steigt; dann gießt sie ihre Haare
in den Spiegel und, die wunderbare
Schulter hebend aus dem Abendkleid,

trinkt sie still aus ihrem Bild. Sie trinkt,
was ein Liebender im Taumel tränke,
prüfend, voller Misstraun; und sie winkt

erst der Zofe, wenn sie auf dem Grunde
ihres Spiegels Lichter findet, Schränke
und das Trübe einer späten Stunde.

### Die Greisin

Weiße Freundinnen mitten im Heute
lachen und horchen und planen für Morgen;
abseits erwägen gelassene Leute
langsam ihre besonderen Sorgen,

das Warum und das Wann und das Wie,
und man hört sie sagen: Ich glaube –;
aber in ihrer Spitzenhaube
ist sie sicher, als wüsste sie,

dass sie sich irren, diese und alle.
Und das Kinn, im Niederfalle,
lehnt sich an die weiße Koralle,
die den Schal zur Stirne stimmt.

Einmal aber, bei einem Gelache,
holt sie aus springenden Lidern zwei wache
Blicke und zeigt diese harte Sache,
wie man aus einem geheimen Fache
schöne ererbte Steine nimmt.

### Das Bett

Lass sie meinen, dass sich in privater
Wehmut löst, was einer dort bestritt.
Nirgend sonst als da ist ein Theater;
reiß den hohen Vorhang fort –: da tritt

vor den Chor der Nächte, der begann
ein unendlich breites Lied zu sagen,
jene Stunde auf, bei der sie lagen,

und zerreißt ihr Kleid und klagt sich an,

um der andern, um der Stunde willen,
die sich wehrt und wälzt im Hintergrunde;
denn sie konnte sie mit sich nicht stillen.
Aber da sie zu der fremden Stunde

sich gebeugt: da war auf ihr,
was sie am Geliebten einst gefunden,
nur so drohend und so groß verbunden
und entzogen wie in einem Tier.

### Der Fremde

Ohne Sorgfalt, was die Nächsten dächten,
die er müde nicht mehr fragen hieß,
ging er wieder fort; verlor, verließ –.
Denn er hing an solchen Reisenächten

anders als an jeder Liebesnacht.
Wunderbare hatte er durchwacht,
die mit starken Sternen überzogen
enge Fernen auseinanderbogen
und sich wandelten wie eine Schlacht;

andre, die mit in den Mond gestreuten
Dörfern, wie mit hingehaltnen Beuten,
sich ergaben, oder durch geschonte
Parke graue Edelsitze zeigten,
die er gerne in dem hingeneigten
Haupte einen Augenblick bewohnte,
tiefer wissend, dass man nirgends bleibt;
und schon sah er bei dem nächsten Biegen
wieder Wege, Brücken, Länder liegen
bis an Städte, die man übertreibt.

Und dies alles immer unbegehrend
hinzulassen, schien ihm mehr als seines
Lebens Lust, Besitz und Ruhm.
Doch auf fremden Plätzen war ihm eines
täglich ausgetretnen Brunnensteines
Mulde manchmal wie ein Eigentum.

### Die Anfahrt

War in des Wagens Wendung dieser Schwung?
War er im Blick, mit dem man die barocken

Engelfiguren, die bei blauen Glocken
im Felde standen voll Erinnerung,

annahm und hielt und wieder ließ, bevor
der Schlosspark schließend um die Fahrt sich drängte,
an die er streifte, die er überhängte
und plötzlich freigab: denn da war das Tor,

das nun, als hätte es sie angerufen,
die lange Front zu einer Schwenkung zwang,
nach der sie stand. Aufglänzend ging ein Gleiten

die Glastür abwärts; und ein Windhund drang
aus ihrem Aufgehn, seine nahen Seiten
heruntertragend von den flachen Stufen.

### Die Sonnenuhr

Selten reicht ein Schauer feuchter Fäule
aus dem Gartenschatten, wo einander
Tropfen fallen hören und ein Wander-
vogel lautet, zu der Säule,
die in Majoran und Koriander
steht und Sommerstunden zeigt;

nur sobald die Dame (der ein Diener
nachfolgt) in dem hellen Florentiner
über ihren Rand sich neigt,
wird sie schattig und verschweigt –.

Oder wenn ein sommerlicher Regen
aufkommt aus dem wogenden Bewegen
hoher Kronen, hat sie eine Pause;
denn sie weiß die Zeit nicht auszudrücken,
die dann in den Frucht- und Blumenstücken
plötzlich glüht im weißen Gartenhause.

### Schlaf-Mohn

Abseits im Garten blüht der böse Schlaf,
in welchem die, die heimlich eingedrungen,
die Liebe fanden junger Spiegelungen,
die willig waren, offen und konkav,

und Träume, die mit aufgeregten Masken
auftraten, riesiger durch die Kothurne –:
das alles stockt in diesen oben flasken
weichlichen Stengeln, die die Samenurne

(nachdem sie lang, die Knospe abwärts tragend,
zu welken meinten) festverschlossen heben:
gefranste Kelche auseinanderschlagend,
die fieberhaft das Mohngefäß umgeben.

## Die Flamingos
*Jardin des Plantes, Paris*

In Spiegelbildern wie von Fragonard
ist doch von ihrem Weiß und ihrer Röte
nicht mehr gegeben, als dir einer böte,
wenn er von seiner Freundin sagt: sie war

noch sanft von Schlaf. Denn steigen sie ins Grüne
und stehn, auf rosa Stielen leicht gedreht,
beisammen, blühend, wie in einem Beet,
verführen sie verführender als Phryne

sich selber; bis sie ihres Auges Bleiche
hinhalsend bergen in der eignen Weiche,
in welcher Schwarz und Fruchtrot sich versteckt.

Auf einmal kreischt ein Neid durch die Volière;
sie aber haben sich erstaunt gestreckt
und schreiten einzeln ins Imaginäre.

## Persisches Heliotrop

Es könnte sein, dass dir der Rose Lob
zu laut erscheint für deine Freundin: Nimm
das schön gestickte Kraut und überstimm
mit dringend flüsterndem Heliotrop

den Bülbül, der an ihren Lieblingsplätzen
sie schreiend preist und sie nicht kennt.
Denn sieh: wie süße Worte nachts in Sätzen
beisammenstehn ganz dicht, durch nichts getrennt,
aus der Vokale wachem Violett
hindüftend durch das stille Himmelbett –:

so schließen sich vor dem gesteppten Laube
deutliche Sterne zu der seidnen Traube
und mischen, dass sie fast davon verschwimmt,
die Stille mit Vanille und mit Zimmt.

240

## Schlaflied

Einmal wenn ich dich verlier,
wirst du schlafen können, ohne
dass ich wie eine Lindenkrone
mich verflüstre über dir?

Ohne dass ich hier wache und
Worte, beinah wie Augenlider,
auf deine Brüste, auf deine Glieder
niederlege, auf deinen Mund.

Ohne dass ich dich verschließ
und dich allein mit Deinem lasse
wie einen Garten mit einer Masse
von Melissen und Stern-Anis.

## Der Pavillon

Aber selbst noch durch die Flügeltüren
mit dem grünen regentrüben Glas
ist ein Spiegeln lächelnder Allüren
und ein Glanz von jenem Glück zu spüren,
das sich dort, wohin sie nicht mehr führen,
einst verbarg, verklärte und vergaß.

Aber selbst noch in den Stein-Girlanden
über der nicht mehr berührten Tür
ist ein Hang zur Heimlichkeit vorhanden
und ein stilles Mitgefühl dafür –,

und sie schauern manchmal, wie gespiegelt,
wenn ein Wind sie schattig überlief;
auch das Wappen, wie auf einem Brief
viel zu glücklich, überstürzt gesiegelt,

redet noch. Wie wenig man verscheuchte:
alles weiß noch, weint noch, tut noch weh –.
Und im Fortgehn durch die tränenfeuchte
abgelegene Allee

fühlt man lang noch auf dem Rand des Dachs
jene Urnen stehen, kalt, zerspalten:
doch entschlossen, noch zusammzuhalten
um die Asche alter Achs.

### Die Entführung

Oft war sie als Kind ihren Dienerinnen
entwichen, um die Nacht und den Wind
(weil sie drinnen so anders sind)
draußen zu sehn an ihrem Beginnen;

doch keine Sturmnacht hatte gewiss
den riesigen Park so in Stücke gerissen,
wie ihn jetzt ihr Gewissen zerriss,

da er sie nahm von der seidenen Leiter
und sie weitertrug, weiter, weiter …

bis der Wagen alles war.

Und sie roch ihn, den schwarzen Wagen,
um den verhalten das Jagen stand
und die Gefahr.
Und sie fand ihn mit Kaltem ausgeschlagen;
und das Schwarze und Kalte war auch in ihr.
Sie kroch in ihren Mantelkragen
und befühlte ihr Haar, als bliebe es hier,
und hörte fremd einen Fremden sagen:
Ichbinbeidir.

### Rosa Hortensie

Wer nahm das Rosa an? Wer wusste auch,
dass es sich sammelte in diesen Dolden?
Wie Dinge unter Gold, die sich entgolden,
entröten sie sich sanft, wie im Gebrauch.

Dass sie für solches Rosa nichts verlangen.
Bleibt es für sie und lächelt aus der Luft?
Sind Engel da, es zärtlich zu empfangen,
wenn es vergeht, großmütig wie ein Duft?

Oder vielleicht auch geben sie es preis,
damit es nie erführe vom Verblühn.
Doch unter diesem Rosa hat ein Grün
gehorcht, das jetzt verwelkt und alles weiß.

### Das Wappen

Wie ein Spiegel, der, von ferne tragend,
lautlos in sich aufnahm, ist der Schild;
offen einstens, dann zusammenschlagend
über einem Spiegelbild

jener Wesen, die in des Geschlechts
Weiten wohnen, nicht mehr zu bestreiten,
seiner Dinge, seiner Wirklichkeiten
(rechte links und linke rechts),

die er eingesteht und sagt und zeigt.
Drauf, mit Ruhm und Dunkel ausgeschlagen,
ruht der Spangenhelm, verkürzt,

den das Flügelkleinod übersteigt,
während seine Decke, wie mit Klagen,
reich und aufgeregt herniederstürzt.

### Der Junggeselle

Lampe auf den verlassenen Papieren,
und ringsum Nacht bis weit hinein ins Holz
der Schränke. Und er konnte sich verlieren
an sein Geschlecht, das nun mit ihm zerschmolz;
ihm schien, je mehr er las, er hätte ihren,
sie aber hatten alle seinen Stolz.

Hochmütig steiften sich die leeren Stühle
die Wand entlang, und lauter Selbstgefühle
machten sich schläfernd in den Möbeln breit;
von oben goss sich Nacht auf die Pendüle,
und zitternd rann aus ihrer goldnen Mühle,
ganz fein gemahlen, seine Zeit.

Er nahm sie nicht. Um fiebernd unter jenen,
als zöge er die Laken ihrer Leiber,
andere Zeiten wegzuzerrn.
Bis er ins Flüstern kam; (was war ihm fern?)
Er lobte einen dieser Briefeschreiber,
als sei der Brief an ihn: Wie du mich kennst;
und klopfte lustig auf die Seitenlehnen.
Der Spiegel aber, innen unbegrenzter,
ließ leise einen Vorhang aus, ein Fenster – :
denn dorten stand, fast fertig, das Gespenst.

### Der Einsame

Nein: ein Turm soll sein aus meinem Herzen
und ich selbst an seinen Rand gestellt:
wo sonst nichts mehr ist, noch einmal Schmerzen
und Unsäglichkeit, noch einmal Welt.

Noch ein Ding allein im Übergroßen,
welches dunkel wird und wieder licht,
noch ein letztes, sehnendes Gesicht
in das Nie-zu-Stillende verstoßen,

noch ein äußerstes Gesicht aus Stein,
willig seinen inneren Gewichten,
das die Weiten, die es still vernichten,
zwingen, immer seliger zu sein.

### Der Leser

Wer kennt ihn, diesen, welcher sein Gesicht
wegsenkte aus dem Sein zu einem zweiten,
das nur das schnelle Wenden voller Seiten
manchmal gewaltsam unterbricht?

Selbst seine Mutter wäre nicht gewiss,
ob *er* es ist, der da mit seinem Schatten
Getränktes liest. Und wir, die Stunden hatten,
was wissen wir, wie viel ihm hinschwand, bis

er mühsam aufsah: alles auf sich hebend,
was unten in dem Buche sich verhielt,
mit Augen, welche, statt zu nehmen, gebend
anstießen an die fertig-volle Welt:
wie stille Kinder, die allein gespielt,
auf einmal das Vorhandene erfahren;
doch seine Züge, die geordnet waren,
blieben für immer umgestellt.

### Der Apfelgarten

*Borgeby-Gård*

Komm gleich nach dem Sonnenuntergange,
sieh das Abendgrün des Rasengrunds;
ist es nicht, als hätten wir es lange
angesammelt und erspart in uns,

um es jetzt aus Fühlen und Erinnern,
neuer Hoffnung, halbvergessnem Freun,
noch vermischt mit Dunkel aus dem Innern,
in Gedanken vor uns hinzustreun

unter Bäume wie von Dürer, die
das Gewicht von hundert Arbeitstagen
in den überfüllten Früchten tragen,
dienend, voll Geduld, versuchend, wie

das, was alle Maße übersteigt,
noch zu heben ist und hinzugeben,
wenn man willig, durch ein langes Leben
nur das Eine will und wächst und schweigt.

### Mohammeds Berufung

Da aber als in sein Versteck der Hohe,
sofort Erkennbare: der Engel, trat,
aufrecht, der lautere und lichterlohe:
da tat er allen Anspruch ab und bat

bleiben zu dürfen der von seinen Reisen
innen verwirrte Kaufmann, der er war;
er hatte nie gelesen – und nun gar
ein *solches* Wort, zu viel für einen Weisen.

Der Engel aber, herrisch, wies und wies
ihm, was geschrieben stand auf seinem Blatte,
und gab nicht nach und wollte wieder: *Lies.*

Da las er: so, dass sich der Engel bog.
Und war schon einer, der gelesen *hatte*
und konnte und gehorchte und vollzog.

### Der Berg

Sechsunddreißig Mal und hundert Mal
hat der Maler jenen Berg geschrieben,
weggerissen, wieder hingetrieben
(sechsunddreißig Mal und hundert Mal)

zu dem unbegreiflichen Vulkane,
selig, voll Versuchung, ohne Rat, –
während der mit Umriss Angetane
seiner Herrlichkeit nicht Einhalt tat:

tausendmal aus allen Tagen tauchend,
Nächte ohne gleichen von sich ab
fallen lassend, alle wie zu knapp;
jedes Bild im Augenblick verbrauchend,
von Gestalt gesteigert zu Gestalt,
teilnahmslos und weit und ohne Meinung –,
um auf einmal wissend, wie Erscheinung,
sich zu heben hinter jedem Spalt.

## Der Ball

Du Runder, der das Warme aus zwei Händen
im Fliegen, oben, fortgibt, sorglos wie
sein Eigenes; was in den Gegenständen
nicht bleiben kann, zu unbeschwert für sie,

zu wenig Ding und doch noch Ding genug,
um nicht aus allem draußen Aufgereihten
unsichtbar plötzlich in uns einzugleiten:
das glitt in dich, du zwischen Fall und Flug

noch Unentschlossener: der, wenn er steigt,
als hätte er ihn mit hinaufgehoben,
den Wurf entführt und freilässt –, und sich neigt
und einhält und den Spielenden von oben
auf einmal eine neue Stelle zeigt,
sie ordnend wie zu einer Tanzfigur,

um dann, erwartet und erwünscht von allen,
rasch, einfach, kunstlos, ganz Natur,
dem Becher hoher Hände zuzufallen.

## Das Kind

Unwillkürlich sehn sie seinem Spiel
lange zu; zuweilen tritt das runde
seiende Gesicht aus dem Profil,
klar und ganz wie eine volle Stunde,

welche anhebt und zu Ende schlägt.
Doch die Andern zählen nicht die Schläge,
trüb von Mühsal und vom Leben träge;
und sie merken gar nicht, wie es trägt –,

wie es alles trägt, auch dann, noch immer,
wenn es müde in dem kleinen Kleid
neben ihnen wie im Wartezimmer
sitzt und warten will auf seine Zeit.

## Der Hund

Da oben wird das Bild von einer Welt
aus Blicken immerfort erneut und gilt.
Nur manchmal, heimlich, kommt ein Ding und stellt
sich neben ihn, wenn er durch dieses Bild

sich drängt, ganz unten, anders, wie er ist;
nicht ausgestoßen und nicht eingereiht,

und wie im Zweifel seine Wirklichkeit
weggebend an das Bild, das er vergisst,

um dennoch immer wieder sein Gesicht
hineinzuhalten, fast mit einem Flehen,
beinah begreifend, nah am Einverstehen
und doch verzichtend: denn er wäre nicht.

### Der Käferstein

Sind nicht Sterne fast in deiner Nähe
und was gibt es, das du nicht umspannst,
da du dieser harten Skarabäe
Karneolkern gar nicht fassen kannst

ohne jenen Raum, der ihre Schilder
niederhält, auf deinem ganzen Blut
mitzutragen; niemals war er milder,
näher, hingegebener. Er ruht

seit Jahrtausenden auf diesen Käfern,
wo ihn keiner braucht und unterbricht;
und die Käfer schließen sich und schläfern
unter seinem wiegenden Gewicht.

### Buddha in der Glorie

Mitte aller Mitten, Kern der Kerne,
Mandel, die sich einschließt und versüßt, –
dieses Alles bis an alle Sterne
ist dein Fruchtfleisch: Sei gegrüßt.

Sieh, du fühlst, wie nichts mehr an dir hängt;
im Unendlichen ist deine Schale,
und dort steht der starke Saft und drängt.
Und von außen hilft ihm ein Gestrahle,

denn ganz oben werden deine Sonnen
voll und glühend umgedreht.
Doch in dir ist schon begonnen,
was die Sonnen übersteht.

# *Requiem*

Für eine Freundin
Für Wolf Graf von Kalckreuth

Entstanden 1908; Erstdruck beim Insel-Verlag, Leipzig 1909.

## Für eine Freundin

Geschrieben am 31. Oktober, 1. und 2. November 1908 in Paris

Ich habe Tote, und ich ließ sie hin
und war erstaunt, sie so getrost zu sehn,
so rasch zuhaus im Totsein, so gerecht,
so anders als ihr Ruf. Nur du, du kehrst
zurück; du streifst mich, du gehst um, du willst
an etwas stoßen, dass es klingt von dir
und dich verrät. O nimm mir nicht, was ich
langsam erlern. Ich habe recht; du irrst
wenn du gerührt zu irgend einem Ding
ein Heimweh hast. Wir wandeln dieses um;
es ist nicht hier, wir spiegeln es herein
aus unserm Sein, sobald wir es erkennen.

Ich glaubte dich viel weiter. Mich verwirrts,
dass *du* gerade irrst und kommst, die mehr
verwandelt hat als irgend eine Frau.
Dass wir erschraken, da du starbst, nein, dass
dein starker Tod uns dunkel unterbrach,
das Bisdahin abreißend vom Seither:
das geht uns an; das einzuordnen wird
die Arbeit sein, die wir mit allem tun.
Doch dass du selbst erschrakst und auch noch jetzt
den Schrecken hast, wo Schrecken nicht mehr gilt;
dass du von deiner Ewigkeit ein Stück
verlierst und hier hereintrittst, Freundin, hier,
wo alles noch nicht *ist;* dass du zerstreut,
zum ersten Mal im All zerstreut und halb,
den Aufgang der unendlichen Naturen
nicht so ergriffst wie hier ein jedes Ding;
dass aus dem Kreislauf, der dich schon empfing,
die stumme Schwerkraft irgend einer Unruh
dich niederzieht zur abgezählten Zeit –:
dies weckt mich nachts oft wie ein Dieb, der einbricht.
Und dürft ich sagen, dass du nur geruhst,
dass du aus Großmut kommst, aus Überfülle,
weil du so sicher bist, so in dir selbst,
dass du herumgehst wie ein Kind, nicht bange
vor Örtern, wo man einem etwas tut –:
doch nein: du bittest. Dieses geht mir so
bis ins Gebein und querrt wie eine Säge.
Ein Vorwurf, den du trügest als Gespenst,

nachtrügest mir, wenn ich mich nachts zurückzieh
in meine Lunge, in die Eingeweide,
in meines Herzens letzte ärmste Kammer, –
ein solcher Vorwurf wäre nicht so grausam,
wie dieses Bitten ist. Was bittest du?

Sag, soll ich reisen? Hast du irgendwo
ein Ding zurückgelassen, das sich quält
und das dir nachwill? Soll ich in ein Land,
das du nicht sahst, obwohl es dir verwandt
war wie die andre Hälfte deiner Sinne?

Ich will auf seinen Flüssen fahren, will
an Land gehn und nach alten Sitten fragen,
will mit den Frauen in den Türen sprechen
und zusehn, wenn sie ihre Kinder rufen.
Ich will mir merken, wie sie dort die Landschaft
umnehmen draußen bei der alten Arbeit
der Wiesen und der Felder; will begehren,
vor ihren König hingeführt zu sein,
und will die Priester durch Bestechung reizen,
dass sie mich legen vor das stärkste Standbild
und fortgehn und die Tempeltore schließen.
Dann aber will ich, wenn ich vieles weiß,
einfach die Tiere anschaun, dass ein Etwas
von ihrer Wendung mir in die Gelenke
herübergleitet; will ein kurzes Dasein
in ihren Augen haben, die mich halten
und langsam lassen, ruhig, ohne Urteil.
Ich will mir von den Gärtnern viele Blumen
hersagen lassen, dass ich in den Scherben
der schönen Eigennamen einen Rest
herüberbringe von den hundert Düften.
Und Früchte will ich kaufen, Früchte, drin
das Land noch einmal ist, bis an den Himmel.

Denn Das verstandest du: die vollen Früchte.
Die legtest du auf Schalen vor dich hin
und wogst mit Farben ihre Schwere auf.
Und so wie Früchte sahst du auch die Fraun
und sahst die Kinder so, von innen her
getrieben in die Formen ihres Daseins.
Und sahst dich selbst zuletzt wie eine Frucht,
nahmst dich heraus aus deinen Kleidern, trugst
dich vor den Spiegel, ließest dich hinein

bis auf dein Schauen; das blieb groß davor
und sagte nicht: das bin ich; nein: dies ist.
So ohne Neugier war zuletzt dein Schaun
und so besitzlos, von so wahrer Armut,
dass es dich selbst nicht mehr begehrte: heilig.
So will ich dich behalten, wie du dich
hinstelltest in den Spiegel, tief hinein
und fort von allem. Warum kommst du anders?
Was widerrufst du dich? Was willst du mir
einreden, dass in jenen Bernsteinkugeln
um deinen Hals noch etwas Schwere war
von jener Schwere, wie sie nie im Jenseits
beruhigter Bilder ist; was zeigst du mir
in deiner Haltung eine böse Ahnung;
was heißt dich die Konturen deines Leibes
auslegen wie die Linien einer Hand,
dass ich sie nicht mehr sehn kann ohne Schicksal?

Komm her ins Kerzenlicht. Ich bin nicht bang,
die Toten anzuschauen. Wenn sie kommen,
so haben sie ein Recht, in unserm Blick
sich aufzuhalten, wie die andern Dinge.

Komm her; wir wollen eine Weile still sein.
Sieh diese Rose an auf meinem Schreibtisch;
ist nicht das Licht um sie genau so zaghaft
wie über dir: sie dürfte auch nicht hier sein.
Im Garten draußen, unvermischt mit mir,
hätte sie bleiben müssen oder hingehn, –
nun währt sie so: was ist ihr mein Bewusstsein?

Erschrick nicht, wenn ich jetzt begreife, ach,
da steigt es in mir auf: ich kann nicht anders,
ich muss begreifen, und wenn ich dran stürbe.
Begreifen, dass du hier bist. Ich begreife.
Ganz wie ein Blinder rings ein Ding begreift,
fühl ich dein Los und weiß ihm keinen Namen.
Lass uns zusammen klagen, dass dich einer
aus deinem Spiegel nahm. Kannst du noch weinen?
Du kannst nicht. Deiner Tränen Kraft und Andrang
hast du verwandelt in dein reifes Anschaun
und warst dabei, jeglichen Saft in dir
so umzusetzen in ein starkes Dasein,
das steigt und kreist, im Gleichgewicht und blindlings.
Da riss ein Zufall dich, dein letzter Zufall

riss dich zurück aus deinem fernsten Fortschritt
in eine Welt zurück, wo Säfte *wollen.*
Riss dich nicht ganz; riss nur ein Stück zuerst,
doch als um dieses Stück von Tag zu Tag
die Wirklichkeit so zunahm, dass es schwer ward,
da brauchtest du dich ganz: da gingst du hin
und brachst in Brocken dich aus dem Gesetz
mühsam heraus, weil du dich brauchtest.
Da trugst du dich ab und grubst aus deines Herzens
nachtwarmem Erdreich die noch grünen Samen,
daraus dein Tod aufkeimen sollte: deiner,
dein eigner Tod zu deinem eignen Leben.
Und aßest sie, die Körner deines Todes,
wie alle andern, aßest seine Körner,
und hattest Nachgeschmack in dir von Süße,
die du nicht meintest, hattest süße Lippen,
du: die schon innen in den Sinnen süß war.

O lass uns klagen. Weißt du, wie dein Blut
aus einem Kreisen ohnegleichen zögernd
und ungern wiederkam, da du es abriefst?
Wie es verwirrt des Leibes kleinen Kreislauf
noch einmal aufnahm; wie es voller Misstraun
und Staunen eintrat in den Mutterkuchen
und von dem weiten Rückweg plötzlich müd war.
Du triebst es an, du stießest es nach vorn,
du zerrtest es zur Feuerstelle, wie
man eine Herde Tiere zerrt zum Opfer;
und wolltest noch, es sollte dabei froh sein.
Und du erzwangst es schließlich: es war froh
und lief herbei und gab sich hin. Dir schien,
weil du gewohnt warst an die andern Maße,
es wäre nur für eine Weile; aber
nun warst du in der Zeit, und Zeit ist lang.
Und Zeit geht hin, und Zeit nimmt zu, und Zeit
ist wie ein Rückfall einer langen Krankheit.

Wie war dein Leben kurz, wenn du's vergleichst
mit jenen Stunden, da du saßest und
die vielen Kräfte deiner vielen Zukunft
schweigend herabbogst zu dem neuen Kindkeim,
der wieder Schicksal war. O wehe Arbeit.
O Arbeit über alle Kraft. Du tatest
sie Tag für Tag, du schlepptest dich zu ihr
und zogst den schönen Einschlag aus dem Webstuhl

und brauchtest alle deine Fäden anders.
Und endlich hattest du noch Mut zum Fest.

Denn da's getan war, wolltest du belohnt sein,
wie Kinder, wenn sie bittersüßen Tee
getrunken haben, der vielleicht gesund macht.
So lohntest du dich: denn von jedem andern
warst du zu weit, auch jetzt noch; keiner hätte
ausdenken können, welcher Lohn dir wohltut.
Du wusstest es. Du saßest auf im Kindbett,
und vor dir stand ein Spiegel, der dir alles
ganz wiedergab. Nun war das alles *Du*
und ganz *davor,* und drinnen war nur Täuschung,
die schöne Täuschung jeder Frau, die gern
Schmuck umnimmt und das Haar kämmt und verändert.

So starbst du, wie die Frauen früher starben,
altmodisch starbst du in dem warmen Hause
den Tod der Wöchnerinnen, welche wieder
sich schließen wollen und es nicht mehr können,
weil jenes Dunkel, das sie mitgebaren,
noch einmal wiederkommt und drängt und eintritt.

Ob man nicht dennoch hätte Klagefrauen
auftreiben müssen? Weiber, welche weinen
für Geld, und die man so bezahlen kann,
dass sie die Nacht durch heulen, wenn es still wird.
Gebräuche her! wir haben nicht genug
Gebräuche. Alles geht und wird verredet.
So musst du kommen, tot, und hier mit mir
Klagen nachholen. Hörst du, dass ich klage?
Ich möchte meine Stimme wie ein Tuch
hinwerfen über deines Todes Scherben
und zerrn an ihr, bis sie in Fetzen geht,
und alles, was ich sage, müsste so
zerlumpt in dieser Stimme gehn und frieren;
blieb es beim Klagen. Doch jetzt klag ich an:
den Einen nicht, der dich aus dir zurückzog,
(ich find ihn nicht heraus, er ist wie alle)
doch alle klag ich in ihm an: den Mann.

Wenn irgendwo ein Kindgewesensein
tief in mir aufsteigt, das ich noch nicht kenne,
vielleicht das reinste Kindsein meiner Kindheit:
ich wills nicht wissen. Einen Engel will
ich daraus bilden ohne hinzusehn

und will ihn werfen in die erste Reihe
schreiender Engel, welche Gott erinnern.

Denn dieses Leiden dauert schon zu lang,
und keiner kanns; es ist zu schwer für uns,
das wirre Leiden von der falschen Liebe,
die, bauend auf Verjährung wie Gewohnheit,
ein Recht sich nennt und wuchert aus dem Unrecht.
Wo ist ein Mann, der Recht hat auf Besitz?
Wer kann besitzen, was sich selbst nicht hält,
was sich von Zeit zu Zeit nur selig auffängt
und wieder hinwirft wie ein Kind den Ball.
Sowenig wie der Feldherr eine Nike
festhalten kann am Vorderbug des Schiffes,
wenn das geheime Leichtsein ihrer Gottheit
sie plötzlich weghebt in den hellen Meerwind:
so wenig kann einer von uns die Frau
anrufen, die uns nicht mehr sieht und die
auf einem schmalen Streifen ihres Daseins
wie durch ein Wunder fortgeht, ohne Unfall:
er hätte denn Beruf und Lust zur Schuld.

Denn *das* ist Schuld, wenn irgendeines Schuld ist:
die Freiheit eines Lieben nicht vermehren
um alle Freiheit, die man in sich aufbringt.
Wir haben, wo wir lieben, ja nur dies:
einander lassen; denn dass wir uns halten,
das fällt uns leicht und ist nicht erst zu lernen.

Bist du noch da? In welcher Ecke bist du? –
Du hast so viel gewusst von alledem
und hast so viel gekonnt, da du so hingingst
für alles offen, wie ein Tag, der anbricht.
Die Frauen leiden: lieben heißt allein sein,
und Künstler ahnen manchmal in der Arbeit,
dass sie verwandeln müssen, wo sie lieben.
Beides begannst du; beides ist in dem,
was jetzt ein Ruhm entstellt, der es dir fortnimmt.
Ach du warst weit von jedem Ruhm. Du warst
unscheinbar; hattest leise deine Schönheit
hineingenommen, wie man eine Fahne
einzieht am grauen Morgen eines Werktags,
und wolltest nichts, als eine lange Arbeit, –
die nicht getan ist: dennoch nicht getan.

Wenn du noch da bist, wenn in diesem Dunkel

noch eine Stelle ist, an der dein Geist
empfindlich mitschwingt auf den flachen Schallwelln,
die eine Stimme, einsam in der Nacht,
aufregt in eines hohen Zimmers Strömung:
So hör mich: Hilf mir. Sieh, wir gleiten so,
nicht wissend wann, zurück aus unserm Fortschritt
in irgendwas, was wir nicht meinen; drin
wir uns verfangen wie in einem Traum
und drin wir sterben, ohne zu erwachen.
Keiner ist weiter. Jedem, der sein Blut
hinaufhob in ein Werk, das lange wird,
kann es geschehen, dass er's nicht mehr hochhält
und dass es geht nach seiner Schwere, wertlos.
Denn irgendwo ist eine alte Feindschaft
zwischen dem Leben und der großen Arbeit.
Dass ich sie einseh und sie sage: hilf mir.

Komm nicht zurück. Wenn du's erträgst, so sei
tot bei den Toten. Tote sind beschäftigt.
Doch hilf mir so, dass es dich nicht zerstreut,
wie mir das Fernste manchmal hilft: in mir.


### *Für Wolf Graf von Kalckreuth*

Geschrieben am 4. und 5. November 1908 in Paris

Sah ich dich wirklich nie? Mir ist das Herz
so schwer von dir wie von zu schwerem Anfang,
den man hinausschiebt. Dass ich dich begänne
zu sagen, Toter der du bist; du gerne,
du leidenschaftlich Toter. War das so
erleichternd wie du meintest, oder war
das Nichtmehrleben doch noch weit vom Totsein?
Du wähntest, besser zu besitzen dort,
wo keiner Wert legt auf Besitz. Dir schien,
dort drüben wärst du innen in der Landschaft,
die wie ein Bild hier immer vor dir zuging,
und kämst von innen her in die Geliebte
und gingest hin durch alles, stark und schwingend.
O dass du nun die Täuschung nicht zu lang
nachtrügest deinem knabenhaften Irrtum.
Dass du, gelöst in einer Strömung Wehmut
und hingerissen, halb nur bei Bewusstsein,
in der Bewegung um die fernen Sterne

die Freude fändest, die du von hier fort
verlegt hast in das Totsein deiner Träume.
Wie nahe warst du, Lieber, hier an ihr.
Wie war sie hier zuhaus, die, die du meintest,
die ernste Freude deiner strengen Sehnsucht.
Wenn du, enttäuscht von Glücklichsein und Unglück,
dich in dich wühltest und mit einer Einsicht
mühsam heraufkamst, unter dem Gewicht
beinah zerbrechend deines dunkeln Fundes:
da trugst du sie, sie, die du nicht erkannt hast,
die Freude trugst du, deines kleinen Heilands
Last trugst du durch dein Blut und holtest über.

Was hast du nicht gewartet, dass die Schwere
ganz unerträglich wird: da schlägt sie um
und ist so schwer, weil sie so echt ist. Siehst du,
dies war vielleicht dein nächster Augenblick;
er rückte sich vielleicht vor deiner Tür
den Kranz im Haar zurecht, da du sie zuwarfst.

O dieser Schlag, wie geht er durch das Weltall,
wenn irgendwo vom harten scharfen Zugwind
der Ungeduld ein Offenes ins Schloss fällt.
Wer kann beschwören, dass nicht in der Erde
ein Sprung sich hinzieht durch gesunde Samen;
wer hat erforscht, ob in gezähmten Tieren
nicht eine Lust zu töten geilig aufzuckt,
wenn dieser Ruck ein Blitzlicht in ihr Hirn wirft.
Wer kennt den Einfluss, der von unserm Handeln
hinüberspringt in eine nahe Spitze,
und wer begleitet ihn, wo alles leitet?

Dass du zerstört hast. Dass man dies von dir
wird sagen müssen bis in alle Zeiten.
Und wenn ein Held bevorsteht, der den Sinn,
den wir für das Gesicht der Dinge nehmen,
wie eine Maske abreißt und uns rasend
Gesichter aufdeckt, deren Augen längst
uns lautlos durch verstellte Löcher anschaun:
dies ist Gesicht und wird sich nicht verwandeln:
dass du zerstört hast. Blöcke lagen da,
und in der Luft um sie war schon der Rhythmus
von einem Bauwerk, kaum mehr zu verhalten;
du gingst herum und sahst nicht ihre Ordnung,
einer verdeckte dir den andern; jeder

schien dir zu wurzeln, wenn du im Vorbeigehn
an ihm versuchtest, ohne rechtes Zutraun,
dass du ihn hübest. Und du hobst sie alle
in der Verzweiflung, aber nur, um sie
zurückzuschleudern in den klaffen Steinbruch,
in den sie, ausgedehnt von deinem Herzen,
nicht mehr hineingehn. Hätte eine Frau
die leichte Hand gelegt auf dieses Zornes
noch zarten Anfang; wäre einer, der
beschäftigt war, im Innersten beschäftigt,
dir still begegnet, da du stumm hinausgingst,
die Tat zu tun –; ja hätte nur dein Weg
vorbeigeführt an einer wachen Werkstatt,
wo Männer hämmern, wo der Tag sich schlicht
verwirklicht; wär in deinem vollen Blick
nur so viel Raum gewesen, dass das Abbild
von einem Käfer, der sich müht, hineinging,
du hättest jäh bei einem hellen Einsehn
die Schrift gelesen, deren Zeichen du
seit deiner Kindheit langsam in dich eingrubst,
von Zeit zu Zeit versuchend, ob ein Satz
dabei sich bilde: ach, er schien dir sinnlos.
Ich weiß; ich weiß: du lagst davor und griffst
die Rillen ab, wie man auf einem Grabstein
die Inschrift abfühlt. Was dir irgend licht
zu brennen schien, das hieltest du als Leuchte
vor diese Zeile; doch die Flamme losch
eh du begriffst, vielleicht von deinem Atem,
vielleicht vom Zittern deiner Hand; vielleicht
auch ganz von selbst, wie Flammen manchmal ausgehn.
Du lasest's nie. Wir aber wagen nicht,
zu lesen durch den Schmerz und aus der Ferne.

Nur den Gedichten sehn wir zu, die noch
über die Neigung deines Fühlens abwärts
die Worte tragen, die du wähltest. Nein,
nicht alle wähltest du; oft ward ein Anfang
dir auferlegt als Ganzes, den du nachsprachst
wie einen Auftrag. Und er schien dir traurig.
Ach hättest du ihn nie von dir gehört.
Dein Engel lautet jetzt noch und betont
denselben Wortlaut anders, und mir bricht
der Jubel aus bei seiner Art zu sagen,
der Jubel über dich: denn dies war dein:

Dass jedes Liebe wieder von dir abfiel,
dass du im Sehendwerden den Verzicht
erkannt hast und im Tode deinen Fortschritt.
Dieses war dein, du, Künstler; diese drei
offenen Formen. Sieh, hier ist der Ausguss
der ersten: Raum um dein Gefühl; und da
aus jener zweiten schlag ich dir das Anschaun
das nichts begehrt, des großen Künstlers Anschaun;
und in der dritten, die du selbst zu früh
zerbrochen hast, da kaum der erste Schuss
bebender Speise aus des Herzens Weißglut
hineinfuhr –, war ein Tod von guter Arbeit
vertieft gebildet, jener eigne Tod,
der uns so nötig hat, weil wir ihn leben,
und dem wir nirgends näher sind als hier.

Dies alles war dein Gut und deine Freundschaft;
du hast es oft geahnt; dann aber hat
das Hohle jener Formen dich geschreckt,
du griffst hinein und schöpftest Leere
und beklagtest dich. – O alter Fluch der Dichter,
die sich beklagen, wo sie sagen sollten,
die immer urteiln über ihr Gefühl
statt es zu bilden; die noch immer meinen,
was traurig ist in ihnen oder froh,
das wüssten sie und dürftens im Gedicht
bedauern oder rühmen. Wie die Kranken
gebrauchen sie die Sprache voller Wehleid,
um zu beschreiben, wo es ihnen wehtut,
statt hart sich in die Worte zu verwandeln,
wie sich der Steinmetz einer Kathedrale
verbissen umsetzt in des Steines Gleichmut.

Dies war die Rettung. Hättest du nur *ein* Mal
gesehn, wie Schicksal in die Verse eingeht
und nicht zurückkommt, wie es drinnen Bild wird
und nichts als Bild, nicht anders als ein Ahnherr,
der dir im Rahmen, wenn du manchmal aufsiehst,
zu gleichen scheint und wieder nicht zu gleichen –:
du hättest ausgeharrt.

Doch dies ist kleinlich,
zu denken, was nicht war. Auch ist ein Schein
von Vorwurf im Vergleich, der dich nicht trifft.
Das, was geschieht, hat einen solchen Vorsprung

vor unserm Meinen, dass wir's niemals einholn
und nie erfahren, wie es wirklich aussah.

Sei nicht beschämt, wenn dich die Toten streifen,
die andern Toten, welche bis ans Ende
aushielten. (Was will Ende sagen?) Tausche
den Blick mit ihnen, ruhig, wie es Brauch ist,
und fürchte nicht, dass unser Trauern dich
seltsam belädt, so dass du ihnen auffällst.
Die großen Worte aus den Zeiten, da
Geschehn noch sichtbar war, sind nicht für uns.
Wer spricht von Siegen? Überstehn ist alles.

# *Das Marien-Leben*

Duino, Januar 1912

Zalên endothen echôn ...

Heinrich Vogeler
dankbar
für alten und neuen Anlass
zu diesen Versen


Entstanden 1912; Erstdruck beim Insel-Verlag, Leipzig 1913.

## Geburt Mariae

O was muss es die Engel gekostet haben,
nicht aufzusingen plötzlich, wie man aufweint,
da sie doch wussten: in dieser Nacht wird dem Knaben
die Mutter geboren, dem Einen, der bald erscheint.

Schwingend verschwiegen sie sich und zeigten die Richtung,
wo, allein, das Gehöft lag des Joachim,
ach, sie fühlten in sich und im Raum die reine Verdichtung,
aber es durfte keiner nieder zu ihm.

Denn die beiden waren schon so außer sich vor Getue.
Eine Nachbarin kam und klugte und wusste nicht wie,
und der Alte, vorsichtig, ging und verhielt das Gemuhe
einer dunkelen Kuh. Denn so war es noch nie.


## Die Darstellung Mariae im Tempel

Um zu begreifen, wie sie damals war,
musst du dich erst an eine Stelle rufen,
wo Säulen in dir wirken; wo du Stufen
nachfühlen kannst; wo Bogen voll Gefahr
den Abgrund eines Raumes überbrücken,
der in dir blieb, weil er aus solchen Stücken
getürmt war, dass du sie nicht mehr aus dir
ausheben kannst: du rissest dich denn ein.
Bist du so weit, ist alles in dir Stein,
Wand, Aufgang, Durchblick, Wölbung –, so probier
den großen Vorhang, den du vor dir hast,
ein wenig wegzuzerrn mit beiden Händen:
da glänzt es von ganz hohen Gegenständen
und übertrifft dir Atem und Getast.
Hinauf, hinab, Palast steht auf Palast,
Geländer strömen breiter aus Geländern
und tauchen oben auf an solchen Rändern,
dass dich, wie du sie siehst, der Schwindel fasst.
Dabei macht ein Gewölk aus Räucherständern
die Nähe trüb; aber das Fernste zielt
in dich hinein mit seinen graden Strahlen –,
und wenn jetzt Schein aus klaren Flammenschalen
auf langsam nahenden Gewändern spielt:
wie hältst du's aus?

Sie aber kam und hob

den Blick, um dieses alles anzuschauen.
(Ein Kind, ein kleines Mädchen zwischen Frauen.)
Dann stieg sie ruhig, voller Selbstvertrauen,
dem Aufwand zu, der sich verwöhnt verschob:
So sehr war alles, was die Menschen bauen,
schon überwogen von dem Lob

in ihrem Herzen. Von der Lust
sich hinzugeben an die innern Zeichen:
Die Eltern meinten, sie hinaufzureichen,
der Drohende mit der Juwelenbrust
empfing sie scheinbar: Doch sie ging durch alle,
klein wie sie war, aus jeder Hand hinaus
und in ihr Los, das, höher als die Halle,
schon fertig war, und schwerer als das Haus.

### Mariae Verkündigung

Nicht dass ein Engel eintrat (das erkenn),
erschreckte sie. Sowenig andre, wenn
ein Sonnenstrahl oder der Mond bei Nacht
in ihrem Zimmer sich zu schaffen macht,
auffahren –, pflegte sie an der Gestalt,
in der ein Engel ging, sich zu entrüsten;
sie ahnte kaum, dass dieser Aufenthalt
mühsam für Engel ist. (O wenn wir wüssten,
wie rein sie war. Hat eine Hirschkuh nicht,
die, liegend, einmal sie im Wald eräugte,
sich so in sie versehn, dass sich in ihr,
ganz ohne Paarigen, das Einhorn zeugte,
das Tier aus Licht, das reine Tier –.)
Nicht, dass er eintrat, aber dass er dicht,
der Engel, eines Jünglings Angesicht
so zu ihr neigte; dass sein Blick und der,
mit dem sie aufsah, so zusammenschlugen
als wäre draußen plötzlich alles leer
und, was Millionen schauten, trieben, trugen,
hineingedrängt in sie: nur sie und er;
Schaun und Geschautes, Aug und Augenweide
sonst nirgends als an dieser Stelle –: sieh,
dieses erschreckt. Und sie erschraken beide.

Dann sang der Engel seine Melodie.

## Mariae Heimsuchung

Noch erging sie's leicht im Anbeginne,
doch im Steigen manchmal ward sie schon
ihres wunderbaren Leibes inne, –
und dann stand sie, atmend, auf den hohn

Judenbergen. Aber nicht das Land,
ihre Fülle war um sie gebreitet;
gehend fühlte sie: man überschreitet
nie die Größe, die sie jetzt empfand.

Und es drängte sie, die Hand zu legen
auf den andern Leib, der weiter war.
Und die Frauen schwankten sich entgegen
und berührten sich Gewand und Haar.

Jede, voll von ihrem Heiligtume,
schützte sich mit der Gevatterin.
Ach der Heiland in ihr war noch Blume,
doch den Täufer in dem Schoß der Muhme
riss die Freude schon zum Hüpfen hin.


## Argwohn Josephs

Und der Engel sprach und gab sich Müh
an dem Mann, der seine Fäuste ballte:
Aber siehst du nicht an jeder Falte,
dass sie kühl ist wie die Gottesfrüh.

Doch der andre sah ihn finster an,
murmelnd nur: Was hat sie so verwandelt?
Doch da schrie der Engel: Zimmermann,
merkst du's noch nicht, dass der Herrgott handelt?

Weil du Bretter machst, in deinem Stolze,
willst du wirklich *den* zu Rede stelln,
der bescheiden aus dem gleichen Holze
Blätter treiben macht und Knospen schwelln?

Er begriff. Und wie er jetzt die Blicke,
recht erschrocken, zu dem Engel hob,
war der fort. Da schob er seine dicke
Mütze langsam ab. Dann sang er Lob.

## Verkündigung über den Hirten

Seht auf, ihr Männer. Männer dort am Feuer,
die ihr den grenzenlosen Himmel kennt,
Sterndeuter, hierher! Seht, ich bin ein neuer
steigender Stern. Mein ganzes Wesen brennt
und strahlt so stark und ist so ungeheuer
voll Licht, dass mir das tiefe Firmament
nicht mehr genügt. Lasst meinen Glanz hinein
in euer Dasein: Oh, die dunklen Blicke,
die dunklen Herzen, nächtige Geschicke
die euch erfüllen. Hirten, wie allein
bin ich in euch. Auf einmal wird mir Raum.
Stauntet ihr nicht: der große Brotfruchtbaum
warf einen Schatten. Ja, das kam von mir.
Ihr Unerschrockenen, o wüsstet ihr,
wie jetzt auf eurem schauenden Gesichte
die Zukunft scheint. In diesem starken Lichte
wird viel geschehen. Euch vertrau ich's, denn
ihr seid verschwiegen; euch Gradgläubigen
redet hier alles. Glut und Regen spricht,
der Vögel Zug, der Wind und was ihr seid,
keins überwiegt und wächst zur Eitelkeit
sich mästend an. Ihr haltet nicht
die Dinge auf im Zwischenraum der Brust
um sie zu quälen. So wie seine Lust
durch einen Engel strömt, so treibt durch euch
das Irdische. Und wenn ein Dorngesträuch
aufflammte plötzlich, dürfte noch aus ihm
der Ewige euch rufen, Cherubim,
wenn sie geruhten neben eurer Herde
einherzuschreiten, wunderten euch nicht:
ihr stürztet euch auf euer Angesicht,
betetet an und nenntet dies die Erde.

Doch dieses war. Nun soll ein Neues sein,
von dem der Erdkreis ringender sich weitet.
Was ist ein Dörnicht uns: Gott fühlt sich ein
in einer Jungfrau Schoß. Ich bin der Schein
von ihrer Innigkeit, der euch geleitet.

## Geburt Christi

Hättest du der Einfalt nicht, wie sollte
dir geschehn, was jetzt die Nacht erhellt?
Sieh, der Gott, der über Völkern grollte,
macht sich mild und kommt in dir zur Welt.

Hast du dir ihn größer vorgestellt?

Was ist Größe? Quer durch alle Maße,
die er durchstreicht, geht sein grades Los.
Selbst ein Stern hat keine solche Straße.
Siehst du, diese Könige sind groß,

und sie schleppen dir vor deinen Schoß

Schätze, die sie für die größten halten,
und du staunst vielleicht bei dieser Gift –:
aber schau in deines Tuches Falten,
wie er jetzt schon alles übertrifft.

Aller Amber, den man weit verschifft,

jeder Goldschmuck und das Luftgewürze,
das sich trübend in die Sinne streut:
alles dieses war von rascher Kürze,
und am Ende hat man es bereut.

Aber (du wirst sehen): Er erfreut.

## Rast auf der Flucht in Ägypten

Diese, die noch eben atemlos
flohen mitten aus dem Kindermorden:
o wie waren sie unmerklich groß
über ihrer Wanderschaft geworden.

Kaum noch dass im scheuen Rückwärtsschauen
ihres Schreckens Not zergangen war,
und schon brachten sie auf ihrem grauen
Maultier ganze Städte in Gefahr;

denn so wie sie, klein im großen Land,
– fast ein Nichts – den starken Tempeln nahten,
platzten alle Götzen wie verraten
und verloren völlig den Verstand.

Ist es denkbar, dass von ihrem Gange
alles so verzweifelt sich erbost?
und sie wurden vor sich selber bange,
nur das Kind war namenlos getrost.

Immerhin, sie mussten sich darüber
eine Weile setzen. Doch da ging –
sieh: der Baum, der still sie überhing,
wie ein Dienender zu ihnen über:

er verneigte sich. Derselbe Baum,
dessen Kränze toten Pharaonen
für das Ewige die Stirnen schonen,
neigte sich. Er fühlte neue Kronen
blühen. Und sie saßen wie im Traum.

### Von der Hochzeit zu Kana

Konnte sie denn anders, als auf ihn
stolz sein, der ihr Schlichtestes verschönte?
War nicht selbst die hohe, großgewöhnte
Nacht wie außer sich, da er erschien?

Ging nicht auch, dass er sich einst verloren,
unerhört zu seiner Glorie aus?
Hatten nicht die Weisesten die Ohren
mit dem Mund vertauscht? Und war das Haus

nicht wie neu von seiner Stimme? Ach
sicher hatte sie zu hundert Malen
ihre Freude an ihm auszustrahlen
sich verwehrt. Sie ging ihm staunend nach.

Aber da bei jenem Hochzeitsfeste,
als es unversehns an Wein gebrach, –
sah sie hin und bat um eine Geste
und begriff nicht, dass er widersprach.

Und dann tat er's. Sie verstand es später,
wie sie ihn in seinen Weg gedrängt:
denn jetzt war er wirklich Wundertäter,
und das ganze Opfer war verhängt,

unaufhaltsam. Ja, es stand geschrieben.
Aber war es damals schon bereit?
Sie: sie hatte es herbeigetrieben
in der Blindheit ihrer Eitelkeit.

An dem Tisch voll Früchten und Gemüsen
freute sie sich mit und sah nicht ein,
dass das Wasser ihrer Tränendrüsen
Blut geworden war mit diesem Wein.

## Vor der Passion

O hast du dies gewollt, du hättest nicht
durch eines Weibes Leib entspringen dürfen:
Heilande muss man in den Bergen schürfen,
wo man das Harte aus dem Harten bricht.

Tut dir's nicht selber leid, dein liebes Tal
so zu verwüsten? Siehe meine Schwäche;
ich habe nichts als Milch- und Tränenbäche,
und du warst immer in der Überzahl.

Mit solchem Aufwand wardst du mir verheißen.
Was tratst du nicht gleich wild aus mir hinaus?
Wenn du nur Tiger brauchst, dich zu zerreißen,
warum erzog man mich im Frauenhaus,

ein weiches reines Kleid für dich zu weben,
darin nicht einmal die geringste Spur
von Naht dich drückt –: so war mein ganzes Leben,
und jetzt verkehrst du plötzlich die Natur.


## Pietà

Jetzt wird mein Elend voll, und namenlos
erfüllt es mich. Ich starre wie des Steins
Inneres starrt.
Hart wie ich bin, weiß ich nur Eins:
Du wurdest groß –
… und wurdest groß,
um als zu großer Schmerz
ganz über meines Herzens Fassung
hinauszustehn.
Jetzt liegst du quer durch meinen Schoß,
jetzt kann ich dich nicht mehr
gebären.


## Stillung Mariae
## mit dem Auferstandenen

Was sie damals empfanden: ist es nicht
vor allen Geheimnissen süß
und immer noch irdisch:
da er, ein wenig blass noch vom Grab,
erleichtert zu ihr trat:
an allen Stellen erstanden.

O zu ihr zuerst. Wie waren sie da
unaussprechlich in Heilung.
Ja sie heilten, das war's. Sie hatten nicht nötig,
sich stark zu berühren.
Er legte ihr eine Sekunde
kaum seine nächstens
ewige Hand an die frauliche Schulter.
Und sie begannen
still wie die Bäume im Frühling,
unendlich zugleich,
diese Jahreszeit
ihres äußersten Umgangs.


## Vom Tode Mariae

*(Drei Stücke)*

### 1.

Derselbe große Engel, welcher einst
ihr der Gebärung Botschaft niederbrachte,
stand da, abwartend dass sie ihn beachte,
und sprach: Jetzt wird es Zeit, dass du erscheinst.
Und sie erschrak wie damals und erwies
sich wieder als die Magd, ihn tief bejahend.
Er aber strahlte und, unendlich nahend,
schwand er wie in ihr Angesicht – und hieß
die weithin ausgegangenen Bekehrer
zusammenkommen in das Haus am Hang,
das Haus des Abendmahls. Sie kamen schwerer
und traten bange ein: Da lag, entlang
die schmale Bettstatt, die in Untergang
und Auserwählung rätselhaft Getauchte,
ganz unversehrt, wie eine Ungebrauchte,
und achtete auf englischen Gesang.
Nun da sie alle hinter ihren Kerzen
abwarten sah, riss sie vom Übermaß
der Stimmen sich und schenkte noch von Herzen
die beiden Kleider fort, die sie besaß,
und hob ihr Antlitz auf zu dem und dem ...
(O Ursprung namenloser Tränen-Bäche).

Sie aber legte sich in ihre Schwäche
und zog die Himmel an Jerusalem
so nah heran, dass ihre Seele nur,

austretend, sich ein wenig strecken musste:
schon hob er sie, der alles von ihr wusste,
hinein in ihre göttliche Natur.

*2.*

Wer hat bedacht, dass bis zu ihrem Kommen
der viele Himmel unvollständig war?
Der Auferstandne hatte Platz genommen,
doch neben ihm, durch vierundzwanzig Jahr,
war leer der Sitz. Und sie begannen schon
sich an die reine Lücke zu gewöhnen,
die wie verheilt war, denn mit seinem schönen
Hinüberscheinen füllte sie der Sohn.

So ging auch sie, die in die Himmel trat,
nicht auf ihn zu, so sehr es sie verlangte;
dort war kein Platz, nur *Er* war dort und prangte
mit einer Strahlung, die ihr wehe tat.
Doch da sie jetzt, die rührende Gestalt,
sich zu den neuen Seligen gesellte
und unauffällig, licht zu licht, sich stellte,
da brach aus ihrem Sein ein Hinterhalt
von solchem Glanz, dass der von ihr erhellte
Engel geblendet aufschrie: Wer ist die?
Ein Staunen war. Dann sahn sie alle, wie
Gott-Vater oben unsern Herrn verhielt,
so dass, von milder Dämmerung umspielt,
die leere Stelle wie ein wenig Leid
sich zeigte, eine Spur von Einsamkeit,
wie etwas, was er noch ertrug, ein Rest
irdischer Zeit, ein trockenes Gebrest –.
Man sah nach ihr; sie schaute ängstlich hin,
weit vorgeneigt, als fühlte sie: *ich bin
sein längster Schmerz –*: und stürzte plötzlich vor.
Die Engel aber nahmen sie zu sich
und stützten sie und sangen seliglich
und trugen sie das letzte Stück empor.

*3.*

Doch vor dem Apostel Thomas, der
kam, da es zu spät war, trat der schnelle
längst darauf gefasste Engel her
und befahl an der Begräbnisstelle:

Dräng den Stein beiseite. Willst du wissen,
wo die ist, die dir das Herz bewegt:
Sieh: sie ward wie ein Lavendelkissen
eine Weile da hineingelegt,

dass die Erde künftig nach ihr rieche
in den Falten wie ein feines Tuch.
Alles Tote (fühlst du), alles Sieche
ist betäubt von ihrem Wohl-Geruch.

Schau den Leinwand: wo ist eine Bleiche,
wo er blendend wird und geht nicht ein?
Dieses Licht aus dieser reinen Leiche
war ihm klärender als Sonnenschein.

Staunst du nicht, wie sanft sie ihm entging?
Fast als wär sie's noch, nichts ist verschoben.
Doch die Himmel sind erschüttert oben:
Mann, knie hin und sieh mir nach und sing.

# *Duineser Elegien*

Aus dem Besitz der Fürstin
Marie von Thurn und Taxis-Hohenlohe

(1912-1922)

Erste Elegie, entstanden 1912; zweite Elegie, 1912; dritte Elegie, 1912/1913; vierte Elegie, 1915; fünfte Elegie, 1922; sechste Elegie, 1912/13 (Verse 1-31 und 42-44) und 1922; siebente Elegie, 1922; achte Elegie, 1922; neunte Elegie, 1912 (Verse 1-6 und 77-79) und 1922; zehnte Elegie, 1912 (Verse 1-15) und 1922.

Erstdruck beim Insel-Verlag, Leipzig 1923.

# Die erste Elegie

Wer, wenn ich schriee, hörte mich denn aus der Engel
Ordnungen? und gesetzt selbst, es nähme
einer mich plötzlich ans Herz: ich verginge von seinem
stärkeren Dasein. Denn das Schöne ist nichts
als des Schrecklichen Anfang, den wir noch grade ertragen,
und wir bewundern es so, weil es gelassen verschmäht,
uns zu zerstören. Ein jeder Engel ist schrecklich.

Und so verhalt ich mich denn und verschlucke den Lockruf
dunkelen Schluchzens. Ach, wen vermögen
wir denn zu brauchen? Engel nicht, Menschen nicht,
und die findigen Tiere merken es schon,
dass wir nicht sehr verlässlich zu Haus sind
in der gedeuteten Welt. Es bleibt uns vielleicht
irgend ein Baum an dem Abhang, dass wir ihn täglich
wiedersähen; es bleibt uns die Straße von gestern
und das verzogene Treusein einer Gewohnheit,
der es bei uns gefiel, und so blieb sie und ging nicht.

O und die Nacht, die Nacht, wenn der Wind voller Weltraum
uns am Angesicht zehrt –, wem bliebe sie nicht, die ersehnte,
sanft enttäuschende, welche dem einzelnen Herzen
mühsam bevorsteht. Ist sie den Liebenden leichter?
Ach, sie verdecken sich nur mit einander ihr Los.

Weißt du's *noch* nicht? Wirf aus den Armen die Leere
zu den Räumen hinzu, die wir atmen; vielleicht dass die Vögel
die erweiterte Luft fühlen mit innigerm Flug.

Ja, die Frühlinge brauchten dich wohl. Es muteten manche
Sterne dir zu, dass du sie spürtest. Es hob
sich eine Woge heran im Vergangenen, oder
da du vorüberkamst am geöffneten Fenster,
gab eine Geige sich hin. Das alles war Auftrag.
Aber bewältigtest du's? Warst du nicht immer
noch von Erwartung zerstreut, als kündigte alles
eine Geliebte dir an? (Wo willst du sie bergen,
da doch die großen fremden Gedanken bei dir
aus und ein gehn und öfters bleiben bei Nacht.)
Sehnt es dich aber, so singe die Liebenden; lange
noch nicht unsterblich genug ist ihr berühmtes Gefühl.
Jene, du neidest sie fast, Verlassenen, die du
so viel liebender fandst als die Gestillten. Beginn

immer von neuem die nie zu erreichende Preisung;
denk: es erhält sich der Held, selbst der Untergang war ihm
nur ein Vorwand, zu sein: seine letzte Geburt.
Aber die Liebenden nimmt die erschöpfte Natur
in sich zurück, als wären nicht zweimal die Kräfte,
dieses zu leisten. Hast du der Gaspara Stampa
denn genügend gedacht, dass irgend ein Mädchen,
dem der Geliebte entging, am gesteigerten Beispiel
dieser Liebenden fühlt: dass ich würde wie sie?
Sollen nicht endlich uns diese ältesten Schmerzen
fruchtbarer werden? Ist es nicht Zeit, dass wir liebend
uns vom Geliebten befrein und es bebend bestehn:
wie der Pfeil die Sehne besteht, um gesammelt im Absprung
*mehr* zu sein als er selbst. Denn Bleiben ist nirgends.

Stimmen, Stimmen. Höre, mein Herz, wie sonst nur
Heilige hörten: dass sie der riesige Ruf
aufhob vom Boden; sie aber knieten,
Unmögliche, weiter und achtetens nicht:
*So* waren sie hörend. Nicht, dass du *Gottes* ertrügest
die Stimme, bei weitem. Aber das Wehende höre,
die ununterbrochene Nachricht, die aus Stille sich bildet.
Es rauscht jetzt von jenen jungen Toten zu dir.
Wo immer du eintratst, redete nicht in Kirchen
zu Rom und Neapel ruhig ihr Schicksal dich an?
Oder es trug eine Inschrift sich erhaben dir auf,
wie neulich die Tafel in Santa Maria Formosa.
Was sie mir wollen? leise soll ich des Unrechts
Anschein abtun, der ihrer Geister
reine Bewegung manchmal ein wenig behindert.

Freilich ist es seltsam, die Erde nicht mehr zu bewohnen,
kaum erlernte Gebräuche nicht mehr zu üben,
Rosen, und andern eigens versprechenden Dingen
nicht die Bedeutung menschlicher Zukunft zu geben;
das, was man war in unendlich ängstlichen Händen,
nicht mehr zu sein, und selbst den eigenen Namen
wegzulassen wie ein zerbrochenes Spielzeug.
Seltsam, die Wünsche nicht weiter zu wünschen. Seltsam,
alles, was sich bezog, so lose im Raume
flattern zu sehen. Und das Totsein ist mühsam
und voller Nachholn, dass man allmählich ein wenig
Ewigkeit spürt. – Aber Lebendige machen
alle den Fehler, dass sie zu stark unterscheiden.

Engel (sagt man) wüssten oft nicht, ob sie unter
Lebenden gehn oder Toten. Die ewige Strömung
reißt durch beide Bereiche alle Alter
immer mit sich und übertönt sie in beiden.

Schließlich brauchen sie uns nicht mehr, die Früheentrückten,
man entwöhnt sich des Irdischen sanft, wie man den Brüsten
milde der Mutter entwächst. Aber wir, die so große
Geheimnisse brauchen, denen aus Trauer so oft
seliger Fortschritt entspringt –: *könnten* wir sein ohne sie?
Ist die Sage umsonst, dass einst in der Klage um Linos
wagende erste Musik dürre Erstarrung durchdrang;
dass erst im erschrockenen Raum, dem ein beinah göttlicher Jüngling
plötzlich für immer enttrat, das Leere in jene
Schwingung geriet, die uns jetzt hinreißt und tröstet und hilft.

### Die zweite Elegie

Jeder Engel ist schrecklich. Und dennoch, weh mir,
ansing ich euch, fast tödliche Vögel der Seele,
wissend um euch. Wohin sind die Tage Tobiae,
da der Strahlendsten einer stand an der einfachen Haustür,
zur Reise ein wenig verkleidet und schon nicht mehr furchtbar;
(Jüngling dem Jüngling, wie er neugierig hinaussah).
Träte der Erzengel jetzt, der gefährliche, hinter den Sternen
eines Schrittes nur nieder und herwärts:
hochaufschlagend erschlüg uns das eigene Herz. Wer seid ihr?

Frühe Geglückte, ihr Verwöhnten der Schöpfung,
Höhenzüge, morgenrötliche Grate
aller Erschaffung, – Pollen der blühenden Gottheit,
Gelenke des Lichtes, Gänge, Treppen, Throne,
Räume aus Wesen, Schilde aus Wonne, Tumulte
stürmisch entzückten Gefühls und plötzlich, einzeln,
*Spiegel:* die die entströmte eigene Schönheit
wiederschöpfen zurück in das eigene Antlitz.

Denn wir, wo wir fühlen, verflüchtigen; ach wir
atmen uns aus und dahin; von Holzglut zu Holzglut
geben wir schwächern Geruch. Da sagt uns wohl einer:
ja, du gehst mir ins Blut, dieses Zimmer, der Frühling
füllt sich mit dir … Was hilfts, er kann uns nicht halten,
wir schwinden in ihm und um ihn. Und jene, die schön sind,
o wer hält sie zurück? Unaufhörlich steht Anschein
auf in ihrem Gesicht und geht fort. Wie Tau von dem Frühgras

hebt sich das Unsre von uns, wie die Hitze von einem
heißen Gericht. O Lächeln, wohin? O Aufschaun:
neue, warme, entgehende Welle des Herzens –;
weh mir: wir *sind's* doch. Schmeckt denn der Weltraum,
in den wir uns lösen, nach uns? Fangen die Engel
wirklich nur Ihriges auf, ihnen Entströmtes,
oder ist manchmal, wie aus Versehen, ein wenig
unseres Wesens dabei? Sind wir in ihre
Züge so viel nur gemischt wie das Vage in die Gesichter
schwangerer Frauen? Sie merken es nicht in dem Wirbel
ihrer Rückkehr zu sich. (Wie sollten sie's merken.)

Liebende könnten, verstünden sie's, in der Nachtluft
wunderlich reden. Denn es scheint, dass uns alles
verheimlicht. Siehe, die Bäume *sind;* die Häuser,
die wir bewohnen, bestehn noch. Wir nur
ziehen allem vorbei wie ein luftiger Austausch.
Und alles ist einig, uns zu verschweigen, halb als
Schande vielleicht und halb als unsägliche Hoffnung.

Liebende, euch, ihr in einander Genügten,
frag ich nach uns. Ihr greift euch. Habt ihr Beweise?
Seht, mir geschiehts, dass meine Hände einander
inne werden oder dass mein gebrauchtes
Gesicht in ihnen sich schont. Das gibt mir ein wenig
Empfindung. Doch wer wagte darum schon zu *sein?*
Ihr aber, die ihr im Entzücken des anderen
zunehmt, bis er euch überwältigt
anfleht: nicht *mehr –;* die ihr unter den Händen
euch reichlicher werdet wie Traubenjahre;
die ihr manchmal vergeht, nur weil der andre
ganz überhand nimmt: euch frag ich nach uns. Ich weiß,
ihr berührt euch so selig, weil die Liebkosung verhält,
weil die Stelle nicht schwindet, die ihr, Zärtliche,
zudeckt; weil ihr darunter das reine
Dauern verspürt. So versprecht ihr euch Ewigkeit fast
von der Umarmung. Und doch, wenn ihr der ersten
Blicke Schrecken besteht und die Sehnsucht am Fenster,
und den ersten gemeinsamen Gang, *ein* Mal durch den Garten:
Liebende, *seid* ihrs dann noch? Wenn ihr einer dem andern
euch an den Mund hebt und ansetzt –: Getränk an Getränk:
o wie entgeht dann der Trinkende seltsam der Handlung.

Erstaunte euch nicht auf attischen Stelen die Vorsicht
menschlicher Geste? war nicht Liebe und Abschied

so leicht auf die Schultern gelegt, als wär es aus anderm
Stoffe gemacht als bei uns? Gedenkt euch der Hände,
wie sie drucklos beruhen, obwohl in den Torsen die Kraft steht.
Diese Beherrschten wussten damit: so weit sind wir's,
*dieses ist* unser, uns so zu berühren; stärker
stemmen die Götter uns an. Doch dies ist Sache der Götter.

Fänden auch wir ein reines, verhaltenes, schmales
Menschliches, einen unseren Streifen Fruchtlands
zwischen Strom und Gestein. Denn das eigene Herz übersteigt uns
noch immer wie jene. Und wir können ihm nicht mehr
nachschaun in Bilder, die es besänftigen, noch in
göttliche Körper, in denen es größer sich mäßigt.

### Die dritte Elegie

Eines ist, die Geliebte zu singen. Ein anderes, wehe,
jenen verborgenen schuldigen Fluss-Gott des Bluts.
Den sie von weitem erkennt, ihren Jüngling, was weiß er
selbst von dem Herren der Lust, der aus dem Einsamen oft,
ehe das Mädchen noch linderte, oft auch als wäre sie nicht,
ach, von welchem Unkenntlichen triefend, das Gotthaupt
aufhob, aufrufend die Nacht zu unendlichem Aufruhr.
O des Blutes Neptun, o sein furchtbarer Dreizack.
O der dunkele Wind seiner Brust aus gewundener Muschel.
Horch, wie die Nacht sich muldet und höhlt. Ihr Sterne,
stammt nicht von euch des Liebenden Lust zu dem Antlitz
seiner Geliebten? Hat er die innige Einsicht
in ihr reines Gesicht nicht aus dem reinen Gestirn?

Du nicht hast ihm, wehe, nicht seine Mutter
hat ihm die Bogen der Braun so zur Erwartung gespannt.
Nicht an dir, ihn fühlendes Mädchen, an dir nicht
bog seine Lippe sich zum fruchtbarern Ausdruck.
Meinst du wirklich, ihn hätte dein leichter Auftritt
also erschüttert, du, die wandelt wie Frühwind?
Zwar du erschrakst ihm das Herz; doch ältere Schrecken
stürzten in ihn bei dem berührenden Anstoß.
Ruf ihn … du rufst ihn nicht ganz aus dunkelem Umgang.
Freilich, er *will,* er entspringt; erleichtert gewöhnt er
sich in dein heimliches Herz und nimmt und beginnt sich.
Aber begann er sich je?
Mutter, *du* machtest ihn klein, du warsts, die ihn anfing;
dir war er neu, du beugtest über die neuen
Augen die freundliche Welt und wehrtest der fremden.

Wo, ach, hin sind die Jahre, da du ihm einfach
mit der schlanken Gestalt wallendes Chaos vertratst?
Vieles verbargst du ihm so; das nächtlich-verdächtige Zimmer
machtest du harmlos, aus deinem Herzen voll Zuflucht
mischtest du menschlichern Raum seinem Nacht-Raum hinzu.
Nicht in die Finsternis, nein, in dein näheres Dasein
hast du das Nachtlicht gestellt, und es schien wie aus Freundschaft.
Nirgends ein Knistern, das du nicht lächelnd erklärtest,
so als wüsstest du längst, *wann* sich die Diele benimmt...
Und er horchte und linderte sich. So vieles vermochte
zärtlich dein Aufstehn; hinter den Schrank trat
hoch im Mantel sein Schicksal, und in die Falten des Vorhangs
passte, die leicht sich verschob, seine unruhige Zukunft.

Und er selbst, wie er lag, der Erleichterte, unter
schläfernden Lidern deiner leichten Gestaltung
Süße lösend in den gekosteten Vorschlaf –:
*schien* ein Gehüteter ... Aber *innen:* wer wehrte,
hinderte innen in ihm die Fluten der Herkunft?
Ach, da *war* keine Vorsicht im Schlafenden; schlafend,
aber träumend, aber in Fiebern: wie er sich ein-ließ.
Er, der Neue, Scheuende, wie er verstrickt war,
mit des innern Geschehns weiterschlagenden Ranken
schon zu Mustern verschlungen, zu würgendem Wachstum, zu tierhaft
jagenden Formen. Wie er sich hingab –. Liebte.
Liebte sein Inneres, seines Inneren Wildnis,
diesen Urwald in ihm, auf dessen stummem Gestürztsein
lichtgrün sein Herz stand. Liebte. Verließ es, ging die
eigenen Wurzeln hinaus in gewaltigen Ursprung,
wo seine kleine Geburt schon überlebt war. Liebend
stieg er hinab in das ältere Blut, in die Schluchten,
wo das Furchtbare lag, noch satt von den Vätern. Und jedes
Schreckliche kannte ihn, blinzelte, war wie verständigt.
Ja, das Entsetzliche lächelte ... Selten
hast du so zärtlich gelächelt, Mutter. Wie sollte
er es nicht lieben, da es ihm lächelte. *Vor* dir
hat er's geliebt, denn, da du ihn trugst schon,
war es im Wasser gelöst, das den Keimenden leicht macht.

Siehe, wir lieben nicht, wie die Blumen, aus einem
einzigen Jahr; uns steigt, wo wir lieben,
unvordenklicher Saft in die Arme. O Mädchen,
*dies:* dass wir liebten *in* uns, nicht Eines, ein Künftiges, sondern
das zahllos Brauende; nicht ein einzelnes Kind,
sondern die Väter, die wie Trümmer Gebirgs

uns im Grunde beruhn; sondern das trockene Flussbett
einstiger Mütter –; sondern die ganze
lautlose Landschaft unter dem wolkigen oder
reinen Verhängnis –: *dies* kam dir, Mädchen, zuvor.

Und du selber, was weißt du –, du locktest
Vorzeit empor in dem Liebenden. Welche Gefühle
wühlten herauf aus entwandelten Wesen. Welche
Frauen hassten dich da. Was für finstere Männer
regtest du auf im Geäder des Jünglings? Tote
Kinder wollten zu dir ... O leise, leise,
tu ein liebes vor ihm, ein verlässliches Tagwerk, – führ ihn
nah an den Garten heran, gib ihm der Nächte
Übergewicht ...
Verhalt ihn ...

### Die vierte Elegie

O Bäume Lebens, o wann winterlich?
Wir sind nicht einig. Sind nicht wie die Zug-
vögel verständigt. Überholt und spät,
so drängen wir uns plötzlich Winden auf
und fallen ein auf teilnahmslosen Teich.
Blühn und verdorrn ist uns zugleich bewusst.
Und irgendwo gehn Löwen noch und wissen,
solang sie herrlich sind, von keiner Ohnmacht.

Uns aber, wo wir Eines meinen, ganz,
ist schon des andern Aufwand fühlbar. Feindschaft
ist uns das Nächste. Treten Liebende
nicht immerfort an Ränder, eins im andern,
die sich versprachen Weite, Jagd und Heimat.

Da wird für eines Augenblickes Zeichnung

ein Grund von Gegenteil bereitet, mühsam,
dass wir sie sähen; denn man ist sehr deutlich
mit uns. Wir kennen den Kontur
des Fühlens nicht: nur, was ihn formt von außen.

Wer saß nicht bang vor seines Herzens Vorhang?

Der schlug sich auf: die Szenerie war Abschied.
Leicht zu verstehen. Der bekannte Garten,
und schwankte leise: dann erst kam der Tänzer.
Nicht *der*. Genug! Und wenn er auch so leicht tut,
er ist verkleidet und er wird ein Bürger

und geht durch seine Küche in die Wohnung.

Ich will nicht diese halbgefüllten Masken,
 lieber die Puppe. Die ist voll. Ich will
 den Balg aushalten und den Draht und ihr
 Gesicht aus Aussehn. Hier. Ich bin davor.
Wenn auch die Lampen ausgehn, wenn mir auch
gesagt wird: Nichts mehr –, wenn auch von der Bühne
 das Leere herkommt mit dem grauen Luftzug,
 wenn auch von meinen stillen Vorfahrn keiner
 mehr mit mir dasitzt, keine Frau, sogar
 der Knabe nicht mehr mit dem braunen Schielaug:
 Ich bleibe dennoch. Es gibt immer Zuschaun.

Hab ich nicht recht? Du, der um mich so bitter
 das Leben schmeckte, meines kostend, Vater,
 den ersten trüben Aufguss meines Müssens,
 da ich heranwuchs, immer wieder kostend
und, mit dem Nachgeschmack so fremder Zukunft
beschäftigt, prüftest mein beschlagnes Aufschaun, –
 der du, mein Vater, seit du tot bist, oft
 in meiner Hoffnung, innen in mir, Angst hast,
 und Gleichmut, wie ihn Tote haben, Reiche
von Gleichmut, aufgibst für mein bisschen Schicksal,
hab ich nicht recht? Und ihr, hab ich nicht recht,
 die ihr mich liebtet für den kleinen Anfang
 Liebe zu euch, von dem ich immer abkam,
 weil mir der Raum in eurem Angesicht,
 da ich ihn liebte, überging in Weltraum,
in dem ihr nicht mehr wart ...: wenn mir zumut ist,
 zu warten vor der Puppenbühne, nein,
 so völlig hinzuschaun, dass, um mein Schauen
 am Ende aufzuwiegen, dort als Spieler
ein Engel hinmuss, der die Bälge hochreißt.
Engel und Puppe: dann ist endlich Schauspiel.
Dann kommt zusammen, was wir immerfort
entzwein, indem wir da sind. Dann entsteht
aus unsern Jahreszeiten erst der Umkreis
des ganzen Wandelns. Über uns hinüber
spielt dann der Engel. Sieh, die Sterbenden,
sollten sie nicht vermuten, wie voll Vorwand
das alles ist, was wir hier leisten. Alles
ist nicht es selbst. O Stunden in der Kindheit,
 da hinter den Figuren mehr als nur

Vergangnes war und vor uns nicht die Zukunft.
Wir wuchsen freilich und wir drängten manchmal,
bald groß zu werden, denen halb zulieb,
die andres nicht mehr hatten, als das Großsein.
Und waren doch, in unserem Alleingehn,
mit Dauerndem vergnügt und standen da
im Zwischenraume zwischen Welt und Spielzeug,
an einer Stelle, die seit Anbeginn
gegründet war für einen reinen Vorgang.

Wer zeigt ein Kind, so wie es steht? Wer stellt
es ins Gestirn und gibt das Maß des Abstands
ihm in die Hand? Wer macht den Kindertod
aus grauem Brot, das hart wird, – oder lässt
ihn drin im runden Mund, so wie den Gröps
von einem schönen Apfel? … Mörder sind
leicht einzusehen. Aber dies: den Tod,
den ganzen Tod, noch *vor* dem Leben so
sanft zu enthalten und nicht bös zu sein,
ist unbeschreiblich.

### Die fünfte Elegie

Frau Hertha Koenig zugeeignet

Wer aber *sind* sie, sag mir, die Fahrenden, diese ein wenig
Flüchtigern noch als wir selbst, die dringend von früh an
wringt ein *wem, wem* zu Liebe
niemals zufriedener Wille? Sondern er wringt sie,
biegt sie, schlingt sie und schwingt sie,
wirft sie und fängt sie zurück; wie aus geölter,
glatterer Luft kommen sie nieder
auf dem verzehrten, von ihrem ewigen
Aufsprung dünneren Teppich, diesem verlorenen
Teppich im Weltall.
Aufgelegt wie ein Pflaster, als hätte der Vorstadt-
Himmel der Erde dort wehe getan.
Und kaum dort,
aufrecht, da und gezeigt: des Dastehns
großer Anfangsbuchstab …, schon auch, die stärksten
Männer, rollt sie wieder, zum Scherz, der immer
kommende Griff, wie August der Starke bei Tisch
einen zinnenen Teller.

Ach und um diese
Mitte, die Rose des Zuschauns:

blüht und entblättert. Um diesen
Stampfer, den Stempel, den von dem eignen
blühenden Staub getroffnen, zur Scheinfrucht
wieder der Unlust befruchteten, ihrer
niemals bewussten, – glänzend mit dünnster
Oberfläche leicht scheinlächelnden Unlust.

Da: der welke, faltige Stemmer,
der alte, der nur noch trommelt,
eingegangen in seiner gewaltigen Haut, als hätte sie früher
zwei Männer enthalten, und einer
läge nun schon auf dem Kirchhof, und er überlebte den andern,
taub und manchmal ein wenig
wirr, in der verwitweten Haut.

Aber der junge, der Mann, als wär er der Sohn eines Nackens
und einer Nonne: prall und strammig erfüllt
mit Muskeln und Einfalt.

Oh ihr,
die ein Leid, das noch klein war,
einst als Spielzeug bekam, in einer seiner
langen Genesungen …

Du, der mit dem Aufschlag,
wie nur Früchte ihn kennen, unreif,
täglich hundertmal abfällt vom Baum der gemeinsam
erbauten Bewegung (der, rascher als Wasser, in wenig
Minuten Lenz, Sommer und Herbst hat) –
abfällt und anprallt ans Grab:
manchmal, in halber Pause, will dir ein liebes
Antlitz entstehn hinüber zu deiner selten
zärtlichen Mutter; doch an deinen Körper verliert sich,
der es flächig verbraucht, das schüchtern
kaum versuchte Gesicht … Und wieder
klatscht der Mann in die Hand zu dem Ansprung, und eh dir
jemals ein Schmerz deutlicher wird in der Nähe des immer
trabenden Herzens, kommt das Brennen der Fußsohln
ihm, seinem Ursprung, zuvor mit ein paar dir
rasch in die Augen gejagten leiblichen Tränen.
Und dennoch, blindlings,
das Lächeln …

Engel! o nimms, pflücks, das kleinblütige Heilkraut.
Schaff eine Vase, verwahrs! Stells unter jene, uns *noch* nicht
offenen Freuden; in lieblicher Urne
rühms mit blumiger schwungiger Aufschrift:

*»Subrisio Saltat.«.*

Du dann, Liebliche,

du, von den reizendsten Freuden
stumm Übersprungne. Vielleicht sind
deine Fransen glücklich für dich –,
oder über den jungen
prallen Brüsten die grüne metallene Seide
fühlt sich unendlich verwöhnt und entbehrt nichts.
Du,
immerfort anders auf alle des Gleichgewichts schwankende Waagen
hingelegte Marktfrucht des Gleichmuts,
öffentlich unter den Schultern.

Wo, o *wo* ist der Ort – ich trag ihn im Herzen –,
wo sie noch lange nicht *konnten,* noch von einander
abfieln, wie sich bespringende, nicht recht
paarige Tiere; –
wo die Gewichte noch schwer sind;
wo noch von ihren vergeblich
wirbelnden Stäben die Teller
torkeln …

Und plötzlich in diesem mühsamen Nirgends, plötzlich
die unsägliche Stelle, wo sich das reine Zuwenig
unbegreiflich verwandelt –, umspringt
in jenes leere Zuviel.
Wo die vielstellige Rechnung
zahlenlos aufgeht.

Plätze, o Platz in Paris, unendlicher Schauplatz,
wo die Modistin, *Madame Lamort,*
die ruhlosen Wege der Erde, endlose Bänder,
schlingt und windet und neue aus ihnen
Schleifen erfindet, Rüschen, Blumen, Kokarden, künstliche Früchte –, alle
unwahr gefärbt, – für die billigen
Winterhüte des Schicksals.
. . . . . . . . . . . . . . . . . . . . . . . . . . . . . . . . . .

Engel!: Es wäre ein Platz, den wir nicht wissen, und dorten,
auf unsäglichem Teppich, zeigten die Liebenden, die's hier
bis zum Können nie bringen, ihre kühnen
hohen Figuren des Herzschwungs,
ihre Türme aus Lust, ihre
längst, wo Boden nie war, nur an einander
lehnenden Leitern, bebend, – und *könntens,*

vor den Zuschauern rings, unzähligen lautlosen Toten:

Würfen die dann ihre letzten, immer ersparten,

immer verborgenen, die wir nicht kennen, ewig
gültigen Münzen des Glücks vor das endlich
wahrhaft lächelnde Paar auf gestilltem
Teppich?

### Die sechste Elegie

Feigenbaum, seit wie lange schon ist's mir bedeutend,
wie du die Blüte beinah ganz überschlägst
und hinein in die zeitig entschlossene Frucht,
ungerühmt, drängst dein reines Geheimnis.
Wie der Fontäne Rohr treibt dein gebognes Gezweig
abwärts den Saft und hinan: und er springt aus dem Schlaf,
fast nicht erwachend, ins Glück seiner süßesten Leistung.
Sieh: wie der Gott in den Schwan.
........ Wir aber verweilen,
ach, uns rühmt es zu blühn, und ins verspätete Innre
unserer endlichen Frucht gehn wir verraten hinein.
Wenigen steigt so stark der Andrang des Handelns,
dass sie schon anstehn und glühn in der Fülle des Herzens,
wenn die Verführung zum Blühn wie gelinderte Nachtluft
ihnen die Jugend des Munds, ihnen die Lider berührt:
Helden vielleicht und den frühe Hinüberbestimmten,
denen der gärtnernde Tod anders die Adern verbiegt.
Diese stürzen dahin: dem eigenen Lächeln
sind sie voran, wie das Rossegespann in den milden
muldigen Bildern von Karnak dem siegenden König.
Wunderlich nah ist der Held doch den jugendlich Toten. Dauern
ficht ihn nicht an. Sein Aufgang ist Dasein; beständig
nimmt er sich fort und tritt ins veränderte Sternbild
seiner steten Gefahr. Dort fänden ihn wenige. Aber,
das uns finster verschweigt, das plötzlich begeisterte Schicksal
singt ihn hinein in den Sturm seiner aufrauschenden Welt.
Hör ich doch keinen wie *ihn*. Auf einmal durchgeht mich
mit der strömenden Luft sein verdunkelter Ton.

Dann, wie verbärg ich mich gern vor der Sehnsucht: O wär ich,
wär ich ein Knabe und dürft es noch werden und säße
in die künftigen Arme gestützt und läse von Simson,
wie seine Mutter erst nichts und dann alles gebar.

War er nicht Held schon in dir, o Mutter, begann nicht

dort schon, in dir, seine herrische Auswahl?
Tausende brauten im Schoß und wollten *er* sein,
aber sieh: er ergriff und ließ aus –, wählte und konnte.
Und wenn er Säulen zerstieß, so war's, da er ausbrach
aus der Welt deines Leibs in die engere Welt, wo er weiter
wählte und konnte. O Mütter der Helden, o Ursprung
reißender Ströme! Ihr Schluchten, in die sich
hoch von dem Herzrand, klagend,
schon die Mädchen gestürzt, künftig die Opfer dem Sohn.

Denn hinstürmte der Held durch Aufenthalte der Liebe,
jeder hob ihn hinaus, jeder ihn meinende Herzschlag,
abgewendet schon, stand er am Ende der Lächeln, – anders.

### Die siebente Elegie

Werbung nicht mehr, nicht Werbung, entwachsene Stimme,
sei deines Schreies Natur; zwar schriest du rein wie der Vogel,
wenn ihn die Jahreszeit aufhebt, die steigende, beinah vergessend,
dass er ein kümmerndes Tier und nicht nur ein einzelnes Herz sei,
das sie ins Heitere wirft, in die innigen Himmel. Wie er, so
würbest du wohl, nicht minder –, dass, noch unsichtbar,
dich die Freundin erführ, die stille, in der eine Antwort
langsam erwacht und über dem Hören sich anwärmt, –
deinem erkühnten Gefühl die erglühte Gefühlin.

O und der Frühling begriffe –, da ist keine Stelle,
die nicht trüge den Ton der Verkündigung. Erst jenen kleinen
fragenden Auflaut, den, mit steigernder Stille,
weithin umschweigt ein reiner bejahender Tag.
Dann die Stufen hinan, Ruf-Stufen hinan, zum geträumten
Tempel der Zukunft –; dann den Triller, Fontäne,
die zu dem drängenden Strahl schon das Fallen zuvornimmt
im versprechlichen Spiel ... Und vor sich, den Sommer.

Nicht nur die Morgen alle des Sommers –, nicht nur
wie sie sich wandeln in Tag und strahlen vor Anfang.
Nicht nur die Tage, die zart sind um Blumen, und oben,
um die gestalteten Bäume, stark und gewaltig.
Nicht nur die Andacht dieser entfalteten Kräfte,
nicht nur die Wege, nicht nur die Wiesen im Abend,
nicht nur, nach spätem Gewitter, das atmende Klarsein,
nicht nur der nahende Schlaf und ein Ahnen, abends...
sondern die Nächte! Sondern die hohen, des Sommers,
Nächte, sondern die Sterne, die Sterne der Erde.

O einst tot sein und sie wissen unendlich,
alle die Sterne: denn wie, wie, wie sie vergessen!

Siehe, da rief ich die Liebende. Aber nicht *sie* nur
käme... Es kämen aus schwächlichen Gräbern
Mädchen und ständen ... Denn, wie beschränk ich,
wie, den gerufenen Ruf? Die Versunkenen suchen
immer noch Erde. – Ihr Kinder, ein hiesig
einmal ergriffenes Ding gälte für viele.
Glaubt nicht, Schicksal sei mehr, als das Dichte der Kindheit;
wie überholtet ihr oft den Geliebten, atmend,
atmend nach seligem Lauf, auf nichts zu, ins Freie.

Hiersein ist herrlich. Ihr wusstet es, Mädchen, *ihr* auch,
die ihr scheinbar entbehrtet, versankt –, ihr, in den ärgsten
Gassen der Städte, Schwärende, oder dem Abfall
Offene. Denn eine Stunde war jeder, vielleicht nicht
ganz eine Stunde, ein mit den Maßen der Zeit kaum
Messliches zwischen zwei Weilen –, da sie ein Dasein
hatte. Alles. Die Adern voll Dasein.
Nur, wir vergessen so leicht, was der lachende Nachbar
uns nicht bestätigt oder beneidet. Sichtbar
wollen wirs heben, wo doch das sichtbarste Glück uns
erst zu erkennen sich gibt, wenn wir es innen verwandeln.

Nirgends, Geliebte, wird Welt sein, als innen. Unser
Leben geht hin mit Verwandlung. Und immer geringer
schwindet das Außen. Wo einmal ein dauerndes Haus war,
schlägt sich erdachtes Gebild vor, quer, zu Erdenklichem
völlig gehörig, als ständ es noch ganz im Gehirne.
Weite Speicher der Kraft schafft sich der Zeitgeist, gestaltlos
wie der spannende Drang, den er aus allem gewinnt.
Tempel kennt er nicht mehr. Diese, des Herzens, Verschwendung
sparen wir heimlicher ein. Ja, wo noch eins übersteht,
ein einst gebetetes Ding, ein gedientes, gekniees –,
hält es sich, so wie es ist, schon ins Unsichtbare hin.
Viele gewahrens nicht mehr, doch ohne den Vorteil,
dass sie's nun *innerlich* baun, mit Pfeilern und Statuen, größer!

Jede dumpfe Umkehr der Welt hat solche Enterbte,
denen das Frühere nicht und noch nicht das Nächste gehört.
Denn auch das Nächste ist weit für die Menschen. *Uns* soll
dies nicht verwirren; es stärke in uns die Bewahrung
der noch erkannten Gestalt. – Dies *stand* einmal unter Menschen,
mitten im Schicksal stands, im vernichtenden, mitten
im Nichtwissen-Wohin stand es, wie seiend, und bog

Sterne zu sich aus gesicherten Himmeln. Engel,
*dir* noch zeig ich es, *da!* in deinem Anschaun
steh es gerettet zuletzt, nun endlich aufrecht.
Säulen, Pylone, der Sphinx, das strebende Stemmen,
grau aus vergehender Stadt oder aus fremder, des Doms.

War es nicht Wunder? O staune, Engel, denn *wir* sind's,
wir, o du Großer, erzähls, dass wir solches vermochten, mein Atem
reicht für die Rühmung nicht aus. So haben wir dennoch
nicht die Räume versäumt, diese gewährenden, diese
*unseren* Räume. (Was müssen sie fürchterlich groß sein,
da sie Jahrtausende nicht unseres Fühlns überfülln.)
Aber ein Turm war groß, nicht wahr? O Engel, er war es, –
groß, auch noch neben dir? Chartres war groß –, und Musik
reichte noch weiter hinan und überstieg uns. Doch selbst nur
eine Liebende –, oh, allein am nächtlichen Fenster …
reichte sie dir nicht ans Knie –?
Glaub *nicht,* dass ich werbe.
Engel, und würb ich dich auch! Du kommst nicht. Denn mein
Anruf ist immer voll Hinweg; wider so starke
Strömung kannst du nicht schreiten. Wie ein gestreckter
Arm ist mein Rufen. Und seine zum Greifen
oben offene Hand bleibt vor dir
offen, wie Abwehr und Warnung,
Unfasslicher, weitauf.

### Die achte Elegie

Rudolf Kassner zugeeignet

Mit allen Augen sieht die Kreatur
das Offene. Nur unsre Augen sind
wie umgekehrt und ganz um sie gestellt
als Fallen, rings um ihren freien Ausgang.
Was draußen *ist,* wir wissens aus des Tiers
Antlitz allein; denn schon das frühe Kind
wenden wir um und zwingens, dass es rückwärts
Gestaltung sehe, nicht das Offne, das
im Tiergesicht so tief ist. Frei von Tod.
*Ihn* sehen wir allein; das freie Tier
hat seinen Untergang stets hinter sich
und vor sich Gott, und wenn es geht, so gehts
in Ewigkeit, so wie die Brunnen gehen.

*Wir* haben nie, nicht einen einzigen Tag,

den reinen Raum vor uns, in den die Blumen
unendlich aufgehn. Immer ist es Welt
und niemals Nirgends ohne Nicht: das Reine,
Unüberwachte, das man atmet und
unendlich *weiß* und nicht begehrt. Als Kind
verliert sich eins im Stilln an dies und wird
gerüttelt. Oder jener stirbt und *ist's*.
Denn nah am Tod sieht man den Tod nicht mehr
und starrt *hinaus,* vielleicht mit großem Tierblick.
Liebende, wäre nicht der andre, der
die Sicht verstellt, sind nah daran und staunen ...
Wie aus Versehn ist ihnen aufgetan
hinter dem andern ... Aber über ihn
kommt keiner fort, und wieder wird ihm Welt.
Der Schöpfung immer zugewendet, sehn
wir nur auf ihr die Spiegelung des Frein,
von uns verdunkelt. Oder dass ein Tier,
ein stummes, aufschaut, ruhig durch uns durch.
Dieses heißt Schicksal: gegenüber sein
und nichts als das und immer gegenüber.

Wäre Bewusstheit unsrer Art in dem
sicheren Tier, das uns entgegenzieht
in anderer Richtung –, riss es uns herum
mit seinem Wandel. Doch sein Sein ist ihm
unendlich, ungefasst und ohne Blick
auf seinen Zustand, rein, so wie sein Ausblick.
Und wo wir Zukunft sehn, dort sieht es Alles
und sich in Allem und geheilt für immer.

Und doch ist in dem wachsam warmen Tier
Gewicht und Sorge einer großen Schwermut.
Denn ihm auch haftet immer an, was uns
oft überwältigt, – die Erinnerung,
als sei schon einmal das, wonach man drängt,
näher gewesen, treuer und sein Anschluss
unendlich zärtlich. Hier ist alles Abstand,
und dort wars Atem. Nach der ersten Heimat
ist ihm die zweite zwitterig und windig.

O Seligkeit der *kleinen* Kreatur,

die immer *bleibt* im Schoße, der sie austrug;
o Glück der Mücke, die noch *innen* hüpft,
selbst wenn sie Hochzeit hat: denn Schoß ist Alles.
Und sieh die halbe Sicherheit des Vogels,

der beinah beides weiß aus seinem Ursprung,
als wär er eine Seele der Etrusker,
aus einem Toten, den ein Raum empfing,
doch mit der ruhenden Figur als Deckel.
Und wie bestürzt ist eins, das fliegen muss
und stammt aus einem Schoß. Wie vor sich selbst
erschreckt, durchzuckts die Luft, wie wenn ein Sprung
durch eine Tasse geht. So reißt die Spur
der Fledermaus durchs Porzellan des Abends.

Und wir: Zuschauer, immer, überall,
dem allen zugewandt und nie hinaus!
Uns überfüllts. Wir ordnens. Es zerfällt.
Wir ordnens wieder und zerfallen selbst.

Wer hat uns also umgedreht, dass wir,
was wir auch tun, in jener Haltung sind
von einem, welcher fortgeht? Wie er auf
dem letzten Hügel, der ihm ganz sein Tal
noch einmal zeigt, sich wendet, anhält, weilt –,
so leben wir und nehmen immer Abschied.

### Die neunte Elegie

Warum, wenn es angeht, also die Frist des Daseins
hinzubringen, als Lorbeer, ein wenig dunkler als alles
andere Grün, mit kleinen Wellen an jedem
Blattrand (wie eines Windes Lächeln) –: warum dann
Menschliches müssen – und, Schicksal vermeidend,
sich sehnen nach Schicksal? …

Oh, *nicht,* weil Glück *ist,*
dieser voreilige Vorteil eines nahen Verlusts.
Nicht aus Neugier, oder zur Übung des Herzens,
das auch im Lorbeer *wäre* …

Aber weil Hiersein viel ist, und weil uns scheinbar
alles das Hiesige braucht, dieses Schwindende, das
seltsam uns angeht. Uns, die Schwindendsten. *Ein* Mal
jedes, nur *ein* Mal. *Ein* Mal und nicht mehr. Und wir auch
*ein* Mal. Nie wieder. Aber dieses
*ein* Mal gewesen zu sein, wenn auch nur *ein* Mal:
*irdisch* gewesen zu sein, scheint nicht widerrufbar.

Und so drängen wir uns und wollen es leisten,
wollens enthalten in unsern einfachen Händen,
im überfüllteren Blick und im sprachlosen Herzen.

Wollen es werden. – Wem es geben? Am liebsten
alles behalten für immer … Ach, in den andern Bezug,
wehe, was nimmt man hinüber? Nicht das Anschaun, das hier
langsam erlernte, und kein hier Ereignetes. Keins.
Also die Schmerzen. Also vor allem das Schwersein,
also der Liebe lange Erfahrung, – also
lauter Unsägliches. Aber später,
unter den Sternen, was solls: *die* sind *besser* unsäglich.
Bringt doch der Wanderer auch vom Hange des Bergrands
nicht eine Hand voll Erde ins Tal, die Allen unsägliche, sondern
ein erworbenes Wort, reines, den gelben und blaun
Enzian. Sind wir vielleicht *hier*, um zu sagen: Haus,
Brücke, Brunnen, Tor, Krug, Obstbaum, Fenster, –
höchstens: Säule, Turm … aber zu *sagen,* verstehs,
oh zu sagen so, wie selber die Dinge niemals
innig meinten zu sein. Ist nicht die heimliche List
dieser verschwiegenen Erde, wenn sie die Liebenden drängt,
dass sich in ihrem Gefühl jedes und jedes entzückt?
Schwelle: was ist's für zwei
Liebende, dass sie die eigne ältere Schwelle der Tür
ein wenig verbrauchen, auch sie, nach den vielen vorher
und vor den Künftigen …, leicht.

*Hier* ist des *Säglichen* Zeit, *hier* seine Heimat.
Sprich und bekenn. Mehr als je
fallen die Dinge dahin, die erlebbaren, denn,
was sie verdrängend ersetzt, ist ein Tun ohne Bild.
Tun unter Krusten, die willig zerspringen, sobald
innen das Handeln entwächst und sich anders begrenzt.
Zwischen den Hämmern besteht
unser Herz, wie die Zunge
zwischen den Zähnen, die doch,
dennoch, die preisende bleibt.

Preise dem Engel die Welt, nicht die unsägliche, *ihm*
kannst du nicht großtun mit herrlich Erfühltem; im Weltall,
wo er fühlender fühlt, bist du ein Neuling. Drum zeig
ihm das Einfache, das, von Geschlecht zu Geschlechtern gestaltet,
als ein Unsriges lebt, neben der Hand und im Blick.
Sag ihm die Dinge. Er wird staunender stehn; wie du standest
bei dem Seiler in Rom, oder beim Töpfer am Nil.
Zeig ihm, wie glücklich ein Ding sein kann, wie schuldlos und unser,
wie selbst das klagende Leid rein zur Gestalt sich entschließt,
dient als ein Ding, oder stirbt in ein Ding –, und jenseits
selig der Geige entgeht. – Und diese, von Hingang

lebenden Dinge verstehn, dass du sie rühmst; vergänglich,
traun sie ein Rettendes uns, den Vergänglichsten, zu.
Wollen, wir sollen sie ganz im unsichtbarn Herzen verwandeln
in – o unendlich – in uns! Wer wir am Ende auch seien.

Erde, ist es nicht dies, was du willst: *unsichtbar*
in uns erstehn? – Ist es dein Traum nicht,
einmal unsichtbar zu sein? – Erde! unsichtbar!
Was, wenn Verwandlung nicht, ist dein drängender Auftrag?
Erde, du liebe, ich will. Oh glaub, es bedürfte
nicht deiner Frühlinge mehr, mich dir zu gewinnen –, *einer,*
ach, ein einziger ist schon dem Blute zu viel.
Namenlos bin ich zu dir entschlossen, von weit her.
Immer warst du im Recht, und dein heiliger Einfall
ist der vertrauliche Tod.

Siehe, ich lebe. Woraus? Weder Kindheit noch Zukunft
werden weniger … Überzähliges Dasein
entspringt mir im Herzen.

### Die zehnte Elegie

Dass ich dereinst, an dem Ausgang der grimmigen Einsicht,
Jubel und Ruhm aufsinge zustimmenden Engeln.
Dass von den klar geschlagenen Hämmern des Herzens
keiner versage an weichen, zweifelnden oder
reißenden Saiten. Dass mich mein strömendes Antlitz
glänzender mache; dass das unscheinbare Weinen
blühe. O wie werdet ihr dann, Nächte, mir lieb sein,
gehärmte. Dass ich euch knieender nicht, untröstliche Schwestern,
hinnahm, nicht in euer gelöstes
Haar mich gelöster ergab. Wir, Vergeuder der Schmerzen.
Wie wir sie absehn voraus, in die traurige Dauer,
ob sie nicht enden vielleicht. Sie aber sind ja
unser winterwähriges Laub, unser dunkeles Sinngrün,
*eine* der Zeiten des heimlichen Jahre –, nicht nur
Zeit –, sind Stelle, Siedelung, Lager, Boden, Wohnort.

Freilich, wehe, wie fremd sind die Gassen der Leid – Stadt,
wo in der falschen, aus Übertönung gemachten
Stille, stark, aus der Gussform des Leeren der Ausguss
prahlt: der vergoldete Lärm, das platzende Denkmal.
O, wie spurlos zerträte ein Engel ihnen den Trostmarkt,
den die Kirche begrenzt, ihre fertig gekaufte:
reinlich und zu und enttäuscht wie ein Postamt am Sonntag.

Draußen aber kräuseln sich immer die Ränder von Jahrmarkt.
Schaukeln der Freiheit! Taucher und Gaukler des Eifers!
Und des behübschten Glücks figürliche Schießstatt,
wo es zappelt von Ziel und sich blechern benimmt,
wenn ein Geschickterer trifft. Von Beifall zu Zufall
taumelt er weiter; denn Buden jeglicher Neugier
werben, trommeln und plärrn. Für Erwachsene aber
ist noch besonders zu sehn, wie das Geld sich vermehrt, anatomisch,
nicht zur Belustigung nur: der Geschlechtsteil des Gelds,
alles, das Ganze, der Vorgang –, das unterrichtet und macht
fruchtbar .......
... Oh aber gleich darüber hinaus,
hinter der letzten Planke, beklebt mit Plakaten des »Todlos«,
jenes bitteren Biers, das den Trinkenden süß scheint,
wenn sie immer dazu frische Zerstreuungen kaun ...,
gleich im Rücken der Planke, gleich dahinter, ist's *wirklich*.
Kinder spielen, und Liebende halten einander, – abseits,
ernst, im ärmlichen Gras, und Hunde haben Natur.
Weiter noch zieht es den Jüngling; vielleicht, dass er eine junge
Klage liebt ... Hinter ihr her kommt er in Wiesen. Sie sagt:
– Weit. Wir wohnen dort draußen ... Wo? Und der Jüngling
folgt. Ihn rührt ihre Haltung. Die Schulter, der Hals –, vielleicht
ist sie von herrlicher Herkunft. Aber er lässt sie, kehrt um,
wendet sich, winkt ... Was solls? Sie ist eine Klage.

Nur die jungen Toten, im ersten Zustand
zeitlosen Gleichmuts, dem der Entwöhnung,
folgen ihr liebend. Mädchen
wartet sie ab und befreundet sie. Zeigt ihnen leise,
was sie an sich hat. Perlen des Leids und die feinen
Schleier der Duldung. – Mit Jünglingen geht sie
schweigend.

Aber dort, wo sie wohnen, im Tal, der Älteren eine, der Klagen,
nimmt sich des Jünglinges an, wenn er fragt: – Wir waren,
sagt sie, ein Großes Geschlecht, einmal, wir Klagen. Die Väter
trieben den Bergbau dort in dem großen Gebirg; bei Menschen
findest du manchmal ein Stück geschliffenes Ur-Leid
oder, aus altem Vulkan, schlackig versteinerten Zorn.
Ja, das stammte von dort. Einst waren wir reich. –

Und sie leitet ihn leicht durch die weite Landschaft der Klagen,
zeigt ihm die Säulen der Tempel oder die Trümmer
jener Burgen, von wo Klage-Fürsten das Land
einstens weise beherrscht. Zeigt ihm die hohen

Tränenbäume und Felder blühender Wehmut,
(Lebendige kennen sie nur als sanftes Blattwerk);
zeigt ihm die Tiere der Trauer, weidend, – und manchmal
schreckt ein Vogel und zieht, flach ihnen fliegend durchs Aufschaun,
weithin das schriftliche Bild seines vereinsamten Schreis. –
Abends führt sie ihn hin zu den Gräbern der Alten
aus dem Klage-Geschlecht, den Sibyllen und Warn-Herrn.
Naht aber Nacht, so wandeln sie leiser, und bald
mondets empor, das über Alles
wachende Grab-Mal. Brüderlich jenem am Nil,
der erhabene Sphinx –: der verschwiegenen Kammer Antlitz.
Und sie staunen dem krönlichen Haupt, das für immer,
schweigend, der Menschen Gesicht
auf die Waage der Sterne gelegt.

Nicht erfasst es sein Blick, im Frühtod
schwindelnd. Aber ihr Schaun,
hinter dem Pschent-Rand hervor, scheucht es die Eule. Und sie,
streifend im langsamen Abstrich die Wange entlang,
jene der reifesten Rundung,
zeichnet weich in das neue
Totengehör, über ein doppelt
aufgeschlagenes Blatt, den unbeschreiblichen Umriss.

Und höher, die Sterne. Neue. Die Sterne des Leidlands.
Langsam nennt sie die Klage; – Hier,
siehe: den *Reiter*, den *Stab,* und das vollere Sternbild
nennen sie: *Fruchtkranz.* Dann, weiter, dem Pol zu:
*Wiege; Weg; Das Brennende Buch; Puppe; Fenster.*
Aber im südlichen Himmel, rein wie im Innern
einer gesegneten Hand, das klar erglänzende *»M«,*
das die Mütter bedeutet …… –

Doch der Tote muss fort, und schweigend bringt ihn die ältere
Klage bis an die Talschlucht,
wo es schimmert im Mondschein:
die Quelle der Freude. In Ehrfurcht
nennt sie sie, sagt; – Bei den Menschen
ist sie ein tragender Strom. –

Stehn am Fuß des Gebirgs.
Und da umarmt sie ihn, weinend.

Einsam steigt er dahin, in die Berge des Ur-Leids.
Und nicht einmal sein Schritt klingt aus dem tonlosen Los.

Aber erweckten sie uns, die unendlich Toten, ein Gleichnis,

siehe, sie zeigten vielleicht auf die Kätzchen der leeren
Hasel, die hängenden, oder
meinten den Regen, der fallt auf dunkles Erdreich im Frühjahr. –
Und wir, die an *steigendes* Glück
denken, empfänden die Rührung,
die uns beinah bestürzt,
wenn ein Glückliches *fällt.*

# Die Sonette an Orpheus

Geschrieben als ein Grab-Mal für Wera Ouckama Knoop
Château de Muzot im Februar 1922

Entstanden 1922; Erstdruck beim Insel-Verlag, Leipzig 1923.

## Erster Teil

### 1.

Da stieg ein Baum. O reine Übersteigung!
O Orpheus singt! O hoher Baum im Ohr!
Und alles schwieg. Doch selbst in der Verschweigung
ging neuer Anfang, Wink und Wandlung vor.

Tiere aus Stille drangen aus dem klaren
gelösten Wald von Lager und Genist;
und da ergab sich, dass sie nicht aus List
und nicht aus Angst in sich so leise waren,

sondern aus Hören. Brüllen, Schrei, Geröhr
schien klein in ihren Herzen. Und wo eben
kaum eine Hütte war, dies zu empfangen,

ein Unterschlupf aus dunkelstem Verlangen
mit einem Zugang, dessen Pfosten beben, –
da schufst du ihnen Tempel im Gehör.

### 2.

Und fast ein Mädchen war's und ging hervor
aus diesem einigen Glück von Sang und Leier
und glänzte klar durch ihre Frühlingsschleier
und machte sich ein Bett in meinem Ohr.

Und schlief in mir. Und alles war ihr Schlaf.
Die Bäume, die ich je bewundert, diese
fühlbare Ferne, die gefühlte Wiese
und jedes Staunen, das mich selbst betraf.

Sie schlief die Welt. Singender Gott, wie hast
du sie vollendet, dass sie nicht begehrte,
erst wach zu sein? Sieh, sie erstand und schlief.

Wo ist ihr Tod? O, wirst du dies Motiv
erfinden noch, eh sich dein Lied verzehrte? –
Wo sinkt sie hin aus mir? ... Ein Mädchen fast ...

### 3.

Ein Gott vermags. Wie aber, sag mir, soll
ein Mann ihm folgen durch die schmale Leier?
Sein Sinn ist Zwiespalt. An der Kreuzung zweier
Herzwege steht kein Tempel für Apoll.

Gesang, wie du ihn lehrst, ist nicht Begehr,
nicht Werbung um ein endlich noch Erreichtes;
Gesang ist Dasein. Für den Gott ein Leichtes.
Wann aber *sind* wir? Und wann wendet *er*

an unser Sein die Erde und die Sterne?
Dies *ist's* nicht, Jüngling, dass du liebst, wenn auch
die Stimme dann den Mund dir aufstößt, – lerne

vergessen, dass du aufsangst. Das verrinnt.
In Wahrheit singen, ist ein andrer Hauch.
Ein Hauch um nichts. Ein Wehn im Gott. Ein Wind.

### 4.

O ihr Zärtlichen, tretet zuweilen
in den Atem, der euch nicht meint,
lasst ihn an eueren Wangen sich teilen,
hinter euch zittert er, wieder vereint.

O ihr Seligen, o ihr Heilen,
die ihr der Anfang der Herzen scheint.
Bogen der Pfeile und Ziele von Pfeilen,
ewiger glänzt euer Lächeln verweint.

Fürchtet euch nicht zu leiden, die Schwere,
gebt sie zurück an der Erde Gewicht;
schwer sind die Berge, schwer sind die Meere.

Selbst die als Kinder ihr pflanztet, die Bäume,
wurden zu schwer längst; ihr trüget sie nicht.
Aber die Lüfte ... aber die Raume ......

### 5.

Errichtet keinen Denkstein. Lasst die Rose
nur jedes Jahr zu seinen Gunsten blühn.
Denn Orpheus ist's. Seine Metamorphose
in dem und dem. Wir sollen uns nicht mühn

um andre Namen. Ein für alle Male
ist's Orpheus, wenn es singt. Er kommt und geht.
Ist's nicht schon viel, wenn er die Rosenschale
um ein paar Tage manchmal übersteht?

O wie er schwinden muss, dass ihrs begrifft!
Und wenn ihm selbst auch bangte, dass er schwände.
Indem sein Wort das Hiersein übertrifft,

ist er schon dort, wohin ihrs nicht begleitet.
Der Leier Gitter zwängt ihm nicht die Hände.
Und er gehorcht, indem er überschreitet.

### 6.

Ist er ein Hiesiger? Nein, aus beiden
Reichen erwuchs seine weite Natur.
Kundiger böge die Zweige der Weiden,
wer die Wurzeln der Weiden erfuhr.

Geht ihr zu Bette, so lasst auf dem Tische
Brot nicht und Milch nicht; die Toten ziehts –.
Aber er, der Beschwörende, mische
unter der Milde des Augenlids

ihre Erscheinung in alles Geschaute;
und der Zauber von Erdrauch und Raute
sei ihm so wahr wie der klarste Bezug.

Nichts kann das gültige Bild ihm verschlimmern;
sei es aus Gräbern, sei es aus Zimmern,
rühme er Fingerring, Spange und Krug.

### 7.

Rühmen, das ist's! Ein zum Rühmen Bestellter,
ging er hervor wie das Erz aus des Steins
Schweigen. Sein Herz, o vergängliche Kelter
eines den Menschen unendlichen Weins.

Nie versagt ihm die Stimme am Staube,
wenn ihn das göttliche Beispiel ergreift.
Alles wird Weinberg, alles wird Traube,
in seinem fühlenden Süden gereift.

Nicht in den Grüften der Könige Moder
straft ihm die Rühmung lügen, oder
dass von den Göttern ein Schatten fällt.

Er ist einer der bleibenden Boten,
der noch weit in die Türen der Toten
Schalen mit rühmlichen Früchten hält.

### 8.

Nur im Raum der Rühmung darf die Klage
gehn, die Nymphe des geweinten Quells,

wachend über unserm Niederschlage,
dass er klar sei an demselben Fels,

der die Tore trägt und die Altäre. –
Sieh, um ihre stillen Schultern früht
das Gefühl, dass sie die jüngste wäre
unter den Geschwistern im Gemüt.

Jubel *weiß*, und Sehnsucht ist geständig, –
nur die Klage lernt noch; mädchenhändig
zählt sie nächtelang das alte Schlimme.

Aber plötzlich, schräg und ungeübt,
hält sie doch ein Sternbild unsrer Stimme
in den Himmel, den ihr Hauch nicht trübt.

### 9.

Nur wer die Leier schon hob
auch unter Schatten,
darf das unendliche Lob
ahnend erstatten.

Nur wer mit Toten vom Mohn
aß, von dem ihren,
wird nicht den leisesten Ton
wieder verlieren.

Mag auch die Spieglung im Teich
oft uns verschwimmen:
*Wisse das Bild.*

Erst in dem Doppelbereich
werden die Stimmen
ewig und mild.

### 10.

Euch, die ihr nie mein Gefühl verließt,
grüß ich, antikische Sarkophage,
die das fröhliche Wasser römischer Tage
als ein wandelndes Lied durchfließt.

Oder jene so offenen, wie das Aug
eines frohen erwachenden Hirten,
– innen voll Stille und Bienensaug –
denen entzückte Falter entschwirrten;

alle, die man dem Zweifel entreißt,

grüß ich, die wiedergeöffneten Munde,
die schon wussten, was schweigen heißt.

Wissen wir's, Freunde, wissen wir's nicht?
Beides bildet die zögernde Stunde
in dem menschlichen Angesicht.

### 11.

Sieh den Himmel. Heißt kein Sternbild ›Reiter‹?
Denn dies ist uns seltsam eingeprägt:
dieser Stolz aus Erde. Und ein Zweiter,
der ihn treibt und hält und den er trägt.

Ist nicht so, gejagt und dann gebändigt,
diese sehnige Natur des Seins?
Weg und Wendung. Doch ein Druck verständigt.
Neue Weite. Und die zwei sind eins.

Aber *sind* sie's? Oder meinen beide
nicht den Weg, den sie zusammen tun?
Namenlos schon trennt sie Tisch und Weide.

Auch die sternische Verbindung trügt.
Doch uns freue eine Weile nun
der Figur zu glauben. Das genügt.

### 12.

Heil dem Geist, der uns verbinden mag;
denn wir leben wahrhaft in Figuren.
Und mit kleinen Schritten gehn die Uhren
neben unserm eigentlichen Tag.

Ohne unsern wahren Platz zu kennen,
handeln wir aus wirklichem Bezug.
Die Antennen fühlen die Antennen,
und die leere Ferne trug …

Reine Spannung. O Musik der Kräfte!
Ist nicht durch die lässlichen Geschäfte
jede Störung von dir abgelenkt?

Selbst wenn sich der Bauer sorgt und handelt,
wo die Saat in Sommer sich verwandelt,
reicht er niemals hin. Die Erde *schenkt*.

### 13.

Voller Apfel, Birne und Banane,
Stachelbeere … Alles dieses spricht
Tod und Leben in den Mund … Ich ahne …
Lest es einem Kind vom Angesicht,

wenn es sie erschmeckt. Dies kommt von weit.
Wird euch langsam namenlos im Munde?
Wo sonst Worte waren, fließen Funde,
aus dem Fruchtfleisch überrascht befreit.

Wagt zu sagen, was ihr Apfel nennt.
Diese Süße, die sich erst verdichtet,
um, im Schmecken leise aufgerichtet,

klar zu werden, wach und transparent,
doppeldeutig, sonnig, erdig, hiesig –:
O Erfahrung, Fühlung, Freude –, riesig!

### 14.

Wir gehen um mit Blume, Weinblatt, Frucht.
Sie sprechen nicht die Sprache nur des Jahres.
Aus Dunkel steigt ein buntes Offenbares
und hat vielleicht den Glanz der Eifersucht

der Toten an sich, die die Erde stärken.
Was wissen wir von ihrem Teil an dem?
Es ist seit lange ihre Art, den Lehm
mit ihrem freien Marke zu durchmärken.

Nun fragt sich nur: tun sie es gern? …
Drängt diese Frucht, ein Werk von schweren Sklaven,
geballt zu uns empor, zu ihren Herrn?

Sind *sie* die Herrn, die bei den Wurzeln schlafen,
und gönnen uns aus ihren Überflüssen
dies Zwischending aus stummer Kraft und Küssen?

### 15.

Wartet …, das schmeckt … Schon ist's auf der Flucht.
..... Wenig Musik nur, ein Stampfen, ein Summen –:
Mädchen, ihr warmen, Mädchen, ihr stummen,
tanzt den Geschmack der erfahrenen Frucht!

Tanzt die Orange. Wer kann sie vergessen,
wie sie, ertrinkend in sich, sich wehrt

wider ihr Süßsein. Ihr habt sie besessen.
Sie hat sich köstlich zu euch bekehrt.

Tanzt die Orange. Die wärmere Landschaft,
werft sie aus euch, dass die reife erstrahle
in Lüften der Heimat! Erglühte, enthüllt

Düfte um Düfte. Schafft die Verwandtschaft
mit der reinen, sich weigernden Schale,
mit dem Saft, der die Glückliche füllt!

### 16.

Du, mein Freund, bist einsam, weil …
*Wir* machen mit Worten und Fingerzeigen
uns allmählich die Welt zu eigen,
vielleicht ihren schwächsten, gefährlichsten Teil.

Wer zeigt mit Fingern auf einen Geruch? –
Doch von den Kräften, die uns bedrohten,
fühlst du viele … Du kennst die Toten,
und du erschrickst vor dem Zauberspruch.

Sieh, nun heißt es zusammen ertragen
Stückwerk und Teile, als sei es das Ganze.
Dir helfen, wird schwer sein. Vor allem: pflanze

mich nicht in dein Herz. Ich wüchse zu schnell.
Doch *meines* Herrn Hand will ich führen und sagen:
Hier. Das ist Esau in seinem Fell.

### 17.

Zu unterst der Alte, verworrn,
all der Erbauten
Wurzel, verborgener Born,
den sie nie schauten.

Sturmhelm und Jägerhorn,
Spruch von Ergrauten,
Männer im Bruderzorn,
Frauen wie Lauten …

Drängender Zweig an Zweig,
nirgends ein freier …
Einer! O steig … o steig …

Aber sie brechen noch.
Dieser erst oben doch

biegt sich zur Leier.

### 18.

Hörst du das Neue, Herr,
dröhnen und beben?
Kommen Verkündiger,
die es erheben.

Zwar ist kein Hören heil
in dem Durchtobtsein,
doch der Maschinenteil
will jetzt gelobt sein.

Sieh, die Maschine:
wie sie sich wälzt und rächt
und uns entstellt und schwächt.

Hat sie aus uns auch Kraft,
sie, ohne Leidenschaft,
treibe und diene.

### 19.

Wandelt sich rasch auch die Welt
wie Wolkengestalten,
alles Vollendete fällt
heim zum Uralten.

Über dem Wandel und Gang,
weiter und freier,
währt noch dein Vor-Gesang,
Gott mit der Leier.

Nicht sind die Leiden erkannt,
nicht ist die Liebe gelernt,
und was im Tod uns entfernt,

ist nicht entschleiert.
Einzig das Lied überm Land
heiligt und feiert.

### 20.

Dir aber, Herr, o was weih ich dir, sag,
der das Ohr den Geschöpfen gelehrt? –
Mein Erinnern an einen Frühlingstag,
seinen Abend, in Russland –, ein Pferd …

Herüber vom Dorf kam der Schimmel allein,
an der vorderen Fessel den Pflock,
um die Nacht auf den Wiesen allein zu sein;
wie schlug seiner Mähne Gelock

an den Hals im Takte des Übermuts,
bei dem grob gehemmten Galopp.
Wie sprangen die Quellen des Rossebluts!

Der fühlte die Weiten, und ob!
Der sang und der horte –, dein Sagenkreis
war *in* ihm geschlossen.
Sein Bild: ich weih's.

*21.*

Frühling ist wiedergekommen. Die Erde
ist wie ein Kind, das Gedichte weiß;
viele, o viele … Für die Beschwerde
langen Lernens bekommt sie den Preis.

Streng war ihr Lehrer. Wir mochten das Weiße
an dem Barte des alten Manns.
Nun, wie das Grüne, das Blaue heiße,
dürfen wir fragen: sie kanns, sie kanns!

Erde, die frei hat, du glückliche, spiele
nun mit den Kindern. Wir wollen dich fangen,
fröhliche Erde. Dem Frohsten gelingts.

O, was der Lehrer sie lehrte, das Viele,
und was gedruckt steht in Wurzeln und langen
schwierigen Stammen: sie singts, sie singts!

*22.*

Wir sind die Treibenden.
Aber den Schritt der Zeit,
nehmt ihn als Kleinigkeit
im immer Bleibenden.

Alles das Eilende
wird schon vorüber sein;
denn das Verweilende
erst weiht uns ein.

Knaben, o werft den Mut
nicht in die Schnelligkeit,

nicht in den Flugversuch.

Alles ist ausgeruht:
Dunkel und Helligkeit,
Blume und Buch.

### 23.

O erst *dann,* wenn der Flug
nicht mehr um seinetwillen
wird in die Himmelstillen
steigen, sich selber genug,

um in lichten Profilen,
als das Gerät, das gelang,
Liebling der Winde zu spielen,
sicher, schwenkend und schlank, –

erst, wenn ein reines Wohin
wachsender Apparate
Knabenstolz überwiegt,

wird, überstürzt von Gewinn,
jener den Fernen Genahte
*sein,* was er einsam erfliegt.

### 24.

Sollen wir unsere uralte Freundschaft, die großen
niemals werbenden Götter, weil sie der harte
Stahl, den wir streng erzogen, nicht kennt, verstoßen
oder sie plötzlich suchen auf einer Karte?

Diese gewaltigen Freunde, die uns die Toten
nehmen, rühren nirgends an unsere Räder.
Unsere Gastmähler haben wir weit –, unsere Bäder,
fortgerückt, und ihre uns lang schon zu langsamen Boten

überholen wir immer. Einsamer nun auf einander
ganz angewiesen, ohne einander zu kennen,
führen wir nicht mehr die Pfade als schöne Mäander,

sondern als Grade. Nur noch in Dampfkesseln brennen
die einstigen Feuer und heben die Hämmer, die immer
größern. Wir aber nehmen an Kraft ab, wie Schwimmer.

## 25.

### An Wera.

*Dich* aber will ich nun, *Dich,* die ich kannte
wie eine Blume, von der ich den Namen nicht weiß,
noch *ein* Mal erinnern und ihnen zeigen, Entwandte,
schöne Gespielin des unüberwindlichen Schrei's.

Tänzerin erst, die plötzlich, den Körper voll Zögern,
anhielt, als göss man ihr Jungsein in Erz;
trauernd und lauschend –. Da, von den hohen Vermögern
fiel ihr Musik in das veränderte Herz.

Nah war die Krankheit. Schon von den Schatten bemächtigt,
drängte verdunkelt das Blut, doch, wie flüchtig verdächtigt,
trieb es in seinen natürlichen Frühling hervor.

Wieder und wieder, von Dunkel und Sturz unterbrochen,
glänzte es irdisch. Bis es nach schrecklichem Pochen
trat in das trostlos offene Tor.

## 26.

Du aber, Göttlicher, du, bis zuletzt noch Ertöner,
da ihn der Schwarm der verschmähten Mänaden befiel,
hast ihr Geschrei übertönt mit Ordnung, du Schöner,
aus den Zerstörenden stieg dein erbauendes Spiel.

Keine war da, dass sie Haupt dir und Leier zerstör.
Wie sie auch rangen und rasten, und alle die scharfen
Steine, die sie nach deinem Herzen warfen,
wurden zu Sanftem an dir und begabt mit Gehör.

Schließlich zerschlugen sie dich, von der Rache gehetzt,
während dein Klang noch in Löwen und Felsen verweilte
und in den Bäumen und Vögeln. Dort singst du noch jetzt.

O du verlorener Gott! Du unendliche Spur!
Nur weil dich reißend zuletzt die Feindschaft verteilte,
sind wir die Hörenden jetzt und ein Mund der Natur.

# Zweiter Teil

### 1.

Atmen, du unsichtbares Gedicht!
Immerfort um das eigne
Sein rein eingetauschter Weltraum. Gegengewicht,
in dem ich mich rhythmisch ereigne.

Einzige Welle, deren
allmähliches Meer ich bin;
sparsamstes du von allen möglichen Meeren, –
Raumgewinn.

Wie viele von diesen Stellen der Räume waren schon
innen in mir. Manche Winde
sind wie mein Sohn.

Erkennst du mich, Luft, du, voll noch einst meiniger Orte?
Du, einmal glatte Rinde,
Rundung und Blatt meiner Worte.

### 2.

So wie dem Meister manchmal das eilig
nähere Blatt den *wirklichen* Strich
abnimmt: so nehmen oft Spiegel: das heilig
einzige Lächeln der Mädchen in sich,

wenn sie den Morgen erproben, allein, –
oder im Glanze der dienenden Lichter.
Und in das Atmen der echten Gesichter,
später, fällt nur ein Widerschein.

*Was* haben Augen einst ins umrußte
lange Verglühn der Kamine geschaut:
Blicke des Lebens, für immer verlorne.

Ach, der Erde, wer kennt die Verluste?
Nur, wer mit dennoch preisendem Laut
sänge das Herz, das ins Ganze geborne.

### 3.

Spiegel noch nie hat man wissend beschrieben,
was ihr in euerem Wesen seid.
Ihr, wie mit lauter Löchern von Sieben
erfüllten Zwischenräume der Zeit.

Ihr, noch des leeren Saales Verschwender –,
wenn es dämmmert, wie Wälder weit …
Und der Lüster geht wie ein Sechzehn-Ender
durch eure Unbetretbarkeit.

Manchmal seid ihr voll Malerei.
Einige scheinen *in* euch gegangen –,
andere schicktet ihr scheu vorbei.

Aber die Schönste wird bleiben –, bis
drüben in ihre enthaltenen Wangen
eindrang der klare gelöste Narziss.

### 4.

O dieses ist das Tier, das es nicht gibt.
Sie wusstens nicht und habens jeden Falls
– sein Wandeln, seine Haltung, seinen Hals,
bis in des stillen Blickes Licht – geliebt.

Zwar *war* es nicht. Doch weil sie's liebten, ward
ein reines Tier. Sie ließen immer Raum.
Und in dem Raume, klar und ausgespart,
erhob es leicht sein Haupt und brauchte kaum

zu sein. Sie nährten es mit keinem Korn,
nur immer mit der Möglichkeit, es sei.
Und die gab solche Stärke an das Tier,

dass es aus sich ein Stirnhorn trieb. Ein Horn.
Zu einer Jungfrau kam es weiß herbei –
und war im Silber-Spiegel und in ihr.

### 5.

Blumenmuskel, der der Anemone
Wiesenmorgen nach und nach erschließt,
bis in ihren Schoß das polyphone
Licht der lauten Himmel sich ergießt,

in den stillen Blütenstern gespannter
Muskel des unendlichen Empfangs,
manchmal so von Fülle übermannter,
dass der Ruhewink des Untergangs

kaum vermag die weitzurückgeschnellten
Blätterränder dir zurückzugeben:
du, Entschluss und Kraft von *wie* viel Welten!

Wir, Gewaltsamen, wir währen länger.
Aber *wann,* in welchem aller Leben,
sind wir endlich offen und Empfänger?

6.

Rose, du thronende, denen im Altertume
warst du ein Kelch mit einfachem Rand.
*Uns* aber bist du die volle zahllose Blume,
der unerschöpfliche Gegenstand.

In deinem Reichtum scheinst du wie Kleidung um Kleidung
um einen Leib aus nichts als Glanz;
aber dein einzelnes Blatt ist zugleich die Vermeidung
und die Verleugnung jedes Gewands.

Seit Jahrhunderten ruft uns dein Duft
seine süßesten Namen herüber;
plötzlich liegt er wie Ruhm in der Luft.

Dennoch, wir wissen ihn nicht zu nennen, wir raten …
Und Erinnerung geht zu ihm über,
die wir von rufbaren Stunden erbaten.

7.

Blumen, ihr schließlich den ordnenden Händen verwandte,
(Händen der Mädchen von einst und jetzt),
die auf dem Gartentisch oft von Kante zu Kante
lagen, ermattet und sanft verletzt,

wartend des Wassers, das sie noch einmal erhole
aus dem begonnenen Tod –, und nun
wieder erhobene zwischen die strömenden Pole
fühlender Finger, die wohlzutun

mehr noch vermögen, als ihr ahntet, ihr leichten,
wenn ihr euch wiederfandet im Krug,
langsam erkühlend und Warmes der Mädchen, wie Beichten,

von euch gebend, wie trübe ermüdende Sünden,
die das Gepflücktsein beging, als Bezug
wieder zu ihnen, die sich euch blühend verbünden.

8.

Wenige ihr, der einstigen Kindheit Gespielen
in den zerstreuten Gärten der Stadt:

wie wir uns fanden und uns zögernd gefielen
und, wie das Lamm mit dem redenden Blatt,

sprachen als Schweigende. Wenn wir uns einmal freuten,
keinem gehörte es. Wessen war's?
Und wie zergings unter allen den gehenden Leuten
und im Bangen des langen Jahrs.

Wagen umrollten uns fremd, vorübergezogen,
Häuser umstanden uns stark, aber unwahr, – und keines
kannte uns je. *Was* war wirklich im All?

Nichts. Nur die Bälle. Ihre herrlichen Bogen.
Auch nicht die Kinder … Aber manchmal trat eines,
ach ein vergehendes, unter den fallenden Ball.

*(In memoriam Egon von Rilke)*

## 9.

Rühmt euch, ihr Richtenden, nicht der entbehrlichen Folter
und dass das Eisen nicht länger an Hälsen sperrt.
Keins ist gesteigert, kein Herz –, weil ein gewollter
Krampf der Milde euch zarter verzerrt.

Was es durch Zeiten bekam, das schenkt das Schafott
wieder zurück, wie Kinder ihr Spielzeug vom vorig
alten Geburtstag. Ins reine, ins hohe, ins torig
offene Herz träte er anders, der Gott

wirklicher Milde. Er käme gewaltig und griffe
strahlender um sich, wie Göttliche sind.
*Mehr* als ein Wind für die großen gesicherten Schiffe.

Weniger nicht, als die heimliche leise Gewahrung,
die uns im Innern schweigend gewinnt
wie ein still spielendes Kind aus unendlicher Paarung.

## 10.

Alles Erworbne bedroht die Maschine, solange
sie sich erdreistet, im Geist, statt im Gehorchen, zu sein.
Dass nicht der herrlichen Hand schöneres Zögern mehr prange,
zu dem entschlossenern Bau schneidet sie steifer den Stein.

Nirgends bleibt sie zurück, dass wir ihr *ein* Mal entrönnen
und sie in stiller Fabrik ölend sich selber gehört.
Sie ist das Leben, – sie meint es am besten zu können,
die mit dem gleichen Entschluss ordnet und schafft und zerstört.

Aber noch ist uns das Dasein verzaubert; an hundert
Stellen ist es noch Ursprung. Ein Spielen von reinen
Kräften, die keiner berührt, der nicht kniet und bewundert.

Worte gehen noch zart am Unsäglichen aus ...
Und die Musik, immer neu, aus den bebendsten Steinen,
baut im unbrauchbaren Raum ihr vergöttlichtes Haus.

## 11.

Manche, des Todes, entstand ruhig geordnete Regel,
weiterbezwingender Mensch, seit du im Jagen beharrst;
mehr doch als Falle und Netz, weiß ich dich, Streifen von Segel,
den man hinuntergehängt in den höhligen Karst.

Leise ließ man dich ein, als wärst du ein Zeichen,
Frieden zu feiern. Doch dann: rang dich am Rande der Knecht,
– und, aus den Höhlen, die Nacht warf eine Handvoll von bleichen
taumelnden Tauben ins Licht ... Aber auch *das* ist im Recht.

Fern von dem Schauenden sei jeglicher Hauch des Bedauerns,
nicht nur vom Jäger allein, der, was sich zeitig erweist,
wachsam und handelnd vollzieht.

*Toten ist eine Gestalt unseres wandernden Trauerns ...*
Rein ist im heiteren Geist,
was an uns selber geschieht.

## 12.

Wolle die Wandlung. O sei für die Flamme begeistert,
drin sich ein Ding dir entzieht, das mit Verwandlungen prunkt;
jener entwerfende Geist, welcher das Irdische meistert,
liebt in dem Schwung der Figur nichts wie den wendenden Punkt.

Was sich ins Bleiben verschließt, schon *ist's* das Erstarrte;
wähnt es sich sicher im Schutz des unscheinbaren Grau's?
Warte, ein Härtestes warnt aus der Ferne das Harte.
Wehe –: abwesender Hammer holt aus!

Wer sich als Quelle ergießt, den erkennt die Erkennung;
und sie fuhrt ihn entzückt durch das heiter Geschaffne,
das mit Anfang oft schließt und mit Ende beginnt.

Jeder glückliche Raum ist Kind oder Enkel von Trennung,
den sie staunend durchgehn. Und die verwandelte Daphne
will, seit sie Lorbeern fühlt, dass du dich wandelst in Wind.

## 13.

Sei allem Abschied voran, als wäre er hinter
dir, wie der Winter, der eben geht.
Denn unter Wintern ist einer so endlos Winter,
dass, überwinternd, dein Herz überhaupt übersteht.

Sei immer tot in Eurydike –, singender steige,
preisender steige zurück in den reinen Bezug.
Hier, unter Schwindenden, sei, im Reiche der Neige,
sei ein klingendes Glas, das sich im Klang schon zerschlug.

Sei – und wisse zugleich des Nicht-Seins Bedingung,
den unendlichen Grund deiner innigen Schwingung,
dass du sie völlig vollziehst dieses einzige Mal.

Zu dem gebrauchten sowohl, wie zum dampfen und stummen
Vorrat der vollen Natur, den unsäglichen Summen,
zähle dich jubelnd hinzu und vernichte die Zahl.

## 14.

Siehe die Blumen, diese dem Irdischen treuen,
denen wir Schicksal vom Rande des Schicksals leihn, –
aber wer weiß es! Wenn sie ihr Welken bereuen,
ist es an uns, ihre Reue zu sein.

Alles will schweben. Da gehn wir umher wie Beschwerer,
legen auf alles uns selbst, vom Gewichte entzückt;
o was sind wir den Dingen für zehrende Lehrer,
weil ihnen ewige Kindheit glückt.

Nähme sie einer ins innige Schlafen und schliefe
tief mit den Dingen –: o wie käme er leicht,
anders zum anderen Tag, aus der gemeinsamen Tiefe.

Oder er bliebe vielleicht; und sie blühten und priesen
ihn, den Bekehrten, der nun den Ihrigen gleicht,
allen den stillen Geschwistern im Winde der Wiesen.

## 15.

O Brunnen-Mund, du gebender, du Mund,
der unerschöpflich Eines, Reines, spricht, –
du, vor des Wassers fließendem Gesicht,
marmorne Maske. Und im Hintergrund

der Aquädukte Herkunft. Weither an
Gräbern vorbei, vom Hang des Apennins

tragen sie dir dein Sagen zu, das dann
am schwarzen Altern deines Kinns

vorüberfällt in das Gefäß davor.
Dies ist das schlafend hingelegte Ohr,
das Marmorohr, in das du immer sprichst.

Ein Ohr der Erde. Nur mit sich allein
redet sie also. Schiebt ein Krug sich ein,
so scheint es ihr, dass du sie unterbrichst.

### 16.

Immer wieder von uns aufgerissen,
ist der Gott die Stelle, welche heilt.
Wir sind Scharfe, denn wir wollen wissen,
aber er ist heiter und verteilt.

Selbst die reine, die geweihte Spende
nimmt er anders nicht in seine Welt,
als indem er sich dem freien Ende
unbewegt entgegenstellt.

Nur der Tote trinkt
aus der hier von uns *gehörten* Quelle,
wenn der Gott ihm schweigend winkt, dem Toten.

*Uns* wird nur das Lärmen angeboten.
Und das Lamm erbittet seine Schelle
aus dem stilleren Instinkt.

### 17.

Wo, in welchen immer selig bewässerten Garten, an welchen
Bäumen, aus welchen zärtlich entblätterten Blüten-Kelchen
reifen die fremdartigen Früchte der Tröstung? Diese
köstlichen, deren du eine vielleicht in der zertretenen Wiese

deiner Armut findest. Von einem zum anderen Male
wunderst du dich über die Größe der Frucht,
über ihr Heilsein, über die Sanftheit der Schale,
und dass sie der Leichtsinn des Vogels dir nicht vorwegnahm und nicht die
Eifersucht
unten des Wurms. Gibt es denn Bäume, von Engeln beflogen,
und von verborgenen langsamen Gärtnern so seltsam gezogen,
dass sie uns tragen, ohne uns zu gehören?

Haben wir niemals vermocht, wir Schatten und Schemen,

durch unser voreilig reifes und wieder welkes Benehmen
jener gelassenen Sommer Gleichmut zu stören?

### 18.

Tänzerin: o du Verlegung
alles Vergehens in Gang: wie brachtest du's dar.
Und der Wirbel am Schluss, dieser Baum aus Bewegung,
nahm er nicht ganz in Besitz das erschwungene Jahr?

Blühte nicht, dass ihn dein Schwingen von vorhin umschwärme,
plötzlich sein Wipfel von Stille? Und über ihr,
war sie nicht Sonne, war sie nicht Sommer, die Wärme,
diese unzählige Wärme aus dir?

Aber er trug auch, er trug, dein Baum der Ekstase.
Sind sie nicht seine ruhigen Früchte: der Krug,
reifend gestreift, und die gereiftere Vase?

Und in den Bildern: ist nicht die Zeichnung geblieben,
die deiner Braue dunkler Zug
rasch an die Wandung der eigenen Wendung geschrieben?

### 19.

Irgendwo wohnt das Gold in der verwöhnenden Bank
und mit Tausenden tut es vertraulich. Doch jener
Blinde, der Bettler, ist selbst dem kupfernen Zehner
wie ein verlorener Ort, wie das staubige Eck unterm Schrank.

In den Geschäften entlang ist das Geld wie zuhause
und verkleidet sich scheinbar in Seide, Nelken und Pelz.
Er, der Schweigende, steht in der Atempause
alles des wach oder schlafend atmenden Gelds.

O wie mag sie sich schließen bei Nacht, diese immer offene Hand.
Morgen holt sie das Schicksal wieder, und täglich
hält es sie hin: hell, elend, unendlich zerstörbar.

Dass doch einer, ein Schauender, endlich ihren langen Bestand
staunend begriffe und rühmte. Nur dem Aufsingenden säglich.
Nur dem Göttlichen hörbar.

### 20.

Zwischen den Sternen, wie weit; und doch, um wie vieles noch weiter,
was man am Hiesigen lernt.
Einer, zum Beispiel, ein Kind … und ein Nächster, ein Zweiter –,

o wie unfasslich entfernt.

Schicksal, es misst uns vielleicht mit des Seienden Spanne,
dass es uns fremd erscheint;
denk, wie viel Spannen allein vom Mädchen zum Manne,
wenn es ihn meidet und meint.

Alles ist weit –, und nirgends schließt sich der Kreis.
Sieh in der Schüssel, auf heiter bereitetem Tische,
seltsam der Fische Gesicht.

Fische sind stumm …, meinte man einmal. Wer weiß?
Aber ist nicht am Ende ein Ort, wo man das, was der Fische
Sprache wäre, *ohne* sie spricht?

### 21.

Singe die Gärten, mein Herz, die du nicht kennst; wie in Glas
eingegossene Gärten, klar, unerreichbar.
Wasser und Rosen von Isfahan oder Schiras,
singe sie selig, preise sie, keinem vergleichbar.

Zeige, mein Herz, dass du sie niemals entbehrst.
Dass sie dich meinen, ihre reifenden Feigen.
Dass du mit ihren, zwischen den blühenden Zweigen
wie zum Gesicht gesteigerten Lüften verkehrst.

Meide den Irrtum, dass es Entbehrungen gebe
für den geschehnen Entschluss, diesen: zu sein!
Seidener Faden, kamst du hinein ins Gewebe.

Welchem der Bilder du auch im Innern geeint bist
(sei es selbst ein Moment aus dem Leben der Pein),
fühl, dass der ganze, der rühmliche Teppich gemeint ist.

### 22.

O trotz Schicksal: die herrlichen Überflüsse
unseres Daseins, in Parken übergeschäumt, –
oder als steinerne Männer neben die Schlüsse
hoher Portale, unter Balkone gebäumt!

O die eherne Glocke, die ihre Keule
täglich wider den stumpfen Alltag hebt.
Oder die *eine,* in Karnak, die Säule, die Säule,
die fast ewige Tempel überlebt.

Heute stürzen die Überschüsse, dieselben,
nur noch als Eile vorbei, aus dem waagrechten gelben

Tag in die blendend mit Licht übertriebene Nacht.

Aber das Rasen zergeht und lässt keine Spuren.
Kurven des Flugs durch die Luft und die, die sie fuhren,
keine vielleicht ist umsonst. Doch nur wie gedacht.

## 23.

*An den Leser*

Rufe mich zu jener deiner Stunden,
die dir unaufhörlich widersteht:
flehend nah wie das Gesicht von Hunden,
aber immer wieder weggedreht,

wenn du meinst, sie endlich zu erfassen.
So Entzognes ist am meisten dein.
Wir sind frei. Wir wurden dort entlassen,
wo wir meinten, erst begrüßt zu sein.

Bang verlangen wir nach einem Halte,
wir zu Jungen manchmal für das Alte
und zu alt für das, was niemals war.

Wir, gerecht nur, wo wir dennoch preisen,
weil wir, ach, der Ast sind und das Eisen
und das Süße reifender Gefahr.

## 24.

O diese Lust, immer neu, aus gelockertem Lehm!
Niemand beinah hat den frühesten Wagern geholfen.
Städte entstanden trotzdem an beseligten Golfen,
Wasser und Öl füllten die Krüge trotzdem.

Götter, wir planen sie erst in erkühnten Entwürfen,
die uns das mürrische Schicksal wieder zerstört.
Aber sie sind die Unsterblichen. Sehet, wir dürfen
jenen erhorchen, der uns am Ende erhört.

Wir, ein Geschlecht durch Jahrtausende: Mütter und Väter,
immer erfüllter von dem künftigen Kind,
dass es uns einst, übersteigend, erschüttere, später.

Wir, wir unendlich Gewagten, was haben wir Zeit!
Und nur der schweigsame Tod, der weiß, was wir sind
und was er immer gewinnt, wenn er uns leiht.

## 25.

Schon, horch, hörst du der ersten Harken
Arbeit; wieder den menschlichen Takt
in der verhaltenen Stille der starken
Vorfrühlingserde. Unabgeschmackt

scheint dir das Kommende. Jenes so oft
dir schon Gekommene scheint dir zu kommen
wieder wie Neues. Immer erhofft,
nahmst du es niemals. Es hat dich genommen.

Selbst die Blätter durchwinterter Eichen
scheinen im Abend ein künftiges Braun.
Manchmal geben sich Lüfte ein Zeichen.

Schwarz sind die Sträucher. Doch Haufen von Dünger
lagern als satteres Schwarz in den Aun.
Jede Stunde, die hingeht, wird jünger.

## 26.

Wie ergreift uns der Vogelschrei ...
Irgend ein einmal erschaffenes Schreien.
Aber die Kinder schon, spielend im Freien,
schreien an wirklichen Schreien vorbei.

Schreien den Zufall. In Zwischenräume
dieses, des Weltraums, (in welchen der heile
Vogelschrei eingeht, wie Menschen in Träume –)
treiben sie ihre, des Kreischens, Keile.

Wehe, wo sind wir? Immer noch freier,
wie die losgerissenen Drachen
jagen wir halbhoch, mit Rändern von Lachen,

windig zerfetzten. – Ordne die Schreier,
singender Gott! dass sie rauschend erwachen,
tragend als Strömung das Haupt und die Leier.

## 27.

Gibt es wirklich die Zeit, die zerstörende?
Wann, auf dem ruhenden Berg, zerbricht sie die Burg?
Dieses Herz, das unendlich den Göttern gehörende,
wann vergewaltigts der Demiurg?

Sind wir wirklich so ängstlich Zerbrechliche,
wie das Schicksal uns wahr machen will?

Ist die Kindheit, die tiefe, versprechliche,
in den Wurzeln – später – still?

Ach, das Gespenst des Vergänglichen,
durch den arglos Empfänglichen
geht es, als wär es ein Rauch.

Als die, die wir sind, als die Treibenden,
gelten wir doch bei bleibenden
Kräften als göttlicher Brauch.

### 28.

An Wera

O komm und geh. Du, fast noch Kind, ergänze
für einen Augenblick die Tanzfigur
zum reinen Sternbild einer jener Tänze,
darin wir die dumpf ordnende Natur

vergänglich übertreffen. Denn sie regte
sich völlig hörend nur, da Orpheus sang.
Du warst noch die von damals her Bewegte
und leicht befremdet, wenn ein Baum sich lang

besann, mit dir nach dem Gehör zu gehn.
Du wusstest noch die Stelle, wo die Leier
sich tönend hob –; die unerhörte Mitte.

Für sie versuchtest du die schönen Schritte
und hofftest, einmal zu der heilen Feier
des Freundes Gang und Antlitz hinzudrehn.

### 29.

An einen Freund Weras

Stiller Freund der vielen Fernen, fühle,
wie dein Atem noch den Raum vermehrt.
Im Gebälk der finstern Glockenstühle
lass dich läuten. Das, was an dir zehrt,

wird ein Starkes über dieser Nahrung.
Geh in der Verwandlung aus und ein.
Was ist deine leidendste Erfahrung?
Ist dir Trinken bitter, werde Wein.

Sei in dieser Nacht aus Übermaß
Zauberkraft am Kreuzweg deiner Sinne,
ihrer seltsamen Begegnung Sinn.

Und wenn dich das Irdische vergaß,
zu der stillen Erde sag: Ich rinne.
Zu dem raschen Wasser sprich: Ich bin.

# Nachwort des Herausgebers Joerg K. Sommermeyer

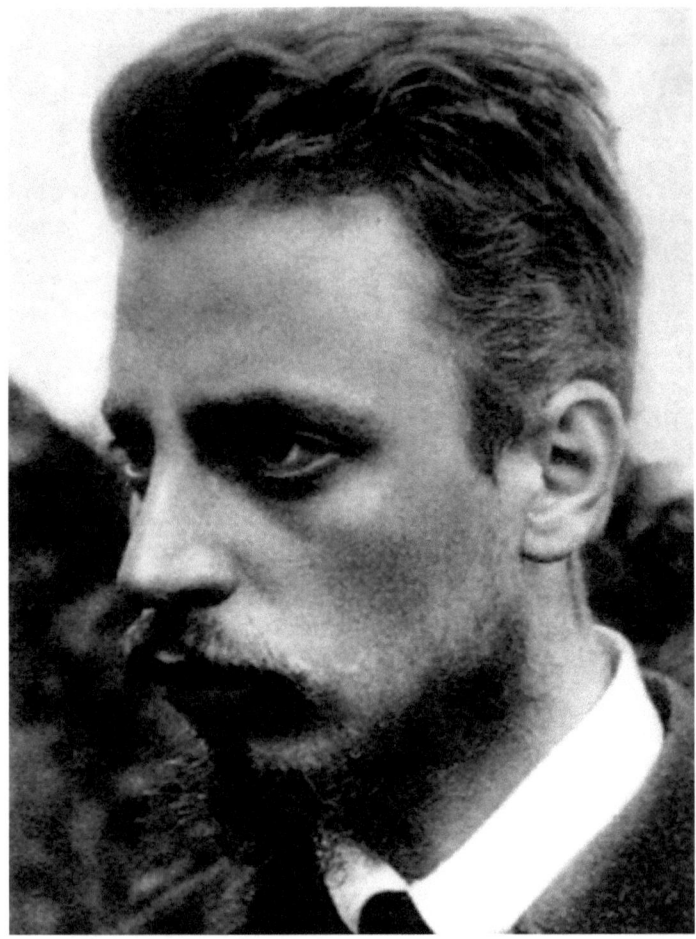

Rainer Maria Rilke (Foto, 18. September 1900)

René Karl Wilhelm Johann Josef Maria Rilke wird geboren in Prag (seinerzeit Österreich-Ungarn) am 4. Dezember 1875 als Sohn des (nach gescheiterter militärischer Karriere) böhmischen Eisenbahninspektors Josef Rilke und seiner Frau Sophie (geb. Entz, 1851-1931, Fabrikantentochter). Bis zu seinem sechsten Lebensjahr behandelt ihn die Mutter, traumatisiert vom frühen Sterben ihrer erstgeborenen Tochter, als wär' er ein Mädchen. Der Vater will seinen Buben als Militär. Er besucht die Volksschule des katholischen Schulordens der Piaristen. Seine Eltern trennen sich, Rilke bleibt bei der Mutter. Stipendiat in

322

der Militärunterrealschule von St. Pölten; 1890 Militäroberrealschule in Mährisch-Weißkirchen, wo er 1891 »kränkelnd« ausscheidet. Handelsakademie Linz, von der er im Mai 1892 wegen einer nicht geduldeten Liebesaffäre mit einem älteren Kindermädchen abgeht, nach Prag zurückkehrt, sich privat aufs Abitur vorbereitet. 1893 Liebe zu Vally (Valerie von David-Rhonfeld). 1894 Publikation der Vally gewidmeten Liebesgedichte »*Leben und Lieder*«. 1895 Abitur. Philosophiestudium, Kunst- und Literaturgeschichte an der Prager Universität. »*Wegwarten*« (Gedichte). »*Larenopfer*« (Gedichte, datiert auf 1896). Rilke wechselt zum Jurastudium. Einmalige Aufführung seines naturalistischen Einakters »*Jetzt und in der Stunde unseres Absterbens*« am Prager deutschen Volkstheater. »*Traumgekrönt*« (Gedichte, datiert auf 1897). Übersiedlung nach München zum Studium der Kunstgeschichte und Ästhetik.

1897 Reise nach Arco und Venedig. Liebe (bis 1900; »dem großen, im Leben ziemlich hilflosen Dichter Rainer Maria Rilke zugleich Muse und sorgsame Mutter« {Sigmund Freud, Zum Tode Lou Andreas-Salomés, 1937}) zu Lou Andreas-Salomé (1861-1937; weitgereiste Schriftstellerin und Psychoanalytikerin aus russisch-deutscher Familie; Beziehungen zu Nietzsche, Rilke und Freud). Rilke ändert seinen Vornamen von »René« in »Rainer«, weil Lou diesen Namen für einen männlichen Schriftsteller passender findet. »*Im Frühfroste*« wird am deutschen Volkstheater aufgeführt. »*Advent*« (Gedichte, datiert auf 1898). Im Herbst Umzug nach Berlin zur Fortsetzung des Studiums. Bekanntschaft mit Stefan George (1868-1933; Symbolismus, Ästhetizismus; George-Kreis) und Gerhart Hauptmann (1862-1946; Dramatiker, Naturalismus; 1912 Literaturnobelpreis). 1898 Reise nach Arco und Florenz, Arbeit am »*Florenzer Tagebuch*«, »*Am Leben hin*« (Novellen und Skizzen), »*Ohne Gegenwart*« (Drama). Im Dezember Reise nach Hamburg und Worpswede. 1899 Reisen nach Arco, Prag und Wien, wo er Arthur Schnitzler (1862-1931; österreichischer Arzt, Schriftsteller; Wiener Moderne) und Hugo von Hofmannsthal (1874-1929; österreichischer Schriftsteller; Mitbegründer der Salzburger Festspiele; Fin de Siècle, Wiener Moderne) trifft. »*Zwei Prager Geschichten*« (Erzählungen). Reise nach Russland mit Lou und ihrem Mann; sie besuchen in Moskau Leonid Pasternak (1862-1945; russischer Maler) und Lew Tolstoi (1828-1910; realistischer Roman; Krieg und Frieden, 1865 ff.; Anna Karenina, 1873 ff.). Aufenthalt in Bibersberg. »*Mir zur Feier*« (Gedichte). Die Prosadichtung »*Die Weise von Liebe und Tod des Cornets Christoph Rilke*« entsteht (1906 herausgegeben). 1900 mehrmonatige Russlandreise mit Lou. Landschaftserlebnis. Aufenthalt in Worpswede bei Heinrich Vogeler (1872-1942; Maler, Architekt, Schriftsteller, Sozialist; Jugendstil; Künstlerkolonie Worpswede); Bekanntschaft mit Paula Modersohn-Becker (1876-1907; Malerin, früher Expressionismus) und Clara Westhoff (1878-1954; Bildhauerin, Malerin). »*Vom lieben Gott und Anderes*« (Novellen).

1901 Reise zur Mutter nach Arco. Umsiedlung nach Westerwede bei Worpswede. Er heiratet (baldige Trennung) Clara Westhoff; im Dezember Geburt der Tochter Ruth (1901-1972). *»Das tägliche Leben«* wird in Berlin aufgeführt (gedruckt 1902). *»Die Letzten«* (Novellen, datiert auf 1902). *»Worpswede«* (Künstlermonographien, datiert auf 1903). Im August 1902 zieht er nach Paris. Er lernt Auguste Rodin (1840-1917; französischer Bildhauer, Zeichner; moderne Plastik und Skulptur) kennen. *»Das Buch der Bilder«* erscheint. 1903 Reise nach Viareggio. Sommeraufenthalt in Worpswede. *»Auguste Rodin«* (Studie).
Reise über München, Venedig und Florenz nach Rom (bis Juni 1904). Reise von Rom über Kopenhagen nach Schweden. Im Dezember 1904 Ankunft in Oberneuland, wo Rilke mit seiner Familie den Winter verbringt (bis Februar 1905). 1905 Aufenthalte in Dresden, Berlin, Worpswede, Göttingen (Treffen mit Lou), Kassel, Marburg, Darmstadt. Im Herbst wohnt er bei Rodin in Meudon. Vortragsreisen nach Köln, Dresden, Prag und Leipzig. Im Dezember Aufenthalt in Oberneuland. Der Lou Andreas-Salomé gewidmete Gedichtzyklus *»Das Stunden-Buch«* erscheint. 1906 arbeitet Rilke in Paris bei Rodin als Privatsekretär. Vorträge in Elberfeld, Berlin und Hamburg. Tod seines Vaters. Im Sommer Reise nach Belgien. Aufenthalte in Godesberg, Schloss Friedelhausen; den Herbst verbringt er in Berlin, im Winter begibt er sich nach Capri, wo er bis Mai 1907 bleibt. Reise nach Paris. Vortragsreisen nach Prag, Breslau und Wien, wo er Rudolf Kassner kennenlernt. November in Venedig; Liebe zu Mimi Romanelli. Im Dezember in Oberneuland (bis Februar 1908). *»Neue Gedichte«* (2 Bände, 1907-1908). Reise nach Berlin, München, Rom. Ende Februar bis April 1908 Aufenthalt auf Capri; Besuche in Rom und Florenz. Ab Mai 1908 wohnt er in Paris. 1909 Reise in die Provence, Besuch in Bad Rippoldsau, Aufenthalt in Avignon. *»Requiem«* (Gedicht). Im Dezember Bekanntschaft mit der Fürstin Marie von Thurn und Taxis (1855-1934; deutsche Mäzenin). 1910 Vortragsreise nach Elberfeld, Leipzig, Jena, Berlin, Weimar. Italienreise nach Rom, Duino und Venedig. Aufenthalt in Paris; Bekanntschaft mit André Gide (1869-1951; französischer Schriftsteller; 1947 Literaturnobelpreis). Im Sommer Besuch bei der Familie in Oberneuland. Reisen nach München, Köln, Paris, Algier, Tunis. Der autobiographisch geprägte Künstlerroman *»Die Aufzeichnungen des Malte Lauruds Brigge«* erscheint. Beginn einer zwölf Jahre währenden Schaffenskrise. Suche nach neuer Inspiration. Übersetzungen literarischer Werke aus dem Französischen, Auseinandersetzung mit Goethe und Shakespeare. 1911 Reisen nach Italien und Ägypten; Nilfahrt. Aufenthalt in Paris. Reise nach Böhmen. Deutschlandreise nach Leipzig, Weimar, Berlin, München. Im Oktober Aufenthalt in Paris. Autoreise im Auto der Fürstin von Thurn und Taxis von Paris nach Duino, wo er bis Mai 1912 bleibt. Sommeraufenthalt in

324

Venedig. Im Oktober Reise nach München, im November Spanienreise nach Toledo, Madrid, Sevilla, Ronda (bis Februar 1913). Februar bis Mai 1913 in Paris. Reise nach Bad Rippoldsau, Göttingen, Leipzig, Weimar, Berlin, Heiligendamm. Aufenthalte in München, Dresden, Hellerau. In München Teilnahme mit Lou am *»Psychoanalytischen Congress«*. Im Oktober in Paris. *»Das Marien-Leben«* (Gedichte). 1914 Reise nach Berlin, München und Zürich. März-April in Paris. Italienreise nach Duino, Venedig, Assisi, Mailand. Mai-Juli wieder in Paris. Reise nach Leipzig, München, Irschenhausen; leidenschaftliche Liebesaffäre mit Lulu Albert-Lazard (1885-1969; deutsch-französische Malerin der Moderne). Im September zieht er von Paris nach München um. Aufenthalte in Frankfurt, Würzburg, Berlin. 1915 in München Umgang mit Annette Kolb (1870-1967; Schriftstellerin des High-Society-Lebens; deutsch-französische Verständigung), Regina Ullmann (1884-1961; österreichisch-schweizerische Dichterin), Wilhelm Hausenstein (1882-1957; Kunstkritiker, Kulturhistoriker, Diplomat; gegen Nationalsozialismus und Antisemitismus; deutsch-französische Freundschaft) und Hans Carossa (1878-1956; Arzt, Lyriker, Erzähler). Besuch in Irschenhausen. Im November Einberufung zum Militärdienst; Rilke fährt nach Berlin, um sich zurückstellen zu lassen. Aufenthalt in Wien, wo er bei der Fürstin von Thurn und Taxis wohnt; Besuch bei Sigmund Freud (1856-1939; österreichischer Neurologe, Tiefenpsychologe, Kulturtheoretiker, Religionskritiker; Begründer der Psychoanalyse). 1916 Beginn des Militärdienstes als Schreiber im Kriegsarchiv. Wiedersehen mit Hofmannsthal, Stefan Zweig (1881-1942; österreichischer Schriftsteller; romanhafte Biografien) und Rudolf Kassner (1873-1959; österreichischer Schriftsteller, Essayist, Übersetzer, Kulturphilosoph; Antirationalismus). Im Juni Rückkehr nach München. Im Sommer 1917 Aufenthalt auf Gut Böckel in Westfalen bei Hertha Koenig (1884-1976; deutsche Schriftstellerin und Salonnière). Besuche in Berlin.

Im Dezember wieder in München. 1918 Umgang mit Ernst Toller (1893-1939; Schriftsteller, Politiker, linkssozialistischer Revolutionär). Reise nach Ohlstadt und Ansbach. Affäre mit Claire Studer (1890-1977; geb. Clara Aischmann, deutsch-französische Schriftstellerin und Journalistin, seit 1921 Ehefrau des Dichters Yvan Goll, 1891-1950). 1919 Wiedersehen mit Lou in München. Im Juni Reise in die Schweiz, nach Bern, Genf, Lausanne, Vortragsreise nach Zürich, St. Gallen, Luzern, Basel und Winterthur (bis November). Aufenthalt in Locarno (bis Februar 1920). März-Juni 1920 Aufenthalt in Schönenberg bei Basel. Im Sommer Venedig. Reisen in der Schweiz; zwischendurch Paris. Aufenthalt in Schloss Berg am Irschel (bis Mai 1921). 1921 erste Bekanntschaft mit Gedichten Paul Valérys (1871-1945; »poésie pure«; Narziss-Rezeption; La Soirée avec monsieur Teste, 1896; La jeune parque, 1917; Le Cimetière marin, 1920; Monsieur Teste, 1926). Reisen nach Genf und Zürich. Aufenthalt in Prieuré d'Etoy und Sierre.

Übersiedlung nach Château de Muzot. 1923 Reisen in die Schweiz. Sanatorium Schöneck bei Beckenried. Reisen nach Luzern, Schloss Malans, Meilen, Bern. Im Dezember Kuraufenthalt im Sanatorium Valmont sur Territet bei Montreux (bis Ende Januar 1924). Die 1912 in Duino und 1922 in Muzot verfassten *»Duineser Elegien«* kommen heraus, ebenso die 1922 als Ergänzung zu den *»Duineser Elegien«* in Muzot geschriebenen *»Sonette an Orpheus«*. 1924 Begegnung mit Paul Valéry. Clara Westhoff besucht Rilke. Reise nach Bad Ragaz. Aufenthalt in Lausanne und Bern. Im November fährt er nach Valmont, wo er bis Januar 1925 bleibt. Bis August 1925 Aufenthalt in Paris; Treffen mit Valéry, Hofmannsthal und Gide. Rückreise nach Muzot. Aufenthalt in Ragaz. Sanatorium in Valmont (bis Mai 1926). Rückkehr nach Muzot. Reise nach Ragaz. In Anthy mit Valéry. *»Vergers suivi des Quatrains Valaisans«* (Gedichte). Aufenthalte in Lausanne und Sierre. Im Sanatorium Valmont stirbt Rilke am 29. Dezember 1926 an Leukämie.

**\*\*\*\*\*\*\*\***

Divergierende Bedeutungsebenen und poetologische Vorstellungen werden im Nebeneinander von Stunden-Buch und Buch der Bilder, der gleichzeitigen Verfassung der Neuen Gedichte und des Malte Laurids Brigge, der parallelen Fertigstellung der Duineser Elegien und Sonette an Orpheus evident. Pluralistische Modelle, Denk- u. Lebensformen, Bedeutungen, Konzepte, poetologisch und semasiologisch gleichrangig, partielle Sinn- und *»Weltentwürfe«*, die sich teils widersprechen, teils gar gegenseitig aufheben, sind einander komplementär, *»Lösungen«*, die wechselseitig Ergänzung fordern: *»wo wir Eines meinen, ganz, / ist schon des andern Aufwand fühlbar«*. Vor Bewältigung *»reines Zuwenig«*, nach Lösung *»leeres Zuviel«*. *»Denn wir leben wahrhaft in Figuren«*, aber freilich: *»Eine Weile .../der Figur zu glauben. Das genügt«*.

Rilke gibt den Besitzanspruch der Dichtung auf objektive Wahrheit preis. An Ilse Jahr schreibt er am 22. Februar 1923: *»Das Fassliche entgeht, es verwandelt sich, statt des Besitzes erlernt man den Bezug«*. Unter dem Einfluss von Schopenhauer und Nietzsche, in Übereinstimmung mit Lebensphilosophie, Kierkegaard, Heidegger, vermögen traditioneller Glauben und sämtliche Ideologien für eine neu erfahrene Sprache und das veränderte Bewusstsein in der Moderne keine gültigen Besitztümer mehr zu sein. Es gilt vielmehr, sich davon freizumachen, das *»Gegenübersein«* von Mensch und verdinglichter, fertig *»gedeuteter Welt«* aufzuheben.

Im Stunden-Buch wird das versucht mittels Jugendstil-Poetik und christlicher Mystik, in den Neuen Gedichten durch ein Formen der *»Dinge«* unter radikaler Subjektivitätsvermeidung, im Spätwerk kraft Engelsfigur als ideales, dem Bewusstsein Raum und mächtigste Potenz schenkendes Gegenüber, *»Weltinnenraum«*, in dem jede Grenze aufgehoben, *»Rühmen«* alles Seienden, *»Verwandlung«* der sichtbaren Welt ins *»Unsichtbare«*, Vollzug einer Änderung der Welt im technischen Zeitalter und *»Hören«* des Orphischen Gesangs statt willkürlichen *»Sagens«*.

Joerg K. Sommermeyer, Berlin, 14. Juni 2018